천자문, 서당을 뛰쳐나오다!

천자문, 서당을 뛰쳐나오다!

초판 1쇄 발행일 2007년 8월 27일

지은이 이상각
펴낸이 윤은숙

책임편집 신문수

펴낸 곳 그림같은 세상
등록일자 1995년 5월 17일
등록번호 10-1162
주소 경기도 파주시 교하읍 문발리 파주출판단지 513-9
전화 마케팅 031-955-7374 편집 031-955-7381
팩시밀리 031-955-7393
홈페이지 www.ddd21.co.kr

ISBN 978-89-960020-1-7 (43150)

값은 뒤표지에 있습니다.

청소년 고전돋보기 001

천자문, 서당을 뛰쳐나오다!

이상각 지음

그림같은 세상

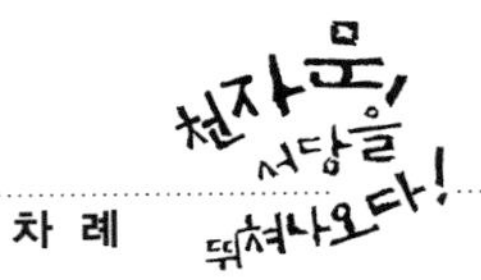

차 례

머리말

천자문은 중국 남북조시대 양나라의 무제 때 활약하던 문인 주흥사周興嗣가 지은 책이다. 양나라는 남조의 세 번째 왕조로서 서기 502년부터 557년까지 56년간 지속되었는데, 양무제는 중국 역사상 보기 드문 명군으로 유명했다.

당시 주흥사는 높은 학문과 뛰어난 글재주로 명성이 높아 급사중이라는 벼슬을 하고 있었다. 그런데 뜻하지 않은 조정의 분란에 휘말려 목숨이 위태롭게 되었다. 그러자 평소 그의 재주를 사랑하던 양무제는 사면을 전제로 명필 왕희지의 글씨 1천 자를 뽑아 주흥사에게 주며, 한 글자도 겹치지 않도록 운韻을 붙여 한 편의 글을 만들라고 명했다. 도저히 불가능해 보이는 과제를 내줌으로써 주변의 반발을 덮고 그를 살려내려는 것이 양무제의 뜻이었다.

과연 주흥사는 황제의 기대를 저버리지 않고 4자 2구 125개의 문장으로 이루어진 천자문을 완성하고야 말았다. 그런데 얼마나 노심초사했는지 머리털이 하얗게 세어버렸으므로 사람들은 천자문을 우스갯소리로 백수문白首文 혹은 백두문白頭文이라고 불렀다.

본래 천자문은 후한 말기 위나라의 종요, 동진시대의 명필 왕희지 등에 의해 만들어진 것이 있었다. 그러므로 주흥사의 천자문이 최초의 천자문은 아니다. 그렇지만 역대 천자문 가운데 문장으로서 가장 완성도가 높고 익히기에 좋았으므로 오늘날까지 전해져 한문교육의 필수교재로 살아남았다고 보아야겠다.

천자문에는 중국의 고대사를 비롯해 천문, 지리, 인물, 학문, 가축, 농사, 제사, 송덕, 처세, 지혜, 도덕, 자연현상, 제왕학, 정치, 관리의 처세, 바람직한 군자의 도리, 가족과 이웃 사이에 지켜야 할 예의범절 등이 고루 담겨 있다.

이 책이 언제 우리나라에 들어왔는지는 명확하지 않다. 다만 『삼국사기』에 백제의 왕인 박사가 일본에 건너가 천자문과 논어를 가르쳤다는 기록으로 보아, 삼국 시대 즈음에 중국에서 유입된 것으로 추정된다.

옛날 서당의 한자 학습과정에서는 반드시 천자문을 암송하고 쓰는 것을 기본으로 했다. 그렇지만 한자의 이용가치가 과거에 비해 대폭 줄어든 오늘날 굳이 그런 학습방식을 따를 필요가 있을까? 한자가 우리 말글을 이해하는 데 필수적인 요소이기는 하지만, 현재 우리가 배우는 한자로는 13억 중국인이 쓰는 어떤 책도 해석 불가능할 뿐만 아니라 필담조차 버거운 것이 현실이다.

그러므로 천자문을 예전처럼 '하늘 천 따 지' 식으로 접근하는 것보다는 문장 속에 녹아들어 있는 인간과 문명의 다양한 현상과 조화, 교훈 등을 궁리하며 터득하는 것이 여러모로 유익할 것이다.

때문에 이 책에서는 기존의 다양한 천자문 해설서에서 취해왔던 자구적 해석을 받아들이면서도, 4자 2구의 틀에 얽매이지 않고 문장의 흐름에 따른 자연스런 해석을 시도했으며, 아울러 중국인들의 일방적인 중화논리에 대한 비판적인 견해도 숨기지 않았다.

그런 만큼 독자 여러분들은 천자문을 펼쳐들고 출렁이는 한자의 개울을 건너고 좁은(?) 중국의 강을 넘어 전체 인류문명의 바다를 조망한다는 열린 시각으로 첫걸음을 떼었으면 하는 바람이다.

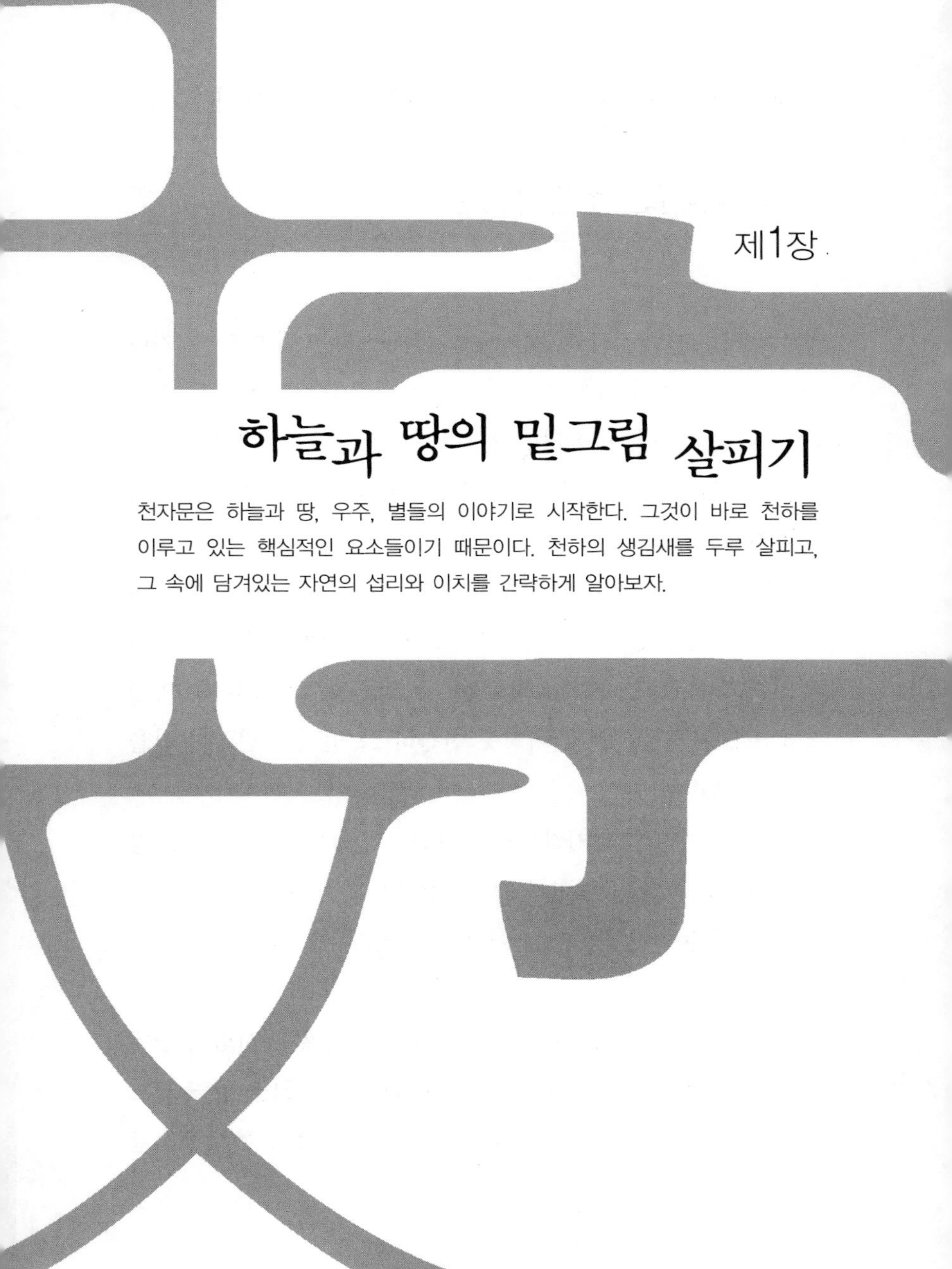

제1장

하늘과 땅의 밑그림 살피기

천자문은 하늘과 땅, 우주, 별들의 이야기로 시작한다. 그것이 바로 천하를 이루고 있는 핵심적인 요소들이기 때문이다. 천하의 생김새를 두루 살피고, 그 속에 담겨있는 자연의 섭리와 이치를 간략하게 알아보자.

하늘은 검고 땅은 누르며, 우주는 넓고 거칠다.

천지현황 우주홍황
天地玄黃 宇宙洪荒

옛날 서당의 장난스런 학동들은 천자문을 '하늘 천 따라 지 가마솥의 누룽지, 박박 긁어서……'라는 식으로 패러디해 부르고 다녔다. 이런 광경을 떠올리면 천자문이 언뜻 만만하게 보이지만 실상은 전혀 그렇지 않다. 그 안에 담긴 내용의 깊이는 물론이고, 한자 자체도 어려운 것이 많기 때문이다.

그것들을 한 글자도 빠짐없이 외우고, 쓰고, 뜻풀이까지 해내야 하니 어린 학동들로서는 여간 고역이 아니었을 것이다. 하지만 21세기를 살아가는 우리들은 이제 그럴 필요가 없다. 가마솥에서 맛있는 누룽지를 긁어먹듯 찬찬히 그 안에 담긴 내용만을 음미하면 된다.

그렇게 천자문을 만지작거리다 보면 인간들의 삶이 보이고 장구한 역사와 세상의 이치가 보일 것이다. 그러면서 단단해지는 배경지식과 논리적인 사고는 이 책의 덤이다. 자, 시작해보자.

하늘 천 땅 지, '하늘은 검고 땅은 누르다'란 말은 사람의 눈에 보이는 단순한 빛깔이 아니라 천지가 헤아릴 수 없을 만큼 크고 넓어서 도무지 끝을 알 수 없다는 뜻이다. 여기에서 현玄이란 글자에는 '멀다', '아득하다'란 뜻도 있으므로, 아득한 하늘을 추상적으로 표현했다고 이해하도록 하자.

땅이 누르다는 개념에는 중국인들의 독특한 세계관이 담겨 있다. 그들이 최초로 터전을 잡고 문명을 일으켰던 곳은 황하 유역이다. 그런데 황하의 물은 대륙의 황토를 머금고 있어서 언제나 누리끼리한 흙빛이었다. 한강이나 낙동강처럼 푸른 강물을 보고 자란 우리들에게 강물의 빛깔이 푸르다는 사실은 의심의 여지가 없었던 것처럼 중국인들은 본디 강물이 누른빛이라고 생각했다. 그래서 황하로 대표되는 생명의 물빛을 세상의 중심 색깔로 삼았으니, 곧 땅은 누른 것이다.

이제 우주宇宙에 대해서 알아보자. 고대 중국인들의 우주는 오늘날 우주왕복선이 날아다니고 인공위성이 떠 있는 우주 공간의 개념과는 좀 다르다. 그들은 과거와 현재, 미래를 포함한 시간과 공간 자체를 우주로 규정했다. 그러므로 '동서남북 위아래가 우宇, 과거부터 현재까지가 주宙'이다. "태초에 하나님이 천지를 창조하시니라."란 구절로 시작되는 『성경』의 창세기처럼 중국인들도 나름대로의 창세기를 그려내고 있으니, 그것이 바로 천자문의 첫머리 '천지현황 우주홍황'인 것이다.

이때는 아직 허공에 혼돈이 지속되고 있으므로 당연히 넓고 거친 모습일 수밖에 없다. 그런 무형의 상태를 중국인들은 태소太昭라고 했다. 태소란 '매우 환하고 밝다'는 뜻이므로 천지창조의 영광과 환희를 담고 있는 표현이다.

이런 허공에서 우주가 생겨나고 기가 생겨났는데, 그중에 맑은 것은 엷게 위로 퍼져 하늘이 되었고, 무겁고 탁한 것은 엉기고 쌓여서 땅이 되었다. 천지창조와 더불어 장차 세상의 주인이 될 인간의 탄생 과정은 창조의 신 반고나 여신 여와의 기이한 신화를 통해 구체적으로 그려진다.

물론 신화에서 논리적인 타당성이나 허점을 찾는 것은 미련한 짓이다. 우리들은 다만 그것의 다양한 묘사와 스케일을 살펴보는 것으로 족하다. 신화를 느낌이 아닌 사실로 받아들이게 되면 곧 종교가 된다.

천지창조의 주역 반고

처음 우주는 달걀 모양과 비슷했는데, 그 안에서 반고라는 거인이 태어났다. 1만 8천 년이 지나자 밝고 맑은 것은 위로 올라가 하늘이 되고 어둡고 탁한 것은 아래로 내려가 땅이 되었다.

그 사이에 반고는 하루에 아홉 번이나 모습을 바꾸면서 하루에 한 장丈씩 키가 자랐다. 그러자 하늘의 높이도 하루에 한 장씩 높아지고 땅도 점점 두꺼워졌다.

이윽고 반고가 죽자 그가 내쉰 숨결은 바람과 구름이 되었고, 목소리는 천둥이 되었다. 또 왼쪽 눈은 태양이 되고 오른쪽 눈은 달이 되었다. 손과 발, 몸은 각각 높은 산악이 되었으며 흐르는 피는 하천, 살은 흙이 되었다. 머리카락과 수염은 별이 되고, 몸의 털은 풀과 나무로, 딱딱한 이와 뼈는 광물이나 암석이 되었으며, 흐르는 땀은 비가 되었다.

이 반고의 전설을 보면 문득 지구는 살아 있는 생명체라는 가이아이론이 떠오른다. 지구상에 존재하는 모든 것들은 유기적으로 연결되어 있다는 말이다. 그런 면에서 개발이란 명목으로 무분별하게 진행되는 생태계 파괴는 자연의 일부인 인간의 자충수가 아닐까.

인간을 만든 여와

여신 여와는 얼굴은 사람이고 몸은 뱀의 형상이다. 태초에 여와는 자신의 몸과 비슷한 모양으로 진흙을 빚어 사람을 만들고 숨을 불어넣었다. 그런데 사람을 하나하나 만들다 보니 짜증이 났다. 이 넓은 천지를 사람으로 가득 채우자니 너무 힘들었던 것이다.

그래서 여와는 궁리 끝에 손쉬운 방법을 찾아냈다. 새끼줄을 진흙에 담갔다가 꺼내니 흙덩이가 뚝뚝 떨어지며 사람의 형상이 되었던 것이다. 이때 여와가 직접 빚어 만든 사람은 귀족이나 부자가 되었고 새끼줄로 손쉽게 만든 사람들은 천민이 되었다.

그 뒤에 물의 신 공공과 불의 신 축융이 싸움을 벌였는데, 패배한 공공이 화가 나서 하늘을 떠받치고 있는 부주산에 머리를 들이박았다. 이로 인해 지상에서는 지진과 홍수가 일어나고 하늘에서는 천둥과 벼락이 내려치니 사람은 물론 모든 생물이 멸종될 위기에 처했다. 그러자 여와는 오색 돌로 하늘의 구멍을 메우고,

큰 거북의 네 다리를 잘라 하늘을 받쳤다. 이렇게 홍수를 막은 다음 여와는 고약한 짓을 저지른 공공을 토벌했다. 신화 속의 여와는 무서운 괴물이 아니라 인간의 창조주이자 구세주인 것이다.

해와 달은 차고 기울며, 별자리는 고르게 펼쳐졌다.

일 월 영 측　진 숙 열 장
日月盈昃 辰宿列張

천자문의 두 번째 문장은 반고의 두 눈이 변한 해와 달, 반고의 수염이 변한 별들이 어떻게 제자리를 찾았는지를 보여주고 있다. 여기에서 반고는 어떤 능동적인 존재가 아니라 과학으로는 설명할 수 없는 혼돈의 산물임을 상기하도록 하자.

태초의 혼돈이 잦아들고 우주가 제자리를 찾자 하늘과 땅 사이에 합쳐진 정기는 음양陰陽의 기운을 지니게 되었다. 음양의 기운은 서로 다른 비율로 뒤섞여 네 계절季節이 되었고, 또 네 계절의 정기는 다시 흩어져 만물이 되었다.

양이 쌓인 열기에서 불이 생겼으며 그 불의 정기가 해日가 되었고, 음이 쌓인 한기는 물이 되었으며 그 물의 정기는 달月이 되었다. 다시 해와 달에서 넘쳐 나온 정기들이 별星이 되었다. 이와 같이 변화하는 계절의 현상을 음양의 이치로 풀어내는 것은 중국의 전통적인 음양오행설[1]의 산물이다.

'해가 차고 달이 기운다'는 말은 『역경』에 실려있는 "해는 남중하면 기울고, 달은 차면 이지러진다."란 말을 간략하게 표현한 것이다. 이는 해가 뜨고 지거나 달이 보름달이 되었다가 작아지는 등의 시각적인 장면을 묘사한 것이 아니라 천체의 운행을 과학적으로 정리한 표현이다.

'별자리가 고르게 펼쳐졌다'는 대목도 마찬가지다. 중국에서는 천문을 매우 중요시하여 황제 직속의 천문관을 두고 항상 천체의 운행을 관찰했다. 그래서 1년 동안 지상에서 본 태양의 운행궤도인 황도黃道를 12등분해 12차十二次라고 했고, 황도를 기준으로 28개의 별자리를 만들어 28숙二十八宿이라 불렀다.

진숙열장辰宿列張이란 황도라고 불리는 정해진 공간에 규칙적으로 배열된 별들의 모양을 뜻한다. 중국인들에게 황하黃河가 삶의 중심인 것처럼, 태양의 궤도 역시 황도黃道라고 일컬었음에 주목하도록 하자. 황화와 황도의 '황'자는 황하의 지류처럼 사방으로 퍼져가는 누른색을 뜻하며, 중국인의 현실과 공상을 지배하는 중화의식中華意識이 겉으로 드러난 것이라 할 수 있다.

희화와 상희

그리스 신화의 태양신이 남성인 아폴론이라면 중국신화의 태양신은 여성인 희화羲和이다. 희화는 동방의 천제 제준帝俊의 아내로 열 개의 태양을 아들로 낳았다.

이 열 개의 태양은 동쪽 끝에 있는 계곡 양곡에서 몸을 씻고 부상이라는 거대한 뽕나무에서 출발해 매일 차례대로 하늘을 한 바퀴씩 돌아 황혼 무렵에는 서쪽 끝에 있는 우연이라는 연못과 몽곡이라는 계곡을 거쳐 다시 양곡의 뽕나무로 되돌아왔다.

그런데 요임금 때 이 열 개의 태양이 한꺼번에 떠오르는 바람에 바닷물이 끓고 땅이 타는 괴변이 발생해서 사람들이 고통을 겪었다. 이에 제준은 명궁인 예羿에게 명해 아홉 개의 태양을 활로 쏘아 떨어뜨렸다. 그래서 오늘날 하늘에는 한 개의 태양만이 남게 되었다.

달의 신 상희常羲는 제준의 또 다른 아내이다. 상희는 12개의 달을 딸로 낳았다. 이 딸들은 배다른 오빠들과는 달리 아무런 말썽도 일으키지 않았다.

이 해와 달의 신화는 고대 동양의 역법을 설명하고 있다. 곧 열흘을 한 단위로 세 순旬이 모여 한 달이 되고, 열두 달이 모여 1년이 되는 것이다.

추위가 오면 더위는 가니, 가을이면 거두고 겨울에는 저장한다.

한 래 서 왕　추 수 동 장

寒來暑往[2] 秋收冬藏

해가 차고 달이 기우는 것이 천체운행의 자연스런 이치이듯 추위와 더위는 번갈아 오고, 계절도 음양의 조화에 따라 끊임없이 순환한다. 봄이 되면 뭇 식물들은 싹을 틔우고 여름이면 생장하며 가을에는 열매를 맺음으로써 종種을 번식시킨다. 그렇게 수고로운 한해살이를 마치면 추운 겨울에는 안식을 취하며, 이듬해에 다가올 봄을 기다린다. 이것이 바로 천지의 기운에 순응하는 생명의 본성이다. 물론 인간도 이와 다르지 않아서 계절에 어울리게 밭 갈고 씨 뿌리며 추수해 겨울을 대비한다.

이처럼 자연의 반복과 순환은 어느 한쪽이 분리된 독립체로서 존재하는 것이 아니라 우리의 태극 문양처럼 한쪽이 시들면 반대쪽이 피어나는 조화로움을 근본으로 한다. 따라서 사람들도 자연을 본받아 한때의 고난을 이겨내면 반드시 행복이 찾아오리란 믿음을 잃지 않는 것이다.

중국의 역사가 사마천이 쓴 『사기』에는 "무릇 봄에는 소생하고, 여름에는 성장하며, 가을에는 거둬들이고, 겨울에는 갈무리하는 것, 이것이 천도의 큰 길이다."라는 문장이 있다. 자연의 질서에 발맞추는 것이 곧 천명을 따르는 방법이란 뜻이다. 이에 따라 고대 중국의 통치자들은 만물이 소생하는 봄에는 사형이나 사냥을 금지했으며, 태양의 기운을 받아 생명력이 왕성하게 피어나는 여름에는 농사나 교육을 장려했다. 그러다 가을이 되면 미루어두었던 사형이나 사냥을 허락하는 한편 다른 나라와 전쟁을 벌이기도 했다. 또 겨울은 저장하는 계절이므로 땅을 파헤치거나 새로 건물을 짓는 일 등은 하지 않았다. 추수동장秋收冬藏이란 구절에는 이렇듯 다양한 뜻이 담겨 있다.

오늘날 우리들은 계절에 얽매이지 않고 비닐하우스에서 수확한 사시사철의 과일이나 채소를 맛볼 수 있다. 또 차나 비행기로 무협지 속의 축지법보다 빠르게 공간이동을 하며, 전화와 인터넷을 통해 천 리 밖에 있는 사람과 대화할 수 있다. 그렇게 자연의 순리를 거스른 결과는 오존층의 파괴와 온난화로 인한 기상이변, 쓰나미 같이 예측할 수 없는 자연재해로 나타나고 있다. '하늘에 순응하지 않으면 하늘이 너를 버릴 것이다'란 옛말은 바로 오늘날 지구촌이 겪고 있는 자업자득과 하등 다르지 않음을 알겠다.

남은 윤달로 한 해를 이루었고, 율려로 음양을 고른다. 구름이 올라가 비가 되고, 이슬이 맺혀 서리가 된다.

윤 여 성 세　율 려 조 양
閏餘成歲 律呂調陽

운 등 치 우　노 결 위 상
雲騰致雨 露結爲霜

달력을 보면 한 달이 대개 30일로 되어 있지만 28일이나 31일인 달도 있다. 대체 왜 그런 것일까? 그것은 1년의 주기를 해와 달의 운행에 맞게 맞추기 위해서 역법으로 날짜를 조절했기 때문이다. 이 역법을 이해하려면 우선 윤달이 무엇인지 알아야 한다.

우리 주변에는 음력 윤년이나 윤달에 생일이 끼어 있어서 평생 몇 차례밖에 생일을 쇠지 못한다는 사람들이 종종 있다. 이것이 바로 윤달의 짓궂은 장난(?)이다.

윤여閏餘는 '여분의 달', 즉 윤달을 말한다. 윤달은 달의 주기 오차로 인해 발생하는 계절의 혼란을 매끄럽게 중화시켜주기 위해 만들어낸 인위적인 달이다.

해와 달의 운행에 의해 계절이 구분되자, 계절이 한 바퀴를 돌아 제자리를 찾아오기까지의 과정을 1년으로 정했다. 그런데 1년은 해의 주기로는 366일, 달의 주기로는 356일이어서 10일이나 차이가 났다. 이런 점은 파종과 수확에 적합한 날짜를 정하는

데 매우 큰 혼란을 주었다. 그래서 사람들은 역법을 만들어 이 날짜를 조절해 이용했던 것이다.

고대 중국의 성군으로 알려진 요임금은 희씨와 화씨라는 신하에게 한 해의 날짜를 일정한 법칙에 의해 맞추도록 명했다고 한다. 이에 따라 두 사람은 일 년 동안의 오차인 열흘을 삼 년 간 모아 윤달을 만드는 방법을 고안해 냈는데 이것이 바로 역법曆法의 시초라고 알려졌다.

천지와 음양을 조절하는 율려

율려로 음양을 고른다는 말은 무슨 뜻일까? 고대에서 백성을 다스리는 정치와 음악은 매우 밀접한 관계를 맺고 있었다. 천지의 질서를 관장하는 음양의 조화가 순조로우면 세간의 음악도 평화롭고 아름다워지지만 조화가 깨어지면 음악이 난잡하고 혼란스러워진다고 여겼기 때문이다.

『시경』에 의하면 흥성하는 나라의 음악은 맑고 즐겁지만 쇠망해가는 나라의 음악은 슬픔과 그리움으로 충만해 있는데, 이는 곧 그 나라의 정치가 곤경에 빠져 있기 때문이라고 한다. 음악은 곧 민심인 것이다. 따라서 고대의 지배자들은 그 민심의 추이를 알아내기 위해 무엇보다도 명확한 소리의 기준이 필요했다. 그래서 율려를 고안해 낸 것이다.

율려律呂[3]란, 고대 중국에서 악률을 교정할 때 쓰던 기구이다. 길이가 서로 다른 12개의 죽관이나 금속관으로 만들어졌는데, 각관이 내는 음을 모든 악기의 표준음으로 삼았다. 낮은 음을 내는 관에서 부터 남성을 상징하는 홀수의 여섯 개 관을 율律, 여성을 상징하는 짝수의 여섯 개 관을 려呂라고 하는데, 이것으로써 음양을 조절하고 자연과 세상을 조화롭게 만든다는 뜻을 담고 있다.

이렇듯 역법으로 한 해의 길이를 조절해 농사가 잘 되게 하고, 율려로 음양을 바로잡아 세상을 평화롭게 하면 '구름이 올라가 비가 되고, 이슬이 맺혀 서리가 되는' 등 자연의 순환도 순조로워진다. 그래서 『역경』에서는 다음처럼 말하고 있다.

"하늘은 큰 것이 근본이니 만물이 하늘에서 나오고 하늘은 이로써 천지를 거느린다. 구름을 운행하여 비를 뿌리니 이로써 모든 삼라만상은 그 모양을 얻는다."

천지와 음양이 일정한 법칙에 따라 조화를 이루면 인간의 삶 또한 안정을 찾는다. 그래서 '하늘에 순응하는 자는 흥하고 하늘에 거역하는 자는 망한다'는 말이 있는 것이다.

역법이란 무엇일까?

일상생활에서 달력이 없다면 어떻게 될까? 오늘이 무슨 요일인지, 생일은 언제인지, 어떻게 날짜에 맞춰 계획을 세울지 등등 여러모로 난감한 지경에 빠지게 될 것이다. 이런 달력의 역曆이 바로 역법이다.

역법이란 천체의 주기적인 현상에 맞추어 시간을 구분하고 날짜의 순서를 매겨나가는 방법이다. 그 기준으로 밤낮의 길이, 사

계절의 변화, 달의 모양 같은 것이 있다. 이들 현상을 관찰하고 생활에 필요한 단위와 주기를 고려해 역법을 정한다.

좀 더 구체적으로 설명하면 지구는 자전하면서 하루를 낳고 태양 주위를 공전하면서 1년을 낳는데, 이것이 태양력의 기초가 된다. 한편 달은 지구 주위를 돌면서 한 달을 낳는데 열두 번을 돌면 태양의 1년인 365일보다 날짜가 넘치는 문제가 생긴다. 그래서 남은 날짜를 모아 윤달을 만들고, 또 그 윤달을 모아 윤년을 만들어 해와 달의 주기로 어긋나버린 1년의 오차를 맞춰주었던 것이다.

이런 필요에 따라 고대 중국에서는 19년에 일곱 개의 윤달을 두었다. 갑골문에 따르면 은나라 때에는 윤달을 12월을 넘어선 달이라 하여 13월이라고 불렀다. 이렇게 연월일年月日이라는 독립된 주기를 생활에 맞게 조절하는 방법이 역법이고, 이들의 관계를 구체적으로 적어놓은 것이 역서이다.

역서에는 천문력, 항해력, 농사력 등의 전문력과 우리들이 평소에 쓰는 상용력이 있다. 우리가 통상 달력이라고 부르는 이 역서에는 연年·월月·일日·주週와 각종 축제일 등이 표시되어 있다. 역법은 백성들의 생업인 농업과 어업 등에 없어서는 안 될 중요한 것이었으므로 예부터 통치자들이 반드시 챙겨야 할 필수적인 사항으로 여겨졌다.

역법의 종류는 기본주기를 무엇에 두느냐에 따라 세 가지로 구분된다. 달의 삭망에 두면 태음력, 해의 천구상 운행에 두면 태양력, 해와 달의 운행을 함께 고려한 것은 태음태양력이라고 한다. 역사적으로 태음력이 가장 오래되었고 이어 태음태양력, 태양력의 순으로 쓰였다.

금은 여수에서 나고, 옥은 곤륜산에서 난다.

金生麗水 玉出崑岡

금생여수 옥출곤강

자손이 귀한 집안에서 뒤늦게 아들을 낳아 '금이야 옥이야' 하며 소중히 키웠다는 이야기를 종종 들어보았을 것이다. 금金과 옥玉은 옛날 사람들에게 그처럼 보물 중의 보물로 여겨졌다. 사람이 평생 가슴에 새겨둘 만한 교훈을 일러 금과옥조金科玉條라고 하지 않는가.

그런데 이런 보물은 어떻게 해서 생겨나게 되었을까? 천지창조가 이루어졌을 때 맑은 것이 올라가 하늘이 되고 탁한 것이 가라앉아 땅이 되었다. 그때 혼돈에서 걸러진 아름다운 기운들이 갖가지 모양으로 뭉쳐져 땅속 깊이 가라앉았으므로 사람들은 이를 캐내어 성스럽고 귀하게 여겼다. 보물에는 여러 종류가 있지만 금과 옥은 화폐나 장신구 대용으로 유용하게 쓰였으므로 더욱 높은 가치가 매겨졌다.

'금생여수 옥출곤강'이란 금 중의 금은 여수 땅에서 나고, 옥은 곤륜산에서 많이 난다는 뜻이다. 이 구절은 "형남 땅 여수에서 금이 많이 나는데 많은 사람들이 몰래 캔다."라는 『한비자』의 기록에서 따온 것인데, 일종의 중국판 엘도라도[4]인 셈이다.

여수麗水는 중국 운남성의 소수민족 거주지인 금사강을 말한다. 금사金沙를 풀이하면 곧 금모래가 흐르는 강이니 여수는 아마도 사금砂金의 산지였던 것으로 추측된다. 금은 청동기시대였던 고대에는 주로 동銅을 일컬었지만 철기시대로 넘어오면서 무쇠를 뜻하다가, 나중에는 황금만을 뜻하게 되었다. 황금이 모든 금의 대표가 된 것이다. 그래서 광물을 뜻하는 한자에는 반드시 '금金'자가 붙어 있다.

옥이 나온다는 곤강은 곤륜산을 뜻한다. 곤륜산은 하늘에 닿을 만큼 높고 항상 성스러운 구름에 싸여 있는데, 보배로운 옥이 나온다고 한다. 다음 대목에 나오는 야광주의 대표격인 화씨지벽이 바로 이 곤륜산에서 발견된 것이다.

중국인들이 황하의 발원점으로 믿고 있는 곤륜산은 실재하는 곤륜산맥과는 전혀 다른 상상의 산이다. 전국시대 이후 중국에 도교가 유행하면서 곤륜산은 신선들이 사는 이상향으로 그려졌다.

칼을 말할 때는 거궐이요, 구슬은 야광을 일컫는다.

검 호 거 궐　주 칭 야 광
劍號巨闕 珠稱夜光

그렇듯 여수에서 금이 나고 곤륜산처럼 신비로운 땅에서 옥이 나자 손재주가 뛰어난 장인들이 등장해 불과 도구를 이용해 녹이고 두드리고 다듬어 각종 명검과 보석을 만들어냈다. 이것은 사람들이 보물을 그냥 받아들이고 즐기는 단계를 넘어서 그것들을 이용해 더욱 정밀하게 가공된 명품들을 갖게 되었다는 뜻이다.

월나라 최고의 장인 구야자는 거궐이란 명검을 만들었는데 쇠로 만든 그릇을 베면 잘린 면에 기장만한 구멍이 보일 정도였다. 예리한 칼날이 그릇 안의 기포를 누르지 않고 통과했다는 증거였다. 이는 냇물에 칼을 세워두고 종이를 흘려보내면 조용히 반으로 갈라졌다는 여타 명검들의 수준을 훨씬 뛰어넘는 경지다.

"역대의 명검으로 제나라 환공의 총, 강태공의 궐, 주문왕의 녹, 초장왕의 홀, 오왕 합려의 간장과 막야, 거궐과 벽려를 손꼽을 수 있다. 이런 명검도 숫돌에 갈지 않으면 예리해지지 않고, 사람의 힘이 더해지지 않으면 아무 것도 자를 수 없다."

전국시대의 유학자인 순자가 자신의 성악설을 증명하기 위해 여러 종류의 명검에 빗대어 무차별적으로 욕망을 좇는 사람들의 악한 마음을 비판한 문장이다.

옥玉의 경우 중국에서는 밤에도 환하게 빛나는 야광주가 명품으로 취급받았다. 그중에 가장 유명한 야광주가 바로 화씨의 구슬인데, 한 나라를 들썩일 정도의 값어치가 있었다.

예로부터 사람들은 훌륭한 가문에서 뛰어난 인물이 태어나는 것을 '곤산출옥 여수생금崑山出玉 麗水生金'이라 했다. 본바탕이 좋아야 산물도 좋다는 뜻이다. 그러니 개천에서 용 나는 일이 얼마나 어려운지를 알겠다.

명검 간장과 막야

월나라에 거궐을 만든 구야자가 있었다면 적국인 오나라에는 간장이란 최고의 장인이 있었다. 당시 오나라의 왕 합려는 간장에게 명검을 만들어 바치라는 명령을 내렸다. 왕명을 받은 간장은 명산인 오산에 들어가 질 좋은 청동을 캐는 데 성공했다. 그런데 노爐에 청동을 넣고 아무리 불을 때도 쇠가 녹지 않았다. 3년간 갖은 방법을 다 동원했지만 아무 효과가 없자 간장의 상심은 깊어갔다. 그때 아내 막야가 말했다.

"본래 명검은 사람의 육신을 원한다고 했습니다. 지금이 바로 그런 때입니다."

예나 지금이나 명품에는 장인의 혼이 스며들어야 하는 법이다. 그래서 막야는 머리카락과 손톱, 발톱을 깎고 목욕재계한 다음 불길 속에 몸을 던졌다. 간장이 눈물을 흘리며 남자 아이와 여자 아이 삼백 명으로 하여금 풀무질을 하게 하니 비로소 쇳물이 녹아내렸다. 이런 희생을 통해 두 개의 명검이 만들어졌다.

간장은 아내를 생각하며 두 검의 이름을 간장과 막야로 지은 다음 왕에게는 막야만을 바쳤다. 드디어 소망하던 명검을 손에 쥔 합려는 몹시 흡족해서 마침 노나라에서 사신으로 온 계손에게 자랑했다. 이때 계손은 칼날에 좁쌀만한 흠을 발견하곤 속으로 이렇게 탄식했다.

'오나라는 장차 천하를 제패하겠지만 결국 망하고 말 것이다.'

과연 그의 예견대로 합려는 오자서와 손무의 도움으로 패자가 되었지만 월나라를 침공했다가 목숨을 잃었고, 그의 아들 부차 역시 월나라의 구천과 더불어 와신상담臥薪嘗膽의 쟁투를 벌였다가 마침내 나라를 잃고 말았다.

화씨의 구슬

춘추시대 남쪽 초나라에 변화라는 사람이 살았는데 언젠가 곤륜산에서 옥돌을 캐어 초나라 여왕에게 바쳤다. 그런데 궁중의 보석감정사들이 살펴보니 쓸모없는 돌에 불과했다. 이에 화가 난 왕은 변화의 왼쪽 발목을 자르는 형벌을 가한 뒤 쫓아버렸다.

얼마 뒤 여왕이 죽고 무왕이 즉위하자 변화는 또 그것을 바쳤다가 오른쪽 발목까지 잘렸다. 세월이 지나 무왕이 죽고 문왕이 즉위하자 변화는 또다시 옥돌을 바쳤다. 이런 끈질긴 집념에 사람들은 혀를 내둘렀다.

"저 사람은 목숨이 아깝지 않은 모양이다."

그렇지만 변화는 그것이 보옥이라는 소신을 버릴 수 없었다. 이런 그의 집념을 심상찮게 여긴 문왕이 세공사를 시켜 돌을 다듬게 했다. 과연 그 안에서 찬란한 빛을 토해내는 구슬이 나왔다. 그때부터 이 구슬을 화씨지벽이라 하여 보물 중의 보물로 여겼다.

훗날 이 화씨의 구슬을 조나라가 갖고 있을 때, 진나라 소양왕이 소문을 듣고 12개의 성과 맞바꾸자고 제안했다. 강대국의 압력에 굴복할 수밖에 없었던 조나라는 눈물을 머금고 구슬을 바쳤는데, 이때 구슬을 가져갔던 인상여의 재치와 용기로 구슬을 무사히 되찾을 수 있었다.

이처럼 화씨의 구슬, 즉 화씨지벽和氏之璧은 한 나라를 들썩일 정도로 성가가 높았는데, 이는 세월이 지나면서 뛰어난 인재를 뜻하는 말로 바뀌었다.

과일 중에는 오얏과 능금이요, 채소로는 겨자와 생강이다.

바닷물은 짜고 민물은 싱거우며, 물고기는 잠기고 새들은 난다.

과 진 이 내　채 중 개 강
果珍李柰 菜重芥薑

해 함 하 담　인 잠 우 상
海鹹河淡 鱗潛羽翔

고대 중국의 서민들은 과일 중에 오얏과 능금을, 채소 중에는 겨자와 생강을 매우 귀하게 여겼다. 여기에서 오얏은 자두, 능금은 사과를 말한다.

모든 것이 풍족한 현대인의 시각으로는 하고많은 과일 중에 하필 자두와 사과, 또 채소 중에서는 톡 쏘고 매운 겨자와 생강을 귀하게 여겼는지 의아해할 수도 있겠다. 하지만 과일이나 양념을 즐기기에는 모자란 게 많았던 옛날의 살림살이를 생각하면 이해하기 쉬울 것이다.

고대에는 오얏이 희귀한 과일이었는지 오래된 서책에도 자주 등장한다. 그 가운데 특이한 것은 "노자의 어머니가 노자를 가졌을 때 오얏나무 밑에 있었다."라는 『신선록』의 기록이다. 그런 이유로 노자의 성을 이李씨로 지었다고 한다. 부처와 보리수, 예수와 감람나무의 관계처럼 도교의 성인인 노자는 오얏나무와 인연을 맺었다는 것이 이채롭다.

또, 『여씨춘추』에는 '2월은 우수절로서 복사꽃과 오얏꽃이 피는 때'라고 하여 봄의 대표적인 꽃으로 오얏꽃을 꼽고 있다.

오얏에 관련된 한자성어로 '과전불납리瓜田不納履 이하부정관李下不整冠'이라는 말이 유명하다. 오이밭에서는 신을 고쳐 신지 말고 오얏나무 아래에서는 갓을 고쳐 쓰지 말라는 뜻으로 쓸데없이 남에게 의심 받을 짓을 하지 말라는 뜻이다.

이런 군자의 도를 실천하는 것은 쉬운 것 같지만 의외로 어렵다. 『악부樂府』에는 오얏나무를 소재로 한 시가 실려 있다. 서로 종種이 다른 나무들도 어려움에 처하면 돕고 사는데, 형제지간에 의리를 잊고 골육상잔을 벌이는 모습을 한탄한 내용이다.

> 복숭아나무가 길가 지붕 없는 우물 위에 열리고
> 오얏나무가 복숭아나무 옆에 났네.
> 벌레가 와서 복숭아나무 뿌리를 갉아먹으니
> 오얏나무가 복숭아나무 대신 쓰러지네.
> 나무조차 저렇듯 어려움을 나누거늘
> 하물며 형제끼리 서로 잊고 사는구나.

일반적으로 채소란 '재배해서 먹을 수 있는 풀'을 뜻한다. 그렇지만 고대 중국에서 채소란, 흉년이 들었을 때 식량 대용으로 섭취할 수 있는 식물을 통칭하는 말이었다.

보통 '기근에 시달린다'라고 했을 때 기饑는 곡식을 제대로 수확하지 못한 것이고 근饉은 채소를 제대로 수확하지 못한 것이다. 이렇듯 뜻하지 않은 재해로 들에는 거둘 곡식도 없고 산에도 그 흔한 나물조차 제대로 남아 있지 않다면 가난한 백성들로서는 얼마나 참담한 지경이겠는가. 이런 상황에서 백성들은 풀뿌리나 나무껍질로 하루하루를 연명할 수밖에 없었다. 이때 겨자나 생강은 매우 중요한 역할을 했다.

겨자는 위장을 따뜻하게 해주고 기운을 원활하게 해주며 신경통이나 폐렴에도 효능이 있다. 또 생강은 정신을 맑게 하고 몸 속의 독소를 제거해주며 소화불량이나 설사 등에도 효과가 있다. 그러니 이 두 채소는 흉년이 들었을 때 사람들이 분별없이 온갖 푸성귀를 뜯어먹고 생긴 배앓이를 치료하는 데 탁월한 효과를 발휘했을 것이다.

천자문에 나타난 오얏과 사과, 겨자와 생강은 모두 남쪽 지방이 원산지라는 특성을 가진다. 어쩌면 고대 중국인들은 오랜 전란과 기아에 시달리며 이런 과일과 채소가 지천으로 널린 따뜻한 남쪽나라를 그리워했던 것은 아닐까.

자연이야말로 만물의 어머니

바닷물은 짜고 민물은 싱겁다는 말은 그것이 저마다의 특성을 가지고 생명을 탄생시키고 유지하고 있다는 뜻이다. 그러므로 물고기들은 짠물과 민물에서 제각각 알맞게 생장한다. 또 새들은 그와 같은 물을 생명의 원천으로 하여 자유스럽게 하늘을 날아다닐 수 있다. 이는 자연이야말로 만물의 어머니임을 밝히고 있는 것이다. 여기에는 물론 인간도 예외가 될 수 없다. 『시경詩經』 '한록' 에는 "솔개는 하늘을 날고 고기는 연못에 뛰네. 안락하신 우리님께서는 모든 백성을 덕화하시네."라는 시가 있다. 이처럼 새와 물고기들이 두려움 없이 인간과 어우러져 살아가는 세상이 곧 태평성대이다. 자연이 가져다 주는 풍족함도 중요하지만 그 자연과 함께 더불어 살아갈 수 있는 환경을 만드는 것이 자칭 만물의 영장이라는 인간의 책무일 것이다.

제2장

천하를 일군 태초의 리더들

신화 속 인물들이 피땀을 흘리지 않았다면 지금과 같은 대역사는 이루어지지 않았다. 태초에 세상을 만들고, 역사를 이끈 자들은 누구일까? 천하의 기틀을 잡은 삼황오제의 신화로부터 고대국가의 성립과정까지 흥미진진한 이야기를 들어보자.

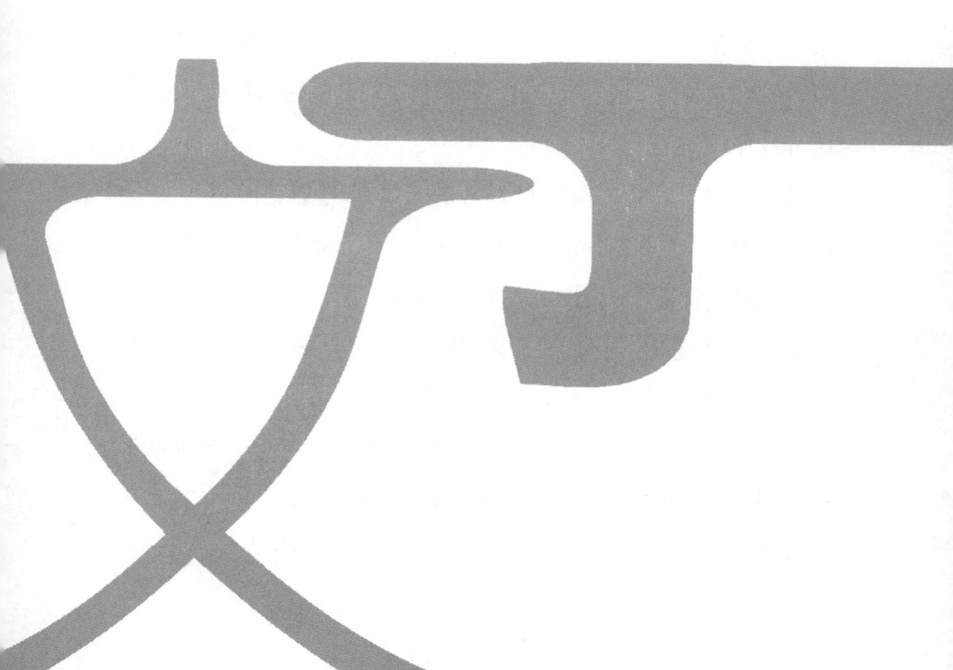

복희씨는 사람을 가르쳤고 신농씨는 불을 다스렸으며 소호씨는 새로 관직명을 붙였고 황제는 사람을 교화시켰다.
비로소 글자를 만들었고, 처음으로 윗옷과 치마를 입었다.

용 사 화 제　조 관 인 황
龍師火帝 鳥官人皇

시 제 문 자　내 복 의 상
始制文字 乃服衣裳

천자문은 이제 본격적으로 인간의 시간과 공간에 접근해 들어간다. 그 출발점은 역시 신화이다. 세계의 신화들이 대개 그렇듯이 여기에서도 원시적인 인간을 교화하고 다스리는 신인神人들의 이야기가 중심이 된다.

천지가 안정되자 드디어 인간이 등장했지만, 인간은 아직 만물의 영장으로 자리매김하지 못한 채 원시적인 삶을 살아가고 있었다. 그러다 일정한 시기가 되자 신인들이 차례대로 하늘에서 내려와 불의 사용법, 농사짓는 법, 병 고치는 법, 나라 다스리는 법 등 다양한 지혜를 가르쳐주기 시작했다.

삼황오제三皇五帝로 통칭되는 이들은 오늘날까지도 중국인들이 숭배하는 조상신이다. 이들의 면면에 대해서는 다른 견해들이 많지만 『십팔사략十八史略』에 수록된 기준으로 나누면 삼황은 태호 복희씨·염제 신농씨·황제 헌원씨이고 오제는 소호·전욱·제곡·요·순이다.

태호 복희씨

삼황오제의 맏이인 복희씨는 여름을 주관하는 신하 구망의 보좌를 받았다. 용의 몸뚱이에 사람의 얼굴을 하고 있었으므로 용사龍師라 불렸는데, 얼굴이 마치 해와 달처럼 밝으므로 큰 하늘과 같은 왕 즉, 태호라 했다.

복희씨는 팔괘八卦를 만들어 사람들에게 하늘의 운행과 천지의 조화를 알려주었고, 낚시질과 목축을 가르쳤다. 또 결혼제도를 만들어 인륜의 중대함을 가르쳤으며, 달력을 만들어 농사를 짓게 하고 거문고를 켜서 사람들을 교화시켰다.

당시 사람들은 갈대를 엮은 끈으로 매듭을 지어 의사소통을 했는데, 이를 가엾게 여긴 복희씨는 신하 창힐에게 문자를 만들도록 명했다. 창힐은 오랜 궁리 끝에 모래 위에 찍힌 새 발자국을 보고 문자를 만들었다. 바로 한자의 초기형태인 상형문자이다. 창힐은 황제의 신하라고도 한다.

전설에 의하면 복희씨는 생사의 구분이 없고 사랑과 미움 없이 영원히 화평한 나라인 화서국에서 태어났다. 화서국에 화서씨라는 여인이 있었는데, 그녀는 동쪽의 뇌택이라는 늪가에 놀러갔다가 커다란 발자국을 발견했다. 호기심에 자신의 발을 맞추자 이상한 기운이 감돌더니 그녀는 임신을 했고, 얼마 후 용의 몸에 사람의 얼굴을 가진 아기가 태어났다. 그 아기를 보고 짐승들이 엎드려 복종하니 사람들이 그 아기를 복희라 불렀다고 한다.

그런데 이 복희씨의 형상은 사람을 만들었다는 여와와 비슷하다. 둘이 남매간이기 때문이다. 그러므로 여동생인 여와가 사람을 만들었고, 오빠인 복희씨가 그 뒷감당을 했다는 발칙한 상상도 해볼 수 있겠다. 문득 이 둘이 성경의 창세기에 나오는 아담과 이브와 흡사하다는 느낌이 들지 않는가.

염제 신농씨

복희씨의 뒤를 이은 신농씨는 화덕으로 세상을 다스렸다 해서 염제炎帝, 혹은 화제火帝라고 불렸다. 그는 사람들에게 벼와 검은 기장을 심도록 했으며, 처음으로 오곡(쌀, 보리, 콩, 조, 기장)을 가려 농사를 짓게 했다.

신농씨는 사람의 몸에 소의 얼굴을 가진 신인으로 여름을 주관하는 축융의 보좌를 받았다. 그는 생김새에 걸맞게 농사짓는 법과 약초를 사용해 병을 고치는 방법을 가르친 농업의 신이며 의약의 신이다. 또 태양이 가장 성한 정오에 사람들을 모아 장사를 하게 했던 상업의 신이기도 하다.

농사를 지을 때 햇볕과 소를 이용하는 방법은 매우 중요하다. 그러므로 소의 얼굴을 한 신농씨에게 염제나 화제라는 칭호가 붙여진 것은 지극히 자연스럽다. 하지만 우경牛耕은 먼 훗날에야 실용화되는 고급 농사법인 것으로 미루어 이것 역시 미화된 신화의 단계를 뛰어넘지 못하고 있다. 어쨌든 신농씨는 수렵시대에서 농경시대로 넘어가는 과정에서 겪는 통과의례를 순조롭게 해준 구세주라고 할 수 있겠다.

황제 헌원씨

황제黃帝 헌원씨는 중국 문명의 개조開祖라는 칭송을 받고 있다. 처음으로 집을 만들었고, 배와 수레를 발명하여 교통 혁명을 선도했다. 또 문자를 만들고 시장에 관문을 설치했으며, 궁시와 지남거 같은 무기를 만들었다.

황제의 부인 누조는 어느 날 커다란 뽕나무에서 누에가 고치를 맺는 것을 보고 비단을 발명했는데 황제의 신하 호조가 그것으로 치마와 저고리를 만들어 사람들에게 입혔다. 그때부터 사람들은 벗은 몸을 가리고 사람답게 살았다.

그는 전쟁의 신으로 불리는 치우蚩尤를 탁록에서 싸워 물리친 후 세력이 강성해져 신농씨를 남쪽으로 쫓아내고 천자가 되었다고 한다. 앞에서도 언급한 것처럼 황제黃帝의 '황黃' 자는 황하의 황토색을 상징한다. 그만큼 대단한 존재로 추앙받고 있다는 뜻이다.

참고로 천자문에서 삼황의 하나인 황제가 오제의 첫 번째인 소호씨의 뒤에 언급되는 것은 문장의 운韻을 맞추기 위해서이다.

황제 헌원씨의 뒤를 이은 것은 오제의 맏이 소호씨이다. 그는 황제의 아들로 천자가 된 뒤에 새들의 이름으로 벼슬을 정했으므로 조관鳥官이라고 불렀다.

소호씨는 봉황을 재상으로 하고 독수리는 군대, 매는 법률과 형벌, 뻐꾸기는 건축 등을 맡게 했다. 이는 그의 출신부족이 새를 토템으로 하고 있다는 것을 말해준다. 그 뒤를 이어 전욱, 제곡, 요, 순이 연이어 천하를 다스렸다.

이와 같은 삼황오제의 이야기는 어디까지나 신화이고 전설일 뿐이다. 이들 중에서 실제로 역사에 등장하는 인물은 중국인들이 시조로 추앙하는 황제皇帝와 요임금, 순임금이다. 그래서 사마천의 『사기』도 황제편부터 시작하고 있다.

자리를 물려서 나라를 넘겨준 이는 요임금과 순임금이다.

推位讓國 有虞陶唐
퇴위양국 유우도당

삼황의 시대가 저물자 중국에서 최고의 태평성대로 일컬어지는 요순의 시대가 왔다. 그들은 하늘 같은 덕과 뛰어난 지혜로 백성들을 보살폈으며, 후계자에게 미련 없이 천자의 자리를 내주는 고매한 인품을 지녔다고 한다. 유우有虞와 도당陶唐은 그 순임금과 요임금이 살던 땅 이름이다.

요임금은 나이가 들자 천하를 맡기기 위해 현인으로 알려진 허유와 소부를 찾아가 마음을 떠보았지만 조롱만 당하고 만다. 하지만 그는 포기하지 않고 자신의 뒤를 이어 백성들을 편안하게 할 만한 인물을 찾아 헤맸고, 마침내 순이라는 인물을 발견했다. 당시 요임금에게는 단주라는 아들이 있었지만 순과 비교해서 여러모로 부족했다. 그리하여 요임금은 순을 대상으로 오랫동안 테스트를 한 다음 합격점을 매기고 왕위를 넘겨주었다.

이와 같은 왕위승계절차를 선양禪讓이라고 한다. 선양이란 곧 왕위를 자기 자식이 아니라 덕이 높은 성인에게 전해주는 행위이다. 따라서 유가에서는 이런 선양이야말로 가장 이상적인 정치라고 침이 마르게 칭송했다.

그런데 역사책을 몇 장 뒤적이다 보면 금방 의문이 생긴다. 고대국가에서 자식이 아닌 사위에게 권력을 물려주는 것은 별로 드문 일이 아니었기 때문이다.

어쨌든 이런 선양의 전통은 요순을 거쳐 하夏나라의 시조가 된 우임금에게도 이어졌다. 우임금 역시 선양의 뜻을 높이 받들어 후익이란 현인을 왕으로 추대했다. 그런데 아들 계가 정변을 일으켜 후익을 쫓아내고 스스로 왕이 되었다. 그는 단주나 상균처럼 앉아서 당하는 인물은 아니었던 모양이다.

이런 분란이 자주 발생하자 주나라의 주공 단은 적장자가 왕위를 물려받는 법률을 공포했고, 후대의 왕들은 착실히 그 뜻을 따랐다.

때때로 선양은 합법적으로 권력을 빼앗으려는 야심가들에게는 매우 편리한 수법이 되기도 했다. 중국 진나라의 사마염, 신나라의 왕망, 조선의 태조, 세조 등이 다 그런 방식으로 목적을 달성한 사람들이다.

덕의 화신 요堯

요는 제곡의 아들이다. 제곡은 75년 동안 재위하며 네 명의 부인에게서 네 아들을 얻었는데 첫째 부인은 농사의 신으로 주周나라의 시조인 후직后稷을 낳았고, 둘째 부인은 은殷나라의 시조가 된 설契, 셋째 부인은 요堯, 넷째 부인은 지摯를 낳았다.

제곡이 세상을 떠나자 지가 천자가 되고 요는 도陶 땅을 다스렸으므로 도당씨陶唐氏라고 불렸다. 그리고 9년 뒤에 지가 백성들에 의해 쫓겨나자 요가 임금이 되었다.

그때부터 요임금은 후직과 설의 도움을 받아 정사를 살피고 조정을 안정시켰다. 그런 다음 백성들의 애환을 직접 겪어보기 위해 그들과 똑같은 집에서 살면서 껄끄러운 음식을 먹고 베옷을 입었다. 이렇듯 지도자가 솔선수범하자 백성들이 감격하여 더욱 열심히 일하니 나라 전체가 태평스러웠다.

이런 요임금의 정성에 하늘도 감동했는지 숱한 기적이 일어났다. 처마의 이엉 끝에서는 벼 이삭이 열렸고, 뜰에는 명협이라는 콩이 돋아나 보름 동안 하루에 한 깍지씩 줄어들었으므로 사람들이 그것을 보고 날짜를 헤아렸다.

농경이 정착된 그 시대에, 한 해의 농사는 자연현상에 따라 성패가 갈렸고, 또 이에 따라 정치의 안정이 좌우되었으므로 천체의 운행을 관찰하고 계절의 변화를 살펴 파종과 수확의 시기를 알려주는 것은 천자의 중요한 책무 중 하나였다. 그래서 요임금은 역법을 만들고 관리를 공정하게 선발했다. 그리고 말년에 순에게 자신의 두 딸을 시집보내 품성을 관찰한 다음, 덕행이 뛰어남을 알고 미련 없이 왕위를 건네주었다.

『서경』에서는 수신제가치국평천하修身齊家治國平天下의 이념을 최초로 실천한 인물로서 요를 꼽고 있다. 자신의 수양도 그렇거니와 집안을 잘 다스리고 정사를 잘 돌봄으로써 천하를 태평하게 만들었다는 것이다.

지극한 효심의 주인공 순舜

순은 고수라는 장님의 아들로 일찍부터 계모 슬하에서 자랐다. 그런데 계모는 물론이고 이복동생인 상과 계가 순을 여러 차례 죽이려 했다. 이에 순은 집을 나와 역산이라는 들에서 혼자 농사를 짓고 도자기를 구우며 자신의 효성이 부족함을 탓했다. 그는 일하다 힘이 들면 다섯 줄의 거문고를 안고 '남풍가'를 키곤 했는데 그 소리가 어찌나 절묘하고 아름답던지 봉황이 날아와 춤을 추었다고 한다.

요임금이 이런 순의 이야기를 전해 듣고 자신의 두 딸 아황과 여영을 시집보내 그의 인품과 재능을 시험했다. 또한 그에게 백성들을 가르치는 사도司徒를 비롯해 여러 직책을 맡겼는데, 순은 모든 일을 막힘 없이 처리해 냈다.

마지막으로 요임금은 심한 바람이 불고 뇌우가 오던 날 그를 숲 속에 들어가게 했다. 그런 혼란스런 상황에서도 순이 길을 잃지 않자 요임금은 안심하고 그를 후계자로 삼았다.

순임금은 재위하는 동안 천하를 돌면서 민정을 시찰했고, 역법과 음률, 도량형을 통일했으며 선기옥형[5]의 해와 달, 별의 위치를 바로잡았고, 오륜과 오형五刑[6]을 시행했다.

한편 나라의 골칫거리였던 사흉四凶, 즉 공공, 환두, 곤, 삼묘족을 귀양 보내거나 추방시켰다. 삼묘족은 남쪽지방의 묘족을 말한다. 순임금은 48년 동안 왕위에 머물다 민생을 살피기 위해 천하를 둘러보던 중 창오의 들에서 세상을 떠났다.

중국의 산하를 다스린 우禹

우는 요임금과 순임금을 보좌해 치수작업을 성공시킴으로써 홍수를 다스리고 식량문제를 해결해 민생을 안정시킨 인물이다.

요임금 때 천하에는 22년여에 걸친 엄청난 홍수와 가뭄이 번갈아 계속되었다. 그러므로 백성들의 생활상은 참담한 지경이었다. 이에 요임금은 곤鯤에게 명해 홍수를 다스리도록 했지만 실패했고, 순임금은 그를 북쪽의 우산羽山으로 귀양 보내 죽게 만들었다. 그리고 곤의 아들 우에게 그 임무를 맡겼다.

대임을 맡은 우는 잠시도 쉬지 않고 물을 다스리는 데 전력을 다했다. 우선 높은 산과 큰 강을 경계로 삼아 중국을 9주로 나누었다. 또 견산으로부터 갈석산까지, 열두 산맥과 사방의 산들을 다스렸다.

그 일이 끝나자 본격적으로 약수와 흑수, 황하와 한수, 장강, 회수, 위수 등의 물길을 잡으니 아홉 주의 백성들이 편안해지고 천하의 질서가 바로잡혔다. 이것은 우가 단순히 홍수를 예방했다기보다는 중국 전역의 산과 강을 자연스럽게 소통시켜 자연재해를 최소화했다는 뜻이다.

이와 같은 공적을 인정한 순임금은 자신의 아들 상균을 제치고 우에게 왕위를 물려주었다. 하지만 우는 그간의 고초가 너무 컸던지 왕이 된 지 팔 년 만에 세상을 떠난다.

그리하여 아들 계啓가 왕위를 이었는데, 이렇게 세워진 하夏왕조는 칠십 대, 약 사백 년 동안 지속되었다.

백성들을 불쌍히 여기고 죄인을 정벌한 이는 주나라의 무왕 발과 은나라의 탕왕이다.

조민벌죄 주발은탕
弔民伐罪 周發殷湯

요순시대를 거쳐 중국의 역사는 하·은·주 삼대로 이어졌다. 이때부터는 천자도 무도하고 포악하면 쫓아낼 수 있다는 관념이 생겨났다. 그래서 은나라의 탕왕이 하나라의 걸왕을, 주나라의 무왕이 은나라의 주왕을 징벌했던 것이다. 물론 이와 같은 왕조의 교체는 상대적으로 강한 무력을 통해 달성되었지만 거기에는 언제나 조민벌죄弔民伐罪[7]라는 명분이 주어졌다.

오늘날의 시각에서 볼 때 은나라의 탕왕이나 주나라의 무왕이 벌인 거사는 정상적인 국가 체계를 무시한 쿠데타임에 분명하다. 하지만 그들은 자신들의 행위가 핍박 받는 백성들을 해방시켰다는 논리를 앞세우곤 했다.

냉정하게 생각해보면, 그것은 통제력을 잃어버린 무력한 왕권을 뒤집음으로써 더 많은 이득을 챙기려는 제후 집단들의 단체행동이었을 가능성이 높다. 쿠데타란 본래 그런 식으로 진행되고, 언론을 조종해 그 행위를 미화시킨다. 그 다음에는 이전에 행해졌던 각종 규제를 풀어줌으로써 사람들의 박수를 받는 것이다. 일시적인 조치들로 인해 사람들은 태평성대가 곧 도래할 것이라고 믿지만 그것은 늘 한여름 밤의 꿈일 뿐이다. 이렇듯 역성혁명을 합리화하는 과정은 천편일률적인 스타일이지만 우매한 백성들은 금방 목전의 이익에 현혹되어 속아 넘어가게 마련이다.

본래 지배계층들은 백성들의 집단적인 반발을 유효적절하게 달래면서 자신들의 영화를 영속시키려는 속셈을 가지고 있다. 그와 같은 정석 플레이가 깨어졌을 때 일시적으로 분열되었다가 금방 새로운 집합으로 헤쳐모이는 것을 소위 정치라고 하는 것이다.

걸왕과 탕왕의 대결

우임금으로부터 시작된 하나라의 역사는 그리 순탄치 못했다. 5대 상왕 때 후예에게 왕위를 빼앗겼고, 후예는 또 신하 한착에게 죽음을 당했다. 그 후 상왕의 아들 소강이 제후들의 힘을 모아 왕권을 되찾은 뒤 안정을 누리던 하나라는 300여 년 뒤 걸왕 대에 이르러 멸망하고 만다.

17대 임금 걸왕은 성격이 호방하고 총명한 인물이었는데 말희末喜라는 미녀에게 현혹된 뒤로 정사를 돌보지 않고 음주가무에 골몰했다. 역사 속의 마지막 왕들이 대개 그렇듯이 그는 요대瑤臺라는 호화스런 궁궐 안에다 술로 가득 채운 연못을 만들고 밤낮으로 놀았다. 그러자 민심은 그를 외면하고 점점 상商의 지도자 탕에게 기울었다.

그때 탕은 유신씨의 들에서 농사를 짓던 현인 이윤伊尹을 초빙해 재상으로 삼고 어진 정치를 펼쳤다. 탕이 이윤을 맞아들이기 위해 삼고초려三顧草廬를 했다고 하는데, 이는 삼국지에서 유비가 제갈량을 얻은 방법과 똑같다. 후세 사가들의 조작 가능성이 농후한 부분이다. 본래 이윤은 걸왕의 요리사로 들어가 밝은 정치를 가르치려 했지만 가망이 없자 탕왕을 선택했다는 이야기도 있다.

어쨌든 주지육림에 빠져 제정신을 잃은 걸왕은 관룡봉을 비롯한 많은 충신들을 죽였다. 그러자 탕은 그들의 가족들을 돌봐주어 사람들의 칭송을 받았다. 이를 고깝게 여긴 걸왕은 탕을 소환해 옥에 가두었다. 이에 이윤이 나라 안의 금은보화를 거두어 걸왕에게 바치고서야 겨우 탕을 구해낼 수 있었다.

탕이 점차 민심을 얻고 있었지만, 그때까지만 해도 천자인 걸왕에게 충성을 맹세한 제후들이 많았다. 그래서 탕은 은인자중하면서 기회를 엿보다, 이윤의 계략대로 하나라에 바치던 공물을 끊었다. 이에 대노한 걸왕이 상을 치려 했지만 제후들은 응하지 않았다. 대세가 이미 탕에게 기울었음을 알았기 때문이다.

이윽고 탕은 자신에게 호응하는 제후들과 힘을 합쳐 하나라를 공격했다. 이에 정신을 차린 걸왕이 세차게 맞서 싸웠지만 중과부적이라 이길 수가 없었다. 전쟁에서 대패한 걸왕은 말희와 함께 지금의 안휘성 지방인 남소南巢까지 달아났다가 병을 얻어 죽고 말았다.

이렇게 해서 중국사 최초의 역성혁명은 성공적으로 마무리되고 상商나라의 역사가 시작되었다. 상나라는 박현亳縣에 도읍을 정해 30대 주왕에 이르기까지 약 640년 동안 중국을 지배했다. 참고로 오늘날 장사하는 사람들을 가리켜 상인商人이라 부르는 것은 상나라 사람들이 교역에 매우 능했기 때문이라고 한다.

은나라의 최후

그런데 왜 상나라의 이름이 은나라로 바뀐 것일까? 상나라는 19대 반경盤庚 때 수차례의 큰 홍수를 겪었다. 옛날 우임금이 치산치수한 업적도 세월이 가면서 그 기능을 잃어버렸던 것일까. 당시 도성이 물에 잠길 정도의 엄청난 피해를 입은 상나라는 다섯 차례나 도읍을 옮겨야 했다. 그러다 마지막으로 도읍을 정한 곳이 은殷 땅이었으므로 그때부터 나라 이름을 은나라로 고쳐 부르게 된 것이다.

반경 이후에는 22대 임금 무정武丁이 성군으로 이름이 높다. 그래서 천자문에서도 '열감무정說感武丁'이라 하여 그의 치적을 다루고 있다. 무정에 대한 이야기는 뒷부분에 언급하기로 하자.

번성했던 은나라는 30대 주왕 대에 이르러 종말을 고하는데, 그 과정은 걸왕과 탕왕의 경우와 너무나도 흡사하다. 역사는 그렇게 되풀이된다는 말일까? 아니면 마지막 임금은 폭군이어야 하고 첫 임금은 구세주여야 한다는 원칙이 그런 역사를 만들어낸 것일까?

하나라의 걸왕이 말희에게 빠진 것처럼, 주왕 역시 달기라는 미녀에게 현혹되어 정사를 돌보지 않았고, 충신들을 죽이는 등 온갖 패악을 일삼았다. 그는 하늘 높이 치솟은 녹대鹿臺를 만들고, 호사스러운 술잔치를 벌이면서 나라를 파탄지경으로 몰고 갔다. 이때 충신 비간比干이 여러 차례 충고하자 그의 심장을 도려내 죽이기까지 했다.

그는 또 '포락지형炮烙之刑'을 만들어 사람을 함부로 죽이고 즐거워했다. 그것은 시뻘건 숯불 위에 기름 바른 쇠기둥을 걸쳐 놓은 다음 죄인에게 그 위를 건너가게 함으로써 결국 미끄러져 떨어진 뒤 불에 타 죽게 하는 잔혹한 형벌이었다.

이처럼 백성들을 돌보지 않은 포악한 정치를 행하던 주왕은 걸왕과 마찬가지로 민심을 잃고 제후들과 함께 봉기한 주나라의 무왕에 의해 죽임을 당하고 말았다. 이때 무왕 역시 '조민벌죄'의 기치를 높이 내걸었음은 물론이다.

조정에 앉아 도를 물으니, 옷자락을 늘어뜨리고 팔짱만 끼고 있어도 밝게 다스려진다.

좌 조 문 도　수 공 평 장
坐朝問道 垂拱平章

무릇 새로운 왕조가 들어서면 민심을 자기편으로 끌어들이기 위해 노력하는 한편 강한 세력들을 신속하게 거세해야 한다. 정권 초기에는 권력기반이 공고하지 않아서 적대적인 세력들이 발호할 위험이 매우 높기 때문이다.

중국 최초의 통일제국 진나라를 비롯해 한나라, 수나라, 당나라 등 거의 모든 나라들의 정권교체기에는 여지없이 군벌들이 일어나고 민란이 전 국토를 휩쓸었다. 이런 상황이 벌어지면 누가 천하의 진정한 주인이 될지 아무도 모르는 상황이 벌어진다. '왕후장상에 씨가 따로 있는가?'라는 여불위의 명언이 현실이 되는 것이다.

이런 쿠데타 사후처리의 모델은 한고조 유방이 제격이다. 그는 천하통일에 일등공신이었던 명장 한신을 비롯해 수많은 공신들을 모조리 제거하는 한편, 백성들에게는 형벌을 간소화하고 세금을 감면하며 노인을 대접하는 등 갖은 유화책을 써서 정권을 안정시켰다. 이와 같은 정책은 어느 왕조나 큰 차이를 보이지 않았다. 그렇다면 그렇게 모든 사후처리가 끝난 다음에 군왕과 신하들은 어떤 태도를 취해야 하는가. 그것이 바로 '좌조문도 수공평장'이다.

좌조문도坐朝問道란 왕이 조정에 앉아 신하들에게 도를 묻는데, 그 대답을 듣기만 해도 나라가 저절로 잘 다스려진다는 뜻이다. 이는 이상적인 군신관계와 함께 은인자중하는 권력자의 몸가짐을 보여준다.

왕은 스스로 독자적인 정책을 수립하는 것이 아니라 신하들이 논의해서 결정한 내용을 추인하면 그뿐이다. 그는 이제 하나의 상징으로 존재할 뿐인 것이다. 이렇게 하면 조정의 모든 정책이 합리적인 절차를 거쳐 시행되므로 나라가 잘 다스려지게 된다. 독재자를 쫓아내고 이처럼 민주적인 지도자가 등장했으니 얼마나 좋은 일인가.

수공평장垂拱平章은 "신용을 두텁게 하고 의리를 밝히며 덕을 높이고 공로를 갚는다면, 옷을 드리우고 손을 마주잡고도 천하가 다스려진다."는 『서경』의 문장을 바꾸어 쓴 것이다. 앞서 언급했듯이 법률에 의한 통치 시스템이 효과를 발휘하니 왕이 팔짱을 끼고 있어도 나라가 잘 돌아간다는 뜻이다.

이와 같은 찬사를 듣는 주체는 물론 탕왕과 무왕이다. 그들은 역성혁명에 성공한 다음 이윤과 강태공, 주공 단과 같은 뛰어난 신하들의 보필을 받아 과도기의 혼란을 잠재우고 새 나라의 기틀을 다졌다.

문왕과 강태공

은나라의 제후 중 하나였던 주나라의 문왕은 주왕의 악명이 높아갈수록 덕으로 백성들을 다스려 민심을 끌어 모았다. 역학에 정통했던 그는 내심 은나라의 기운이 다했음을 알고 조용히 때를 기다리고 있었던 것이다. 이런 문왕에게 평소 경계심을 갖고 있던 주왕은 사소한 모함을 기화로 그를 탕음현에 있는 유리성에 가둔 다음 문왕의 맏아들 백읍고를 죽였다. 주왕으로서는 이참에 반역의 기운을 발본색원하려는 뜻이었다.

사태가 급박해지자 문왕의 총신인 산의생은 비중이란 간신을 매수해 견융씨의 명마를 비롯해 온갖 금은보화를 구해 주왕에게 바침으로써 간신히 문왕을 구해낼 수 있었다. 그렇게 영지로 돌아온 문왕은 더욱 몸을 사리며 백성들을 돌보는 데 온 힘을 다했다.

어느 날 문왕이 사냥을 나가려는데 사관이 귀인을 만날 것이라는 점괘를 보여주었다. 이에 문왕은 사흘 동안 목욕재계한 다음 신하들과 함께 궁을 나섰다.

문왕 일행이 위수의 지류인 반계에 다다랐을 때 한 노인이 낚시를 하고 있었다. 가까이 가보니 노인의 낚시에는 바늘이 달려 있지 않았다. 호기심이 동한 문왕이 노인과 더불어 대화를 나누었는데 지모와 학식이 보통이 아니었다.

문왕은 사관이 이야기한 귀인이 바로 이 노인임을 깨닫고 정중히 궁으로 모신 다음 스승 겸 재상으로 삼았다. 그런데 갑작스런 낙하산 인사로 신료들이 불만을 품을까 걱정한 문왕은 이렇게 선언했다.

"이 사람이야말로 우리 부친인 태공太公께서 그리워하던望 사람이다."

본래 이 노인의 이름은 강상姜尙이었는데 이 일화로 인해 강태공姜太公, 혹은 태공망太公望으로 불리게 됐다. 훗날 여呂 땅에 봉해졌으므로 여상呂尙이라고도 한다. 그는 『육도六韜』라는 병법서를 쓸 정도로 군사에 정통했고, 천하정세를 꿰뚫어보는 혜안을 지닌 최고의 전략가였다. 문왕은 이런 그를 등용함으로써 장차 새로운 왕조를 세우고자 하는 자신의 의지를 내외에 천명한 것이다.

드디어 천하의 민심과 강태공이라는 양 날개를 얻은 문왕은 호시탐탐 기회를 엿보다 여러 제후들의 호응을 얻어 마침내 주왕 타도의 기치를 높이 들었다. 그렇지만 노쇠한 그는 기나긴 원정길에서 병을 얻어 숨을 거두고 대업은 아들 무왕이 이어받았다.

부친의 뜻을 받은 무왕은 재차 원정에 나서 황하를 건넌 다음 강태공의 뛰어난 전략을 바탕으로 건곤일척 목야전투에서 대승을 거둠으로써 은나라를 멸망시키고 주나라를 세우는 데 성공했다.

백성을 친자식처럼 아껴 기르니 오랑캐들도 신하가 되어 엎드린다.
멀고 가까운 곳이 한 몸이 되어 가솔을 이끌고 왕에게 고개 숙인다.

애육여수 신복융강
愛育黎首 臣伏戎羌

하이일체 솔빈귀왕
遐邇壹體 率賓歸王

여수黎首는 '검은 머리', 곧 백성을 뜻한다. 송나라 때의 문인 채침이 지은 『서경집전』에는 "여는 곧 흑이니 백성의 머리는 모두 검다. 그래서 여민이라 한다."라는 구절이 있다.

고대사회에서 특권계층은 모두 계급에 따라 모자인 관冠을 썼다. 그러니 맨머리를 하고 있는 사람은 일반 백성 아니면 노예나 죄수들이었다. 상형문자를 연구하는 학자들에 따르면 고대 중국에서 민民이란 노예나 포로를 뜻하는 글자라고 한다. 오늘날의 시민 개념과는 천양지차인 것이다.

'애육여수 신복융강' 이란 이런 비천한 사람들조차 친자식처럼 사랑하고 교화시키니 주변의 민족들이 감복해 신하되기를 청했다는 말이다. 여기서 신臣은 상형문자로 포로의 모양이고, 복伏은 회의문자로 개가 제 주인에게 복종한다는 뜻이다. 그러므로 신복臣伏이란 변방의 오랑캐들이 천자 앞에 포로나 개처럼 엎드려 충성을 맹세한 것이라고 해석할 수도 있겠다. 과거 조선의 사신들이 명나라나 청나라의 황제를 배알하러 갔을 때의 기록을 보면 그리 과장된 표현은 아닌 듯하다.

중화와 만적융이蠻狄戎夷

『시경』에는 "널리 하늘 아래 있는 땅 가운데 왕의 땅 아닌 것이 없고, 모든 땅 바닷가까지 왕의 신하 아닌 이가 없다."란 구절이 있다. 이는 곧 중국이 세상의 중심이라는 자부심의 발로이다. 하지만 그들은 강성한 이민족에게 수시로 굴복했고 만리장성은 번번이 뚫렸다.

역사적으로 중국인의 주류인 한족漢族과 이민족들과의 충돌은 끊임이 없었다. 요순시대에는 남쪽의 묘족苗族으로 인해 고통을 겪었고, 은나라 때에는 왕이 직접 동이東夷를 정벌했다는 기록이 있다. 또 서쪽의 융戎이나 강羌족도 호시탐탐 중원을 노렸으므로 천자의 나라는 한시도 편히 쉴 틈이 없었다.

그런 면에서 주나라의 문왕과 무왕을 도와 역성혁명을 성공으로 이끈 일등공신 강태공이 바로 강족의 후예였다는 점은 의미심장하다. 한족이 숙적인 이민족을 끌어들여 쿠데타에 성공했다고 볼 수 있기 때문이다.

여기에서 융강戎羌은 전체적인 글의 맥락으로 볼 때 만적융이蠻狄戎夷 모두를 포함한다고 보아야겠다. 재미있는 것은 한자로 서융은 개, 남만은 벌레, 북적은 이리란 뜻이지만, 동이는 활을

든 전사를 상징한다는 점이다. 이 부분은 뭔가 색다른 상상력이 필요하지 않을까 싶다.

중국의 역대 왕조들은 이런 이민족들과 화친하거나 그것이 불가능할 때는 무력으로 정복을 해서라도 그들의 위협을 최소화해야 했다. 그런 과정에서 북적인 흉노의 지도자 선우에게 팔려간 비운의 미녀 왕소군의 일화가 탄생하기도 했던 것이다.

물과 기름의 관계?

하이일체遐邇壹體는 주변의 다양한 세력들을 아우르기 위해 멀고 가까움을 따지지 않고 모두가 한 몸임을 강조하는 말이다. 그런데 여기에서 일체壹體란 우리네 젓갈처럼 모든 재료가 녹아들어 하나가 되는 화학적인 결합인 일체一體가 아니라, 과일주처럼 동떨어진 재료들을 억지로 융화시킨 물리적인 결합이다. 과일주는 술이 익으면 반드시 찌꺼기를 걸러내야 한다. 이것이야말로 곧 중국역사 속에서 다수를 점하고 있는 한족과 주변의 소수민족 간의 미묘한 관계를 암시하는 것이라 하겠다.

주나라의 봉건제는 제후들에게 봉지를 하사하고 독자적으로 다스릴 수 있는 권한을 주었다. 그런데 이들의 힘이 커지고 혹시라도 연합하여 종주국에 대항한다면 커다란 문제가 생기게 된다. 때문에 제후들은 천자에게 복종하는 뜻으로 도읍에 자식들을 인질로 남겨둬야만 하는 제도가 있었다.

제후들은 또 매년 정해진 날짜에 왕을 알현하고 충성을 맹세하는 의식을 치렀다. 그럼으로써 하이일체, 즉 멀고 가까운 곳이 한 몸이 되는 것이다. 그러나 훗날 춘추전국시대에 이르면 이런 절차는 회맹會盟이라 하여 패권을 쥔 제후가 다른 제후들을 굴복시키는 절차로 변질되고 만다.

봉황은 나무에서 울고, 흰 망아지는 마당에서 풀을 뜯는다.

명봉재수 백구식장
鳴鳳在樹 白駒食場

성군이 보위에 오르고 현자가 나라를 다스리니 봉황은 오동나무 가지에 날아와 즐겁게 노래 부르고, 어진 신하들이 조정에 모여 바른 정치를 의논하는 동안 그들이 타고 온 말과 망아지들은 마당에서 한가롭게 풀을 뜯는다. 고통 받는 백성들을 안타깝게 여긴 영웅들이 혁명을 일으켜 폭군들을 몰아내자 태평성대가 열렸음을 증명하는 평화로운 정경이다.

고대 중국에서는 그렇게 성군이나 현인이 세상에 드러나면 기린이나 봉황 같은 신령스런 동물들이 출현한다는 부서符瑞 사상이 있었다. 그리하여 요임금 때는 기린[8]이 나타났고, 순임금의 거문고 소리에 봉황이 춤을 추었다거나, 은나라 정벌에 나선 문왕이 황하를 건널 때 배에 흰 물고기가 뛰어들었다는 전설이 전해진다. 춘추시대 때 공자는 기린이 사람들에게 잡혀 죽었다는 말을 듣고 난세가 도래할 것을 예견하며 몹시 마음 아파했다는 기록도 있다.

봉황鳳凰에서 봉은 수컷이고 황은 암컷이다. 신비한 동물들의 이야기가 가득 담겨 있는 책 『산해경』에는 봉황에 대해 이렇게 기록하고 있다.

"동쪽으로 5백 리를 가면 단혈산이 있는데 산 위에 금과 옥이 많이 있다. 단수가 이곳에서 시작하여 남쪽으로 흘러 발해로 유입된다. 여기에 봉황이라는 새가 있는데 그 생김새가 닭과 같고 오색의 채색된 무늬가 있다. 머리의 무늬를 덕德, 날개의 무늬를 의義, 등의 무늬를 예禮, 가슴의 무늬를 인仁, 배의 무늬를 신信이라고 한다. 이 새는 먹는 것이 자연과 같으며, 스스로 노래하고 스스로 춤을 추고, 사람의 눈에 뜨이면 천하가 태평스럽다."

중국인들은 성스런 동물을 묘사하는 데도 이렇듯 오상五常을 가져다 붙인다. 역시 유교의 영향이 지대하다는 것을 알 수 있다.

백구白駒는 아직 멍에를 메거나 마차를 끌지 않은 한두 살 난 망아지로 현자나 선비들이 자신들의 청담을 과시하기 위해 타고 다녔다. 흰 망아지는 평화로운 세상을 노래하는 대표적인 동물이었다.

덕화는 풀과 나무에까지 미치고, 힘입음이 온 누리에 미친다.

화 피 초 목 뢰 급 만 방
化被草木 賴及万方

성군이 다스리는 세상은 풀과 나무뿌리에까지 덕화가 미쳐 온 누리가 태평하다. 이 말의 주체는 요순을 비롯해 하나라의 우임금, 상나라의 탕임금, 주나라의 문왕과 무왕이다. 그들은 모두 백성을 위해 혁명을 일으켰고 폭군을 몰아낸 다음에는 이윤이나 강태공 같은 현명한 신하들의 보필을 받아 태평성대를 열었다.

이것은 물론 창업주를 미화하고 신격화시키기 위한 왕조시대의 필수적인 찬양문일 것이다. 어쩌면 천자문을 지은 주흥사는 이런 표현을 통해 자신에게 재생의 기회를 준 양무제의 아량에 감사를 표했는지도 모르겠다.

오늘날의 평가에 의하면, 중국은 역사상 네 차례의 태평성대를 누렸다. 첫 번째가 성강지치成康之治로 알려진 주나라 2, 3대 왕인 성왕과 강왕의 시대, 두 번째가 문경지치文景之治로 알려진 한나라 5, 6대 황제인 문제와 경제의 치세, 세 번째가 정관지치貞觀之治와 개원지치開元之治로 알려진 당나라 태종과 현종의 시대, 네 번째가 청나라의 순치제, 강희제, 옹정제, 건륭제의 치세이다.

하지만 이와 같은 태평성대는 모두 오래가지 못했고, 곧바로 전국 각처에서 민란이 일어나거나 이민족과 전쟁이 터졌다. 그래서 백성들은 극도의 혼란을 겪었다. 일례로 당태종의 치세에는 비약적인 문화 성장을 이루었지만 고구려, 토번과의 전쟁으로 인해 피가 마를 날이 없었다. 그가 죽은 뒤에는 측천무후에게 나라를 빼앗기기도 했다. 또 현종의 치세 말년에는 안록산, 사사명의 난 등으로 국토가 쑥대밭이 되기도 했다.

이런 과정에서 일반 백성들이 겪은 고난이란 이루 말할 수 없었을 것이다. 그런 면에서 주흥사가 천자문을 완성한 남북조시대 이래 한족들이 세운 몇몇 나라들보다 만주족이 세운 청나라 네 황제의 치세가 가장 안정적이었다는 점은 꽤 이채롭다.

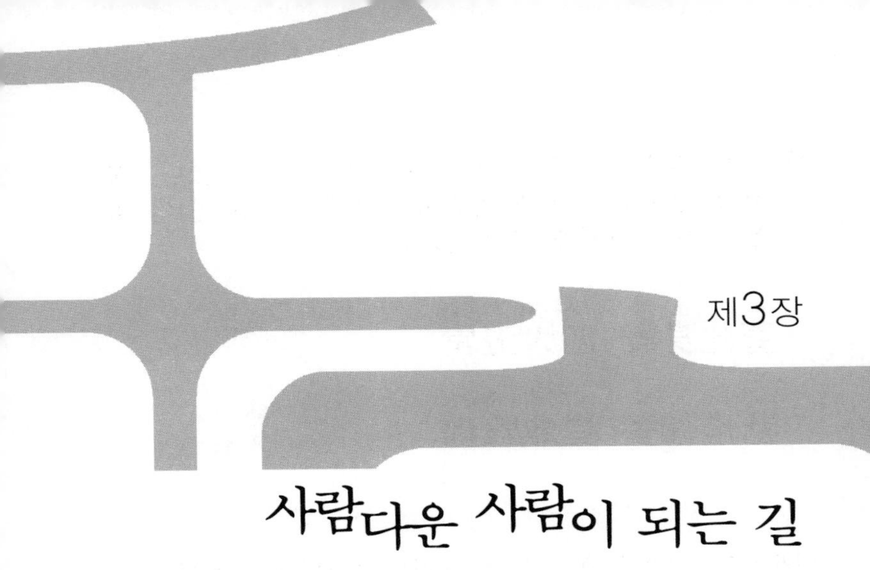

제3장

사람다운 사람이 되는 길

신화의 시대가 저물고 비로소 인간의 시대가 도래 했다. 하지만 모두가 인간이 될 수는 없다. 예의와 염치를 알아야 사람이다. 사람이 되기 위해 아로 새겨야 할 내용들을 살펴보자.

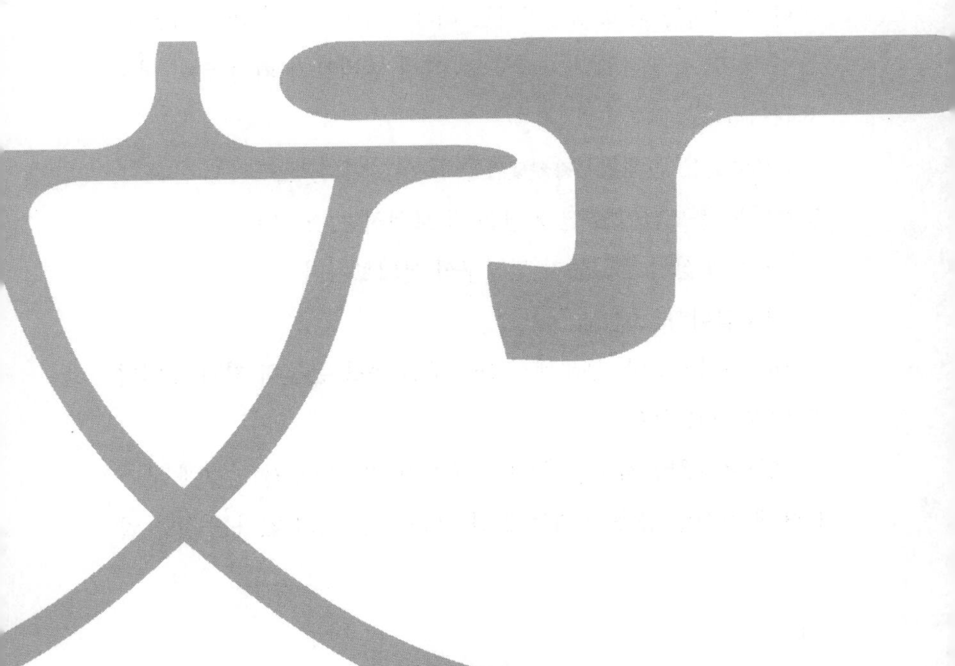

무릇 몸과 터럭은 사대와 오상으로 이루어졌다. 살피고 길러주신 것을 공손하게 생각한다면, 어찌 함부로 헐고 다치게 할 수 있겠는가.

개 차 신 발 사 대 오 상
蓋此身髮 四大五常

공 유 국 양 기 감 훼 상
恭惟鞠養 豈敢毁傷

이제부터 천자문은 본격적으로 공자로 대표되는 유가儒家의 사상을 설명하고 있다. 효孝는 그중에서도 핵심 개념이다. 옛날에 사람은 부모를 공경하는 바탕 위에서 오상五常을 체득해야만 온전한 인격체가 되고 충忠이라는 더 큰 세계에 접근할 자격을 얻을 수 있다고 생각했다. 그러므로 효란 엘리트가 되기 위한 필수 요건이었다.

신발身髮은 신체발부身體髮膚를 줄인 말이다. 효도의 기본은 무엇보다도 부모님이 주신 육신을 잘 보전하는 것이다.

"내 몸에 상처가 있는지 구석구석 살펴보아라."

"깨끗합니다. 스승님."

"아, 다행이구나. 부모께서 물려주신 몸을 온전히 가지고 떠날 수 있게 되었구나."

『효경孝經』[7]의 저자인 증자는 죽음이 가까워오자 이렇게 제자들에게 자신의 몸을 살펴보게 한 다음 상한 데가 없다는 것을 알고서야 마음 편히 임종을 맞았다고 한다.

효孝라는 글자를 보면 자식이 어버이를 업고 있는 모양이다. 낳아주고 길러주신 은혜에 감사하며 늙어서 죽을 때까지 정성스럽게 모셔야 한다는 뜻이다. 이런 효의 순환구조는 짐승과 달리 노동력을 잃어버린 뒤에도 살아갈 수 있는 인간의 효과적인 생존 수단이기도 하다.

공유국양은 한마디로 부모님께서 나를 길러주신 은혜에 감사하라는 뜻이고, 기감훼상은 『효경』의 "몸과 머리칼과 살갗에 이르기까지 부모에게 받지 않은 것이 없으므로 감히 헐거나 다치지 않게 하는 것이 효의 시작이다."라는 말을 다시 쓴 것이다. 이와 같은 효의 개념은 '개인이란 독립적인 존재가 아니라 가족이나 가문의 일부'라는 관념을 깊이 심어주었다. 그래서 '내'가 아니라 '우리'라는 의식이 항상 뇌리에서 떠나지 않았고, 궁극적으로 이것은 전통적인 가족주의를 유지하는 배경이 되었다.

사대와 오상

사대四大는 사람의 몸을 형성하는 네 가지 요소인 토수화풍土水火風, 즉 흙, 물, 불, 바람을 말한다. 사람의 뼈와 살은 흙으로 이루어져 있으므로 흙에서 나오는 에너지를 받아들이며 살다가 마침내 죽으면 흙으로 되돌아간다. 피와 눈물 같은 액체는 자연의 물로 되돌아가고, 따뜻한 기운은 불로, 희로애락과 같은 마음의 움직임은 바람으로 되돌아간다. 사대를 '천지군부天地君父' 혹은 '사지四肢'라고 해석하는 학자들도 있다. 기실 이런 견해에 반론을 제기하기는 쉽지 않다. 다만 중국에서 4니 5니 하는 숫자는 대개 장삼이사張三李四라든지 칠전팔기七顚八起처럼 형이상학적 수사인 경우가 많으므로 숫자에 현혹되지 말고 사람의 근본이라는 넓은 개념으로 이해하는 것이 좋겠다.

오상五常은 사람으로서 마땅히 갖추어야 할 다섯 가지 덕목, 곧 인의예지신仁義禮智信을 말한다. 오상에 대해 북송 때의 유학자 주돈이는 이렇게 설명하고 있다. "사랑하는 것을 인仁이라 하고, 마땅히 해야 할 옳은 일을 의義라 하며, 사람의 도리를 다하는 것을 예禮라 하고, 두루 통하여 아는 것을 지智, 옳은 것을 지키는 것을 신信이라 한다."

여자는 정절을 귀히 여기고, 남자는 재사와 현인을 본받아야 한다.

여모정렬 남효재량
女慕貞烈 男效才良

정렬貞烈이란 마른 장작이 타는 것처럼 맹렬한 마음으로 정조를 지켜야 한다는 유가의 전통적인 관념이다. 그래서 일부종사一夫從事를 기본으로 하는 유교사회에서는 평생 절개를 지킨 부인을 기리는 뜻으로 정렬비를 세워 후세에 귀감으로 삼기도 했다. 그에 비해 남자에게는 정조에 대한 특별한 지침이 없다. 어떤 학자들은 이것이 유가의 남존여비男尊女卑 풍조를 증명한다고 주장하기도 한다.

"왜 여자만 정절을 지켜야 하지?"

조선시대에 이렇게 묻는 사람이 있었다면 그는 유가의 후예가 아니든지, 혁신적인 견해를 가지고 있는 사람에 속했을 것이다. 사실 유교사회 이전에는 자유연애나 재혼 등이 자유롭게 행해졌다. 불교가 성행하던 고려시대만 해도 탑돌이나 성 밟기 등은 공식적인 남녀의 교제행사이기도 했다. 그러나 사회 지배개념이 유가의 그것으로 정착되면서부터 여성은 구중심처에 갇힌 죄수 아닌 죄수 신세가 되고 말았다.

그때부터 우월한 입장에 선 남자는 남효재량男效才良이란 구절처럼 성현들의 지혜와 군자의 언행을 본받아 출세하면 됐다. 여기서 재량이란 재주가 훌륭한 선비와 현명한 인재를 말한다. 이런 남편들의 성공을 위해 아내는 자신을 희생하며 뒷바라지를 했다. 그래서 내조內助란 말은 있지만 외조外助란 말은 별로 쓰이지 않는 것이다.

이런 풍조는 유가의 학풍이 지배하던 고대 중국에서도 마찬가지였다. 당나라 때의 명기 설도[10]나 송나라의 여류시인 이청조[11]처럼 뛰어난 재주를 발휘하여 세상을 깜짝 놀라게 했던 여자들도 있었지만 대부분은 완고한 남성중심주의의 벽에 가로막혀 절망하곤 했다.

그런 면에서 하희나 측천무후 같은 여자들은 역사의 돌연변이 같은 존재들이 아닐까 싶다. 춘추시대 정나라 목공의 딸로, 진陳나라 대부 하어숙의 미망인이었던 하희는 타고난 미모를 이용해 부귀영화를 누렸는데 세 명의 남편과 두 명의 임금, 한 명의 아들을 죽게 만들었고 한 나라와 두 명의 대신을 멸망시킨 경국지색의 대표적인 모델이다. 또 당나라 고종의 비였던 측천무후는 아들 중종, 예종을 즉위시킨 것으로도 모자라 국호를 '주周'로 고치기까지 하면서 황제로 군림했다. 이런 뛰어난 인물들이 있었기에 유교 중심의 남성사회에서는 더욱 더 여자들을 옭죄고 가두려 했는지도 모르겠다.

여황제로 군림한 측천무후

측천무후의 본명은 무조로 당나라 창업공신인 무확의 딸이다. 14세 때 당태종의 후궁이 되었지만 태종이 죽자 관례에 따라 비구니가 되었다. 그 후 황실여인들의 암투를 이용해 궁으로 들어와 고종의 총애를 받았고 곧 황후와 숙비를 쫓아내고 황후가 되었다.

얼마 뒤 그녀는 병약한 고종 대신 정무를 돌보면서 독자적인 세력을 구축했고, 남편이 죽자 아들 중종과 예종 둘을 제위에 올렸다. 그런 뒤 자신을 배척해 난을 일으킨 서경업과 황족들을 제거하고 스스로 제위에 올라 국호를 주周라고 바꾸었다.

드디어 중국 역사상 유일무이한 여황제가 된 측천무후는 과거 주나라의 전통에 따라 역법과 관명을 새로 정하고 적인걸, 위원충 같은 명신과 함께 정사를 혁신하는 한편 추사원이라는 정보기관을 설치해 반대세력을 무자비하게 숙청해 나갔다.

또 과거를 실시해 음지에 있던 인재들을 발탁한 다음 장안성 북문을 출입할 수 있는 특권을 주었다. '북문지사'로 불리는 이 과정을 통해 등용된 인물들은 현종 때 '개원開元의 치治'라는 황금기의 주역이 되었다.

"여자 황제가 훨씬 낫군. 탐관오리들이 움쩍달싹도 못하잖아."

당시 백성들은 이렇게 소곤거렸다. 측천무후의 치세는 귀족계층에게는 지옥이었지만 백성들에게는 낙원이었던 것이다. 측천무후가 군림하던 50년 동안 농민봉기가 한 차례도 일어나지 않았다는 점이 이를 증명한다. 하지만 측천무후는 말년에 장역지, 장창종 형제와의 추문으로 세간의 비난을 받았다. 그러다가 705년에 일어난 장간지의 정변에 의해 중종이 복위되면서 당 왕조가 부흥했고, 얼마 후 83세의 나이로 세상을 떠났다.

실로 측천무후는 역대의 어떤 명군과 비교해도 부족함이 없었다. 그렇지만 역사는 그녀를 나라를 훔친 잔인하고 요사스런 황후로 평가절하하고 있다. 측천무후도 이를 예상했던지 임종을 앞두고 비석에 아무 글도 새기지 말라는 유언을 남겼다고 한다. 자신의 공과는 후세가 평가해줄 것이라는 믿음 때문이었을까. 측천무후의 무자비無字碑는 지금까지도 고종과 합장된 건릉에 남아 있다.

허물을 알았으면 반드시 고치고, 할 수 있게 되었으면 잊지 말라.

지 과 필 개 득 능 막 망

知過必改 得能莫忘

유가의 인간교육은 다소 따분하다. 『논어』, 『맹자』 등 일견 고리타분해 보이는 교과서를 중심으로 끊임없이 '공자 왈 맹자 왈' 하기 때문이다. 그렇지만 아는 것이 힘이다. 인내심을 갖고 그들의 사고방식에 깊이 접근하면 할수록 여러분은 새로운 향과 맛을 느끼게 될 것이다.

지과필개知過必改는 "허물이 있다면 고치기를 꺼려하지 말라."는 『논어』의 구절을 다시 쓴 것이다. 여기에서 허물이란 모자란 것이 아니라 과過, 즉 지나친 것 혹은 넘치는 것을 말한다. 지나친 것은 미치지 못한 것과 마찬가지라는 말처럼 군자는 자신의 그릇을 채우는 데 정성을 다해야 하지만 도를 넘으면 오히려 큰 결점이 되니 조심하라는 경고이다. 그렇다면 어떻게 그 허물을 고쳐야 할까. 『역경易經』이 그 해답을 알려준다.

"바람과 번개는 이로운 것이다. 군자는 옳고 바른 것을 보면 자기의 마음을 담아 열풍과 같은 정열로 그것을 행하기를 힘쓰고, 잘못이 있으면 빠른 번개와 같은 과단성으로 잘못을 고치는 것이니 바람과 번개는 이처럼 서로 도와 이로운 것이다."

옛날의 공부방식은 암기가 기본이었다. 그래서 암기하지 않은 지식은 지식이 아니었다. 천자문만 해도 줄줄 외우지 않으면 '책을 뗐다'란 말을 들을 수 없었다. 컴퓨터에 손가락만 갖다 대면 필요한 정보가 쏟아져 나오고, 그것을 바탕으로 전문분야를 강화하는 오늘날의 공부 형태와는 천양지차라고 할 수 있겠다.

자로와 자하의 향기

공자의 문하를 공문孔門이라고 하는데, 공문에는 무려 3천여 명의 제자가 있었다. 그중에 72명만이 정규교육과정인 육예六藝[12]에 정통했는데 그 가운데서도 특히 뛰어났던 열 명의 제자를 일컬어 공문십철孔門十哲[13]이라 한다. 이렇게 보면 춘추시대에 공문은 세계 최고의 대학이었고, 공문십철은 그 대학의 수재들이었던 셈이다.

'지과필개 득능막망知過必改 得能莫忘'은 이 공문십철 가운데 자로와 자하를 칭송한 대목이다. 자로는 공자보다 9살 아래로 신의가 있고 성격이 곧아 바른 말을 잘했는데, 공문에 들어온 뒤에는 그림자처럼 스승을 보좌했고, 공자가 14년 동안 천하를 주유할 때도 늘 그 곁에 있었다.

공자는 일찍이 그를 두고 "자신의 잘못을 듣는 것을 싫어하지 않고 남이 잘못을 말해주면 오히려 기뻐한다. 이것은 허물을 들으면 반드시 고치려고 노력하기 때문이다. 참으로 자로는 백성의 스승으로 삼을 만하다."라고 했다. 그는 위나라에서 포읍령이란 벼슬에 있었는데 내란이 일어났을 때 피하지 않고 신념에 따라 행동하다 목숨을 잃었다.

득능망막得能莫忘은 "날마다 자신이 모르는 바를 알고, 달마다 자신이 할 수 있게 된 바를 잊지 않는다면, 가히 배우기를 좋아한다고 말할 수 있다."란 『논어』의 구절에서 따왔다. 학문을 기초부터 차근차근 쌓아 나감으로써 아주 높은 경지에까지 오를 수 있다는 점을 강조한 내용인데, 이는 공자의 제자 자하子夏를 모델로 삼았다.

자하는 문학에 뛰어난 능력을 발휘해 스승인 공자에게도 극찬을 받았다. 여기서 문학이란 『시경』·『서경』·『역경』 등 유가의 경전을 말한다. 자하는 이들 경전을 후세에 전하는 데 지대한 공을 세웠다. 그는 득능망막의 철학을 실천하고 있었다. 그래서 위나라 문후로부터 스승이 되어달라는 부탁을 받았지만 거절하고 일생 동안 청빈하게 살며 학문에 전념했다고 한다.

남의 모자란 점을 말하지 말고, 나의 좋은 점을 믿지 말라.

망담피단 미시기장
罔談彼短 靡恃己長

망담피단은 다른 사람의 단점을 말하지 말라는 뜻이다. 이 대목은 입 조심이야말로 처세의 기본이며, 남의 달콤한 말에 현혹되지 말라는 경고를 담고 있다. 맹자도 말로써 겪는 재앙을 경계하는 뜻으로 이렇게 말했다.

"다른 사람에게 착하지 못한 점을 말했다가 후환이 생기면 어찌하겠는가."

아예 다른 사람과 분쟁의 소지를 만들지 말라는 말이다. 여기에는 '내가 입을 다물 테니 너도 입을 다물어라'라는 타협적인 태도가 담겨 있다.

미시기장靡恃己長은 은나라의 22대 임금 무정과 명재상 부열에 관한 이야기이다. 부열은 자신감에 차 있던 무정에게 '스스로 선하다고 믿는 사람은 이미 그 선을 잃은 사람이다'며 근신할 것을 요구했다. 자만하지 말고 늘 가난한 마음으로 살라는 뜻이다.

사람의 장점은 늘 단점에 가려진다. 때문에 남의 장점을 취해 자신의 단점을 보완하는 사람이야말로 현명하다고 할 수 있겠다. 그 예로 위나라 문공의 신하 서문표는 자신의 성미가 급한 것을 알고 언제나 부드러운 가죽띠를 허리에 감고 다니며 기분을 누그러뜨렸다. 반면에 조간자의 신하였던 동안자는 성질이 지나치게 느긋했으므로 활줄을 허리에 묶고 다니면서 항상 자신을 긴장시켰다. 이런 신하들이 있었기에 군주들도 감히 잘난 체 할 수 없었을 것이다.

아무리 현명한 사람도 진정으로 자신을 알기는 어렵다. 왜냐하면 사람은 누구나 자신을 사랑하는 마음이 강하기 때문이다. 그것은 이기심과는 다른 자기애의 소산이므로 크게 비난받을 일은 아니다. 하지만 큰 뜻을 품은 사람이라면 그것조차 과감히 버릴 줄 아는 용기가 필요하다.

역사상 숱한 영웅들이 있었지만, 모두가 개인의 역량만으로 승리를 쟁취한 것은 결코 아니었다. 그들은 주변의 말에 귀를 기울였으며, 자신의 무능을 통찰하고 인정하는 용기를 갖고 있었다.

공자의 학문을 이어받은 맹자

맹자는 기원전 372년경, 공자의 고향 곡부와 이웃한 추성에서 태어났다. 그는 전국시대 중기에 활약했는데, 어렸을 때 현명한 어머니의 품에서 자라나 맹모단기지교孟母斷機之敎, 맹모삼천지교孟母三遷之敎와 같은 일화들을 낳았다.

맹자는 춘추시대 말기에 활약했던 공자와는 일면식도 없었다. 둘 사이에는 무려 백여 년의 시차가 있었기 때문이다. 그는 다만 공자의 손자인 자사子思의 이름도 알려지지 않은 제자로부터 유학을 전수받았을 뿐이다.

그렇지만 학구열이 남달랐던 맹자는 각종 경서와 자료를 구해 공자의 학문을 탐구했다. 이 방법을 사숙私淑이라고 하는데, 존경하는 스승에게 직접 가르침을 받을 수 없을 때 그의 학문을 본으로 삼아 스스로 배우는 행위를 일컫는다. 그리하여 높은 학문적 성취를 이룩한 맹자는 스스로 공자의 문하임을 자임했고, 결국 당대는 물론 후대의 유학자들로부터도 정통성을 인정받았다.

맹자는 존경하는 공자가 그랬던 것처럼 기원전 320년경부터 약 15년 동안 각국을 유세하고 다녔다. 하지만 당시 제후들에게는 급변하는 정세 속에서 직접적인 이득을 취할 수 있는 부국강병책이나 외교술책이 절실했으므로, 왕도정치를 주장하는 맹자의 이상을 받아들이기에는 현실적으로 어려움이 많았다.

이렇게 자신의 정치철학이 현실에서 받아들여지지 않자 맹자는 고향으로 돌아와 집필과 후학 양성에 몰두했다. 오늘날 맹자는 공문십철로 대표되는 공자의 내로라하는 수제자들을 제치고, 공자에 버금가는 성인이라는 뜻의 '아성亞聖'으로 추앙받고 있다.

언약은 지킬 수 있게 하고, 그릇은 헤아리기 어렵게 하라.

신 사 가 복　기 욕 난 량
信使可覆 器欲難量

"믿음 없이 설 수 없다."

공자의 명쾌한 결론이다. 곧 믿음이 없는 사람은 뜻을 이루기 어렵다는 것이다. 사람과 사람의 사귐에는 믿음이 있어야 하고, 그런 가운데 정이 오고 간다. 그렇지만 의심 많은 사람들은 '열 길 물속은 알아도 한 길 사람 속은 모른다'는 생각으로 늘 세상을 삐딱하게 바라본다. 이런 상대방의 마음을 알면 바보가 아닌 다음에야 함께 일을 도모할 사람이 없을 것이다.

군자란 자신의 말에 책임질 줄 알고, 자신의 실수에 반드시 대가를 지불하는 사람이다. 『논어』에 "군자는 그릇이 아니다."란 말이 있다. 이것은 형태가 정해진 규칙적인 인간이 되지 말고 무엇이든지 포용해주는 도량 넓은 인간이 되라는 뜻이다. 경우에 맞지 않게 '큰 대大' 자 붙이기를 좋아하는, 이른바 큰 것 콤플렉스에 걸려 있는 사람들은 새겨들어야 할 말이 아닐까 싶다.

우리는 사람을 평가할 때 '저 사람은 큰 그릇이야'라는 말을 쓰곤 한다. 고대 중국인들 역시 사람의 성품이나 도량을 그릇의 크기에 비유하곤 했다. 그래서 대기만성大器晩成이란 말도 있는 것이다.

춘추시대 제환공은 물이 일정 수준을 넘으면 쓰러지는 항아리를 늘 머리맡에 두고 자신을 경계했는데, 그 항아리의 이름이 바로 좌우명座右銘이었다. 이는 자신에게 맞는 수준, 그것을 지킬 수 있는 사람이 되어야겠다는 다짐이 아니었을까.

비슷한 뜻으로 한나라 왕충이 지은 『논형』에 "한 되들이 그릇에 한 되를 담으면 기울지 않지만, 한 되가 넘게 담으면 넘친다." 라는 말이 있다. 곧 자신의 능력에 맞는 일을 하면 편안하지만 분수에 넘치는 자리를 탐내면 곤란한 지경에 처하게 된다는 충고가 아닐 수 없다.

효성왕과 이백

『전국책』 조책에는 효성왕과 이백의 믿음에 관한 일화가 실려 있다.

제나라 출신의 유세객 이백이 조나라의 효성왕을 찾아와 자신을 등용해달라고 청했다. 이에 효성왕은 그와 대화를 나누어보고는 탁월한 식견에 감탄하며 제나라에 인접한 대군 땅의 태수로 임명했다. 하지만 얼마 뒤, 이백이 배신했다는 첩자들의 보고가 들어왔고 대신은 이를 효성왕에게 알렸다.

"그가 은밀하게 군사를 모으고 있다고 합니다. 분명히 반역할 징조입니다."

하지만 효성왕은 대신에게 눈길조차 주지 않고 소리쳤다.

"이백은 그럴 사람이 아니다."

며칠 뒤 또다시 이백이 반역을 획책하고 있다는 소식이 들려왔다. 그럼에도 효성왕은 묵묵부답이었다. 그래서 신하들이 답답해하고 있을 때 이백의 사신이 궁에 들어왔다.

"전하, 얼마 전에 제나라가 연나라 쪽으로 출병했습니다. 저는 제나라 군대가 갑자기 말머리를 돌려 우리나라를 공격할까 염려되어 수비태세를 강화했습니다. 지금 제나라와 연나라가 전쟁 중인데, 기회를 보아 약한 쪽을 도모한다면 많은 이득을 취할 수 있을 것입니다."

이를 듣고 효성왕은 기뻐하면서 지원군을 보내 이백을 돕게 했다. 이후 변방에 파견되는 장수나 관리들은 조정에서 모함을 받을까 봐 두려워하지 않았다. 믿음이란 그처럼 상대를 의심하지 않는 것이다.

묵자는 흰 실이 물들여진 것을 슬퍼했고, 시경에서는 고양편을 기렸다.

묵 비 사 염　시 찬 고 양
墨悲絲染 詩讚羔羊

사람은 어떤 환경에서 사느냐에 따라 성정이 제각기 달라진다. 그러므로 항상 그릇된 습관을 교정하고 악한 사람들과 가까이하지 말아야겠다.

묵자는 전국시대 초기의 사상가로 일종의 박애주의적인 사상을 부르짖었던 현인이다. 그는 어느 날 염색하는 장면을 보고 이를 변화하는 인간의 성정에 빗대어 이렇게 탄식했다.

"푸른 물감에 물들이면 파래지고 노란 물감에 물들이면 노래진다. 넣는 물감이 바뀌면 그 빛깔 또한 바뀐다. 다섯 번 넣으면 다섯 빛깔이 된다."

예를 들면 이렇다. 순임금은 허유와 백양에게 물들고 무왕은 태공과 주공에게 물들어 천자가 되었지만, 주왕은 숭후와 악래에게 물들고 유왕은 채공곡에 물들어 나라를 망쳤다. 또 제환공은 관중과 포숙에게 물들고, 구천은 범려와 대부大夫 종에게 물들어 제후들의 패자가 되었다. 묵자는 물드는 자체로는 선악을 따질 수 없지만 어떤 빛깔로 물이 드느냐에 따라 성패가 좌우된다는 점을 강조했던 것이다.

『시경』의 고양편을 기렸다는 것은 주나라 때 백성들을 사랑했던 소공召公 석의 아름다운 정치를 찬양하는 것이다. 소공 석은 주나라 무왕의 동생으로 은나라를 멸망시키는 데 공을 세워 지금의 북경지역인 연나라의 제후가 되었다.

그는 무왕이 죽은 뒤에는 주공 단과 함께 어린 성왕을 보필하면서 낙읍에 새 도성을 지었고, 은나라 출신의 인재를 등용토록 건의했다. 또 산동지역을 개척하면서 어질고 착한 정치를 펼쳐 백성들의 칭송을 받았다.

그 후 세월이 흘러 주나라 13대 편왕 때 군소 제후국의 하나인 회나라의 왕 중仲이 향락에 빠져 정사를 제대로 돌보지 않았다. 이를 시정하고 간해야 할 관리들조차 관복을 입은 채 음주가무를 일삼고 높은 세금으로 백성들을 괴롭혔다.

몇몇 대부들이 어진 정치를 펼치도록 채근했지만 왕은 들은 체도 하지 않았다. 이에 신하들은 소공 석의 정치를 그리워하며 아래와 같은 노래를 지어 불렀는데 『시경』의 고양편에 실려 있다. 고양羔羊이란 염소 털가죽 옷을 입은 청렴한 벼슬아치를 말한다.

> 엄숙도 하셔라. 양의 가죽으로 지은 관복은,
> 깨끗한 무명실로 다섯 바늘 단정히도 꿰매셨네.
> 대궐에서 물러나와 집에서 음식을 대할 때도
> 엄숙하고 위엄 있어 예절에도 어긋남이 없으시네.

행동주의자 묵가

묵가墨家는 제자백가의 하나로써 한때 유가를 능가하는 세력을 떨쳤다. 금활리를 비롯한 묵자의 제자들은 각국에서 등용되었는데, 그들은 세상에 이로운 일이라면 정수리에서 무릎까지 닳아 없어지더라도 실천하겠다는 적극적인 사상을 갖고 있었다. 이런 묵가에 대해 "몸을 가릴 만큼만 입고 먹을 만큼만 헤아려 먹으며 노예들과 똑같이 어울릴지언정 벼슬자리 따위를 얻으려 하지 않았다."라는 기록이 『여씨춘추』에 전한다.

그들은 제후국에 초빙되어 가면 무엇보다도 그 나라의 실정에 맞는 정치를 펼쳤으므로 환영을 받았다. 내정이 어지러운 나라에는 현명한 사람을 대우하고 국론을 통일시키라고 조언했고, 가난한 나라에는 나랏돈을 아끼고 장례를 간소화하라고 주장했다. 방탕한 나라에는 사치스런 음악을 금지하고 운명론에 빠지지 말라고 조언했으며, 풍습이 편향되고 법도가 어지러운 나라에는 하늘을 높이고 조상을 섬기라고 청했다. 또한 다른 나라를 침략해 빼앗고 짓밟는 데 힘쓰는 나라에는 세상을 두루 사랑하라고 조언하며 침략전쟁에 반대한다는 주장을 했다. 이런 사실로 미루어 볼 때 묵가는 대단히 합리적이고 평화를 사랑하는 정치집단이었다고 해도 무방하겠다.

묵가의 대표적인 사상은 겸애설이다. 유가에서는 '친족을 친히 대하는 데도 차등이 있고, 어진 사람을 높이는 데도 등급이 있다'라고 주장한 반면, 묵가에서는 '사람에게는 차등이 없으니 두루 사랑하라'는 사해동포 박애주의를 주창했다.

침략전쟁을 반대했던 그들은 독특한 방어전술을 개발해 약한 나라를 보호하는 데 전력을 다했다. 이는 힘없이 피해를 당하는 백성들을 보호하기 위한 조치였다. 한때 초나라가 공수반이라는 기술자를 초빙해 운제라는 무기를 만들어 송나라를 공격하려 하자 묵자가 달려가 자신의 수성무기로 충분히 운제를 물리칠 수 있음을 보여주었다. 이에 초나라는 송나라 공격을 포기할 수밖에 없었다.

이런 묵가의 사상은 매우 진보적이고 대중적인 경향을 띠었으므로 철저하게 계층을 구분했던 중국 사회에서 외면당했고, 전국시대 이후 유가에 밀려 차츰 사라져갔다.

큰 길을 걸어가는 사람은 현인이고, 마땅히 생각할 수 있으면 성인이 된다.

경 행 유 현 극 념 작 성

景行維賢 剋念作聖

보통 사람도 바른 행실로 마음을 닦으면 현인이 되고, 집착을 떨쳐내면 성인이 될 수 있다는 말이다.

『시경』에 "높은 산을 우러러보고 마땅한 도리를 행한다. 성인도 잘못된 마음을 가지면 광인이 되고 광인이라도 생각을 잘하면 성인이 될 수 있다."는 말이 있다. 현인이나 성인은 갑자기 하늘에서 뚝 떨어지는 칭호가 아니다. 고로 바른 생각으로 공부하면서 욕망을 버리고 올곧음을 지켜낼 수 있다면 누구나 그렇게 될 수 있다는 뜻이다.

춘추전국시대에 제자백가라는 지식인들이 추구했던 것이 바로 그런 현인과 성인의 길이었다. 그들은 제각기 태평성대를 만들겠다는 드높은 이상으로 구체적인 실천방법을 궁리하고 추구해 나아갔다.

그리하여 묵자는 지극한 사랑을, 공자는 인의를 바탕으로 한 덕치를, 한비자는 체계적인 법률에 의한 통제를, 노자는 무위자연을 노래했다. 이 다양한 시도들 가운데 최후의 승리자는 공자였다.

묵자는 당시 사회에서 수용하기 힘든 노동의 가치라든가 평등주의, 사해동포주의를 내세워 제후들에게 외면당했고, 노자는 신비주의에 빠져들어 곤륜산으로 들어갔다. 또 한비자는 채 뜻을 펴기도 전에 정계의 암투에 휘말려 목숨을 잃고 혹독한 법률의 창안자라는 오명을 뒤집어썼다. 하지만 공자의 사상은 현실정치 참여의 실패에도 불구하고 굳건하게 살아남아 오늘날에 이르고 있다.

유가는 봉건왕조 자체를 긍정적인 정치체제로 인정했음은 물론 거기에서 파생되는 불합리한 요소를 끊임없이 수정해 나감으로써 상징적인 현인과 성인들을 만들어냈다. 하나라의 이윤과 주나라의 강태공, 춘추시대에는 제환공을 보좌한 관중, 진목공을 보좌한 백리해 등이 대표적인 현인들이다.

성인 최고의 반열에는 주나라의 주공 단이 올랐다. 그는 무왕 사후 어린 조카인 성왕을 대신해 섭정에 올라 나라를 잘 다스렸을 뿐만 아니라 성왕이 장성하자 권력을 고스란히 건네주었다. 주공의 순수한 충심은 금등金縢으로 증명되었는데, 이는 고대왕국의 선양과 비견해도 전혀 뒤지지 않는 것으로 평가된다.

주공 단의 금등 고사

『서경』에는 주공 단의 지극한 충성심을 증명하는 금등金縢의 일화가 실려 있다. 금등이란 쇠줄로 봉한 궤짝이란 뜻이다.

은나라가 멸망하고 주나라가 성립된 지 2년이 지난 뒤 무왕이 깊은 병에 걸려 생명이 위독한 지경에 이르렀다. 그러자 주공 단은 제단을 쌓고 선왕들에게 자신이 무왕을 대신해 죽게 해달라고 기원했다. 제사가 끝난 뒤 제관이 주공의 기도문을 궤짝에 넣고 쇠줄로 봉해 놓았다. 이 소원이 통했는지 이튿날 무왕의 병이 씻은 듯이 나았다.

1년 뒤 무왕이 세상을 떠나고 아들 성왕이 왕위에 올랐는데, 그의 나이가 어렸으므로 주공 단이 섭정을 하여 국사를 처결했다. 그러자 아우인 관숙과 채숙 등은 주공이 왕위를 찬탈할 마음이 있다고 의심하고 유언비어를 퍼트리는 한편, 은밀히 낙읍을 통치하던 은나라 주왕의 아들 무경과 함께 동방의 추종세력들을 규합해 반란을 일으켰다.

주공 단은 이를 주나라의 통치기반을 공고히 할 수 있는 기회로 여기고 즉시 군대를 동원해 반란군 토벌 작전에 들어갔다. 그런데 이와 같은 일련의 사태로 인해 성왕은 내심 주공 단을 의심하게 되었다.

2년 뒤 주공 단이 반란을 진압한 해의 가을이 되자 천둥과 번개가 치고 태풍이 세차게 불었다.

성왕은 기상이변의 원인을 알아내기 위해 점책을 보관한 쇠줄로 엮은 궤짝을 열었다가 그 안에 들어 있던 주공 단의 기도문을 발견하게 되었다. 기상이변은 주공 단의 덕을 알리기 위한 하늘의 뜻이었던 것이다.

비로소 그의 충정을 알고 감격한 성왕이 개선하는 주공 단을 맞이하니, 하늘에서는 비가 내리고 반대쪽으로는 바람이 불어 와 넘어진 곡식을 일으키게 하였고 그 해에는 풍년이 들었다고 한다.

덕이 세워지면 이름이 서게 되고, 몸이 단정하면 겉모습이 바르게 된다.

덕 건 명 립 형 단 표 정
德建名立 形端表正

"예절을 잘 지켜라."

어렸을 때부터 귀에 못이 박히도록 들어온 말이다. 그런데 막상 "예절이 뭐지?" 하고 물으면 대개 "웃어른께 인사 잘하고, 옷을 깨끗하게 입고……." 정도 밖에는 대답하지 못한다. 그런데 엉겁결에 '무례한 사람'이 되면 철부지나 성질이 고약한 사람 정도가 아니라 인간의 자격을 갖추지 못한 무지렁이로 취급받게 된다.

예절의 본모습은 본래 예禮란 개념으로, 넓게는 개인과 사회 전체, 좁게는 귀족과 지식인들의 질서를 장악했던 도덕률이었다. 그래서 신분과 계층에 따라 옷 입는 법, 식사하는 법, 집의 크기, 호칭 등에 이르기까지 예의 범주에서 한 치도 벗어날 수 없었다.

이런 다양한 계급에 따른 속박의 절차를 사람들은 당연하게 받아들이고 그것을 질서라 여겼다. 때문에 왕조시대의 정형적인 사회 환경에서 예를 벗어난 존재는 공동체에서 소외될 수밖에 없었다.

고대 중국에서 예는 최초에 예를 실행하는 기관을 뜻하는 '풍豊'이었는데, 시간이 지나면서 제사 지내는 사람의 행위와 절차를 가리키는 예禮로 발전했다. 그것이 확대되어 규례와 규범이 되었고, 춘추시대에 이르러서는 여러 도덕관념이 모두 예로 통합되었다.

'덕건명립 형단표정'은 사람이 근본이 바로 되어 있으면 자연스럽게 명성을 얻게 된다는 뜻이다. 이는 "겉모습이 바르면 그림자 또한 바르다."라는 『예기』의 구절을 다시 쓴 것이다.

예의 집대성 『예기』

일찍이 공자는 춘추시대의 어지러운 풍속을 개탄하며 주례를 중심으로 예를 바로잡고자 했다. 공자는 예의 기초가 의義라고 믿었다. 예의 갖가지 구체적인 내용은 마땅한 이치, 곧 의로써 고칠 수 있기 때문에 전통이나 관습을 무조건 따를 필요가 없다는 것이다. 이처럼 예에 대해 열린 사고방식을 견지했던 인물이 바로 공자였다.

이런 공자의 철학이 집대성된 결과물이 바로 『예기』란 책이다. 『예기』는 처음에 공자의 저서로서 경전의 대접을 받아 『예경』으로 불렸지만 기원전 2세기경 유학자인 대대와 사촌 소대가 원문에 손질을 가했다는 이유로 경經의 반열에서 밀려났다. 그러나 유가오경儒家五經의 지위만은 잃지 않았다.

『예기』가 삶의 질서를 관장하는 복잡한 절차를 담고 있다지만 동양적 가치관을 가지고 살아온 우리들에게는 그다지 큰 압력을 행사하지 않는다. 오히려 내용을 살펴보면 좌우명으로 삼을 만한 내용들이 촘촘히 박혀 있다. 그 가운데 마음에 닿는 몇 구절을 살펴보자.

"가르침을 받는 자는 스스로 와서 배워야 한다. 가르치려는 자가 먼저 찾아가서 가르친다는 것은 아직 들은 적이 없다."

학생이 배우고 싶은 생각이 있어야 공부가 되는 것이지, 배우고자 하는 생각이 없으면 가르치는 자가 억지로 가르쳐봤자 아무 성과가 없다는 것이다. 자녀의 교육을 위해 과외선생을 집으로 부르고, 또 학교가 파하자마자 억지로 학원에 밀어 보내는 세간의 풍조에 일침을 가하는 듯하다.

"가정 안의 일은 밖에 말하지 말고 밖에서 일어난 일은 집에 와서 말하지 말라."

가정의 문제는 가정 안에서 해결해야지 밖으로 확산되면 화평이 흐트러질 위험이 있고, 직장에서 생긴 일을 가정에까지 끌고 들어오면 시끄러운 일이 생긴다는 경고이다.

텅 빈 골짜기에서도 소리가 전해지고, 빈집에서도 소리가 겹쳐진다.

공곡전성 허당습청
空谷傳聲 虛堂習聽

빈 골짜기에도 소리는 울려 퍼지고, 빈집에서 혼자 말을 해도 알아듣는 사람이 있게 마련이다. 이는 곧 세상에 비밀이란 없으니 혼자 있더라도 행동을 조심하라는 뜻이다.

사람은 어떤 잘못을 저지르면 남이 알까 전전긍긍하며 숨기려 하기 마련이다. 그럴 때 하루 빨리 자수해서 광명을 찾지 않으면 그것은 평생 마음의 짐이 되어 자신을 괴롭힌다. 그래서 젊은 날 한때의 치기로 남의 물건을 훔쳤던 사람이 나이가 든 뒤 과거의 잘못을 뉘우치고 죄를 고백하며 용서를 구하는 일들이 종종 벌어지곤 하는 것이다.

"낮말은 새가 듣고 밤말은 쥐가 듣는다."라는 속담은 본래 사람의 탐내는 의식을 경계하기 위한 것이다. 하지만 그렇게 외부를 의식하기보다는 근본적으로 절제하고 욕심내지 않는 사람이 되는 것이 중요하다.

이와 관련된 『역경』의 한 구절을 감상해보자.

"군자가 집안에서 하는 말이 훌륭하면 천리 밖에서도 따르게 마련이니 하물며 가까운 곳에서는 어떠하겠는가. 집안에서 하는 말이 훌륭하지 않으면 천리 밖에서도 어기게 마련이니 하물며 가까운 곳에서는 어떠하겠는가."

양진의 사지四知

후한 안제 때의 선비 양진은 관서의 공자라 불릴 만큼 학문이 뛰어나고 청렴결백한 성품으로 유명했다.

한번은 그가 동래태수로 임명되어 임지로 가는 도중 창읍 땅에서 머물게 되었다. 때마침 창읍의 현령은 과거에 양진의 천거로 관리가 된 왕밀이라는 사람이었다. 왕밀은 양진이 자신이 다스리고 있는 고을에 와 있다는 소식을 듣고 한밤중에 양진의 숙소에 찾아와 황금 열 근을 바쳤다.

"지난날의 은혜를 잊을 길이 없습니다. 부족하나마 여비에 보태 쓰십시오."

"이게 무슨 짓인가. 그동안 자네를 정직한 관리로 여겼는데 내가 사람을 잘못 보았군."

양진이 정색을 하며 꾸짖었지만 왕밀은 물러서지 않았다.

"지금은 한밤중입니다. 이 일은 아무도 모를 테니 걱정하지 마십시오."

그 말에 화가 치민 양진이 이렇게 소리쳤다.

"아무도 모르다니 그게 무슨 말인가. 네가 알고 내가 알고 하늘이 알고 땅이 알고 있다. 썩 물러가라."

이와 같은 양진의 일화는 그의 호통처럼 세상에 널리 알려져 사지四知라는 고사성어를 낳았다. 세상에 비밀은 없다는 것이다.

재앙은 악행을 쌓은 까닭이요, 행복은 좋은 일을 쌓은 까닭이다.

화인악적 복연선경

禍因惡積 福緣善慶

"착하게 살아야 해." "나쁜 짓을 하면 벌을 받게 마련이야."

누군가 이렇게 말하면 우리는 '제발 공자 왈 맹자 왈 하지 마라' 혹은 '성경 말씀 같은 소리 그만 해라' 하며 타박을 주곤 한다. 그렇지만 실상 우리들은 착하게 살기가 얼마나 힘든지, 나쁜 생각을 피해가기가 얼마나 힘든지를 안다. 유혹은 도처에 널려 있고 욕망은 시시때때로 마음을 엄습한다. 때문에 인류의 스승들은 누구나 당연하고 비슷한 말을 반복하면서 사람의 마음을 맑게 정화시키려 했던 것이다. 이런 태도는 예수나 석가모니, 소크라테스도 예외가 아니다.

화인악적 복연선경. 이 대목은 "공덕을 쌓는 집안은 필히 그 자손들에게까지 복이 미칠 것이며, 공덕 쌓기를 외면한 집안은 필히 그 자손들에게까지 재앙이 미치게 되는 것이다."란 『역경』의 문장을 압축한 것이다. 이 말을 제대로 이해하려면 그 뒤에 이어진 구절을 알아야 한다.

"신하가 그 임금을 죽이고, 자식이 그 아비를 죽이게 되는 것은 하루아침 하루 저녁의 까닭 때문만이 아니다. 그 싹이 튼 지는 오래되었다."

선악의 결과는 당장 나타나는 것이 아니라 오랫동안 쌓여 복이나 재앙으로 나타난다. 오늘 지하철에서 거지에게 적선했다고 해서 내일 당장 복권에 당첨되는 일은 없다는 뜻이다. 역사를 되짚어보면 더욱 확실해진다. 원인 없는 결과 없다. 하나라의 걸왕이나 은나라의 주왕 같은 폭군은 하루아침에 등장한 것이 아니다. 조선의 광해군이나 연산군도 갑자기 폭군이 된 것이 아니었고, 단종이나 사도세자의 비극도 그 개인의 미숙함에서 비롯된 것이 아니었다. 모두가 선대에서부터 켜켜이 쌓인 부조리의 결과였다.

그런 관점에서 "선을 보거든 늘 부족한 것 같이 행동 하고 악을 보거든 끓는 물을 만지는 것처럼 하라."는 공자의 말은 막연한 수사가 아니라 오랜 경험과 학식에서 우러나온 뜨거운 충고이다. 맹자 또한 이렇게 질타하지 않았던가. "남을 사랑하는 데 남이 친절하게 대하지 않으면 자신의 태도에 문제가 없는지 돌이켜보고, 남을 다스리는 데 잘 다스려지지 않으면 자기의 지혜를 반성해야 하며, 남에게 예의로 대했으나 답례가 없으면 자신의 공경함을 돌이켜 보라."

한 자 되는 구슬이라 해서 보배가 아니다. 짧은 시간이라도 다투어 아껴라.

척 벽 비 보　촌 음 시 경
尺璧非寶 寸陰是競

군자는 늘 행동에 조심하고 착한 일을 해야 하는 것만이 아니라, 시간을 아껴 자신을 갈고 닦아야 한다. 이 대목은 "한 자 되는 옥을 보배로 여기지 말고, 짧은 순간의 시간을 아껴라."라는 『사마법』[14]의 구절에서 인용했다.

여기에서 한 자나 되는 보옥은 화씨지벽和氏之璧이라는 구슬을 가리킨다. 화씨지벽은 앞에서도 언급했듯이 진나라와 조나라 사이에 외교문제까지 일으켰을 정도로 유명한 구슬이다. 군자라면 이와 같은 보물도 천하게 여기고 오로지 학문에 힘쓰며 앞서간 성현들의 깨달음을 본받아야 한다는 뜻이다. 송나라의 유학자 주희는 '권학문勸學文[15]'에서 이렇게 썼다.

"소년은 쉽게 늙고 학문은 이루기 힘들다. 순간의 세월을 헛되이 보내지 말라."

우임금의 일촌광음

촌음시경寸陰是競에는 중국의 산하를 다스린 우임금의 열정이 담겨 있다. 그는 좋은 이야기를 들으면 이야기를 한 사람에게 절을 할 정도로 겸손한 인물이었다. 그와 같은 군자의 풍모에 뜨거운 열정으로 주어진 책무를 달성함으로써 우임금은 일국의 조종祖宗이 될 수 있었다.

본래 천하의 치산치수 책임을 맡은 것은 우의 아버지였던 곤이었다. 그는 요임금의 명으로 물길을 다스렸으나 실패하고, 순임금 때에 우산이란 곳으로 귀양 가서 죽고 만다. 『서경』에 따르면 순임금 때 곤이 사흉四凶의 한 사람으로 지목된 것으로 보아 당시 정권의 심한 견제를 받았던 것으로 추측된다. 그러므로 우는 연좌제의 대상이었다.

그런 신분의 한계를 극복하기 위해서라도 우는 불가능한 목표에 도전해야 했고 무려 13년 동안 갖은 시련을 겪어야 했다. 그때부터 우는 천하의 산과 강을 돌아다니며 물길을 잡았는데, 장딴지의 살이 마르고 정강이의 털이 닳아 없어졌으며, 손에는 손톱이 자라지 않았고 걸음걸이가 엇갈려 우보禹步라는 말이 생겨날 정도였다. 그 사이 우는 세 번이나 집 앞을 지나쳤지만 들러보지도 못했고 아들 계강이 자라는 것도 보지 못했다.

그와 같은 집념은 드디어 결실을 이루었다. 아홉 강물의 막힌 데를 통하게 하고, 제수와 탑수의 물줄기를 터 바다로 흐르게 했으며, 여수와 분수를 트고 회수와 사수를 터서 양자강으로 흐르게 함으로써 중원에 사는 백성들이 편히 농사를 지어 곡식을 먹을 수 있게 만든 것이다. 이는 요임금이나 순임금이 이루지 못한 엄청난 성과였다. 그러기에 우는 순의 아들 상균을 제치고 당당하게 왕이 될 수 있었다.

이 대목은 앞서 나왔던 '화인악적 복연선경'의 뜻을 교묘하게 이어받고 있다. 우임금의 성공이 촌음을 아껴 열심히 일한 결과물이긴 하지만, 아버지인 곤이 그에 앞서 많은 실패를 하면서 쌓아놓은 데이터가 있었으므로 가능했다고 추론할 수 있기 때문이다. 화씨의 구슬이 세상에 드러난 과정도 그와 별반 다르지 않다. 하루아침에 만리장성을 쌓을 수 없고 벼락치기로 백점 맞는 일은 없다.

제4장

군자의 내공 쌓기

군자란 자기수양을 통해 도달할 수 있는 최고의 인간형이다. 군자는 자신의 마음을 다스릴 줄 아는 사람이다. 군자는 타고 나는 것이 아니다. 누구나 군자가 될 수도 있고 소인도 될 수 있다. 예의와 염치를 아는 '인간'이 되었다면 이제 '군자'에 도전해 보자.

어버이 섬김을 바탕으로 임금 섬기는 것을 엄정과 공경이라 하니, 효는 마땅히 힘을 다해야 하고, 충은 목숨을 다해야 한다.

자부사군 왈엄여경
資父事君 曰嚴與敬

효당갈력 충칙진명
孝當竭力 忠則盡命

"아버지 날 낳으시고 어머니 날 기르시니 애달프고 또 애달프구나. 부모님이여, 날 기르느라 얼마나 애쓰셨는가. 그 은혜를 갚으려 하나 하늘보다 더 넓어 끝이 없구나."

종종 역사드라마에서 어린 학동이 낭랑한 목소리로 읽어내는 『시전詩傳』의 한 구절이다. 부모에게 효도하는 일이 얼마나 어려운가를 말해주고 있다.

증자는 효도에 세 가지 등급이 있다고 했다. 첫째는 부모를 존중하고 공경하는 일이다. 둘째는 부모와 조상을 욕되게 하지 않는 일이다. 셋째는 좋은 음식과 옷으로 부모를 대접하는 일이다.

맹자는 무엇보다도 부모를 영광스럽게 하는 것이 최고의 효도라고 주장했다. 그것은 부모로 하여금 '저 사람은 누구의 아버지야'라는 식의 칭송을 듣게 하는 것이다. 출세한 자식은 부모의 자랑 중에 자랑인 법이다.

이 대목은 효를 중시하는 가부장제가 군왕통치체제의 바탕이 된다는 것을 말해주고 있다. 때문에 고대의 군주들은 효를 실천하는 데 앞장섰다.

효당갈력孝當竭力은 문왕의 3대에 걸친 효행을 칭송한 구절이다. 그런 맥락에서 증자는 "아버지를 섬기는 마음과 임금을 섬기는 마음은 공경함에 있어 같다."라고 단언했던 것이다.

3대에 걸친 지극한 효도

『예기』에는 문왕 3대의 효행이 기록되어 있다. 문왕이 세자였을 때 부왕인 왕계에게 하루 세 번씩 문안을 드렸다.

그는 새벽닭이 울면 의관을 갖춘 다음 부왕의 침실 앞에서 환관에게 물었다.

"오늘의 안부는 어떠하신가?"

"편안하십니다."

그러면 문왕은 몹시 기뻐했다.

간혹 부왕이 병에 걸리면 문왕은 근심걱정이 심해져 걸음을 제대로 걷지 못할 정도였다. 그러다 병이 나으면 식사를 제대로 하는 모습을 보고서야 마음을 놓았다. 음식을 올릴 때는 반드시 직접 온도를 살피고 간이 맞는지 맛이 있는지를 물었다.

문왕의 아들 무왕 역시 효성이 지극했다. 그는 음식이나 침실을 부왕보다 넘치게 하는 법이 없었고, 문왕이 병이 들면 관대도 벗지 않고 간병을 했다. 문왕이 한 끼를 먹으면 자신도 한 끼를 먹고 두 끼를 먹으면 자신도 두 끼를 먹었다. 그렇게 정성을 기울인 결과 열이틀 만에 문왕의 병이 씻은 듯이 나았다. 이렇듯 3대에 걸친 군왕의 효도는 백성들에게 모범이 되어 나라가 저절로 화평해졌다.

깊은 물가에 다다른 듯 살얼음을 밟듯 하고, 일찍 일어나 따뜻한가 서늘한가를 살펴라.

임 심 리 박 숙 흥 온 청
臨深履薄 夙興溫淸

"처자를 사랑하는 마음으로 부모를 섬기면 그 효성이 극진할 것이요, 부귀를 보전하려는 마음으로 임금을 받들면 충성 아닌 것이 없다."

이런 『명심보감』의 가르침처럼 군자의 모든 몸가짐의 밑바탕은 바로 효이다. 천자문에서 이렇게 지속적으로 효를 강조하는 까닭은 역시 절대왕조사회에서 군주에 대한 신하들의 충성을 이끌어내기 위한 의도적인 장치이다.

이 대목에서는 보다 직접적으로 효도의 방법을 말해주고 있다. 부모를 모실 때는 깊은 물가에 임한 듯, 얇은 얼음 위를 밟듯 조심스럽게 행해야 하고, 아침 일찍 일어나 날씨를 살피어 추우면 따뜻하게 해드리고 더우면 시원하게 해드려야 한다는 것이다.

여기서 '흥興'이란 글자는 아침에 잠자리에서 일어난다는 뜻도 있지만, 차가운 방바닥에 온기가 일도록 군불을 지피거나, 더울 때 서늘한 바람이 일어나도록 부채 등을 부친다는 뜻도 있다.

예로부터 유가의 선비들은 반드시 아침 일찍 일어나 부모가 일어나면 문안인사를 드렸고 저녁에도 마찬가지였다. 또 외출할 때나 돌아올 때도 보고하는 것을 잊지 않았다. 이는 그들이 다음과 같은 공자의 가르침을 늘 마음에 새겨두었기 때문이리라.

"오늘날 효라는 것은 잘 봉양하는 것을 말한다. 그러나 개나 말 따위도 모두 제 새끼를 먹여 기를 수 있으니, 공경함이 없다면 무엇으로 사람을 구분할 수 있겠는가."

증자의 효심

증자의 이름은 증삼曾參으로 공자보다 46세 어린 제자였다. 『효경』의 저자인 그는 당대에 효성이 지극하기로 견줄 인물이 없었다. 제나라에서 그를 불러 경卿으로 삼으려 하자 이렇게 말하면서 거절했다.

"내가 다른 사람의 녹을 먹게 되면 다른 사람의 일에 정성을 쏟아야 한다. 하지만 부모님이 연로하시므로 차마 부모님을 멀리하고 다른 사람을 섬길 수 없다. 계모가 내게 잘 대해주지 않았지만 그렇다고 공양을 소홀히 하지 않았다. 예전에 나는 아내가 설익은 밥을 차려놓은 것을 보고 그녀를 내쫓았다. 사람들은 그 일이 칠거지악七去之惡[16]에 속하지 않는다고 했지만 나는 그렇게 생각하지 않는다. 물론 밥을 짓는 일은 작은 일이다. 하지만 아내는 밥을 잘 익히라는 나의 말을 귀담아 듣지 않았다. 사소한 일에도 이럴진대 큰일이 닥쳤을 경우에는 어떠하랴 싶어 아내를 내쫓았다. 그리곤 종신토록 재혼하지 않았다."

여기에서 큰일이란 부모님의 건강과 관련된 표현이겠다. 허나

아내가 밥을 설익혔다고 해서 앞으로 자기 부모에게 소홀히 할 것이라는 증자의 추리는 너무나도 일방적이다. 게다가 아내를 내쫓고 재혼하지 않았다는 것은 여성에 대한 증자의 편견이 매우 심하다는 것을 알 수 있다. 또 효도는 오로지 자식인 나만이 잘 할 수 있다는 병적인 집착도 엿보인다.

어쨌든 이 대목은 다른 모든 것보다 효도를 우선시했던 증자를 모범으로 하여, 천자문을 익히는 어린 아이들에게 상명하복 · 장유유서와 같은 유교의 수직적 질서를 세뇌하려는 의도가 농후하다. 그러나 이런 지배계층의 속셈을 빼놓고 보면, 부모와 자식 간의 자애와 효도는 아름다운 인간의 천성임에 분명하다.

난초 향기와 비슷하고 소나무가 성한 것과 같다.

사란사향 여송지성
似蘭斯香 如松之盛

예로부터 학식과 덕행이 높은 사람은 유덕자有德者라 했고 높은 관직에 있는 사람은 유위자有位者라고 했는데, 군자는 이 두 가지 요소를 모두 갖추고 있는 사람이다. 유위자를 군자라고 하는 것은, 옛날의 경우 학식이 높은 훌륭한 사람은 벼슬자리에 올라 정치를 하는 것이 당연시되었기 때문이다. 이와 같은 군자의 특징을 상징하는 대표적인 식물로 사군자, 곧 매란국죽梅蘭菊竹이 있다. 이 문장에서는 그중에 난초와 더불어 세한삼우歲寒三友로 알려진 송죽매松竹梅 가운데 소나무를 골라 군자의 대표로 상정했다.

공자 역시 정갈한 향기와 소박한 자태를 지닌 난초를 군자의 모습으로 표현했다. 그렇지만 이와 같은 개념이 본격적으로 인정받은 것은 훨씬 후대인 원나라 초에 문인이며 화가였던 정사초에 의해서였다. 그는 남송이 원나라에 의해 멸망하자 묵란 그림에 뿌리와 땅을 그리지 않음으로써 난초의 절개를 노래했다. 소나무 역시 오래전부터 사군자와 함께 문학과 예술의 소재로 각광받았다. 혹독한 추위에도 푸르고 생생한 잎을 간직하면서 꿋꿋한 모습을 두고 사람들은 숱한 고난과 변화에도 굽히지 않는 군자의 모습을 떠올렸던 것이다.

『예기』에 "대나무 줄기에는 사시의 푸르름이 있으며, 소나무와 잣나무에는 변치 않는 정절의 마음이 있어 이 둘을 일러 천하의 근본이라 하는 것이니, 대나무와 소나무와 잣나무는 사시가 바뀌어도 그 줄기나 잎새의 빛깔을 바꾸지 않는다."라는 문장이 있다. 여기에 잘 어울리는 소나무는 모진 산꼭대기에 우뚝 서 있는 낙락장송이다. 곧 어떤 상황에서도 임금에게 변함없는 충성심을 보이는 신하의 모습이다.

이런 까닭에 옛 제왕들은 소나무를 특히 아꼈다. 중국을 최초로 통일한 진시황은 태산에서 천제를 지내고 내려오는 길에 비를 피하게 해준 소나무에 오대부란 벼슬을 내렸다. 또 조선의 세조는 행차할 때 가지를 올려준 소나무에 정이품의 벼슬을 제수했다. 그런 세조에게 반기를 들고 단종 복위를 도모했던 사육신의 한 사람 유응부의 절명시[17]에도 소나무가 등장하는 것은 참으로 의미심장하지 않을 수 없다.

내는 흘러 쉬지 않고, 못물이 맑으면 비춰볼 수 있다.

천 류 불 식　연 징 취 영
川流不息 淵澄取映

천자문은 효도와 충성으로 이어지는 군자의 덕목을 꾸준히 설명하고 있다. 그만큼 유가에서 충효의 개념이 중요하기 때문이다. 그와 함께 올바른 충효를 구현하기 위해서는 꾸준한 자기 수양이 뒷받침되어야 한다는 점을 빠뜨리지 않는다.

군자는 시냇물이 쉬지 않고 흐르는 것처럼 부지런히 책을 읽어 학문의 정수를 깨우쳐야 한다. 그렇게 자신을 수양하고 마음을 밝히면 못의 맑은 물에 하늘과 땅의 모든 것이 다 비치듯, 세상에서 일어나는 모든 일의 아름답고 더럽고 옳고 그른 것을 밝혀낼 수 있다.

『논어』에서는 "현명한 이를 보면 자기를 살펴 삼갈 것을 생각하고 현명치 못한 이를 보면 또한 자기 마음을 살펴 스스로 반성하는 것이다."라 했다. 또 『중용』에서는 "작은 덕은 냇물처럼 흘러서 덕화를 입히고, 이 작은 덕이 모여서 큰 덕을 이루면 큰 덕은 말없이 넓은 곳에 교화를 입힌다."고 했다.

이것이야말로 유가에서 말하는 군자의 할 일이다.

군자와 소인의 차이점

군자가 되기 위해서는 타고난 인품도 중요하지만, 그와 더불어 꾸준히 공부함으로써 마음이 엇나가지 않도록 자신을 갈고 닦아야 한다. 그렇게 하지 않으면 흰 옷에 흙탕물이 튀듯 자신도 모르게 소인배의 행동을 취하게 된다.

군자는 인품을 닦기 위해 공부하지만 소인은 이익을 취하기 위해 공부한다. 군자와 소인은 이렇게 서로 원하는 바가 다른데 수양을 게을리 하면 군자 역시도 타고난 소인의 속성으로 회귀한다고 봤다. 이러한 견해는 성악설을 주창한 순자荀子의 사고방식에서 기인한다. 그는 인간의 본성이 그러하므로 교육을 통해 이를 바로잡지 않으면 세상이 혼란해진다고 생각했다. 교육을 통해 예를 익히고 악한 본성을 다스릴 수 있을 때, 비로소 세상의 질서가 바로잡히고 평화로운 세상이 도래한다는 것이다. 소인에 대한 그의 맹렬한 질타를 들어보자.

"소인배의 학문은 귀로 들어가 곧바로 입으로 흘러나오기 마련이다. 소인배는 학문을 마음에 새겨두려고 하지 않는다. 귀와 입 사이는 불과 네 치에 불과하다. 이처럼 짧은 거리를 지날 뿐이라면 어찌 일곱 자 몸을 훌륭하게 닦을 수 있겠는가. 옛날에 학문을 한 사람은 자기 자신을 닦기 위해서 노력했지만 요즘 사람들은 배운 것을 자기를 위해 마음 속에 새겨두려 하지 않고, 금방 다른 사람에게 고하려고만 한다. 군자의 학문은 자기 자신을 아름답게 하지만 소인배의 학문은 인간을 망치게 한다."

행동거지는 생각하는 듯이 하고, 말투는 안정되게 하라.

容止若思 言辭安定

용지약사 언사안정

이 대목은 일상생활에서 군자가 취해야 할 몸가짐을 말해주고 있다. 높은 인격과 깊은 수양이 있다 해서 군자가 아니다. 그것을 행동으로 드러내고 향기를 전파함으로써 다른 사람들에게 본을 보여야 한다.

그러므로 몸가짐을 언제나 조심하며, 남에게 말을 할 때는 어린 아이나 무지한 사람이라도 쉽게 알아들을 수 있도록 쉬운 말을 사용하고 흥분하거나 강요해서는 안 된다.

『중용』에 따르면 군자는 자신의 직위에 바탕을 두고 행동하고, 자신의 신분에서 벗어난 일은 바라지 않는다. 즉 자신이 맡은 직분에 최선을 다하되, 타인의 권리나 의무를 침해하지 않는 것이다. 이것은 일견 고지식해 보이지만 타인의 엉뚱한 오해를 피하는 바른 길이다.

이런 군자의 행실은 보통 사람들도 얼마든지 응용할 수 있다. 부자면 부자답게 행동하고 가난하면 가난한 처지에 맞게 행동한다. 돈이 많다면 그것을 감추지 말고 대범하게 타인을 위해 써라. 가난뱅이는 분수를 모르고 부자행세를 할 것이 아니라 당당히 자신의 호주머니 사정에 맞는 생활을 해야 마땅하다.

군자는 윗자리에 있다고 해서 아랫사람을 무시하거나 경멸하지 않으며, 아랫자리에 있다면 윗사람에게 아부하지 않는다. 항상 자신이 어떤 상황에 자리하고 있는지를 알고 광명정대하게 세상을 대한다. 또 '네 탓이오'가 아니라 '내 탓이오'를 인정하면서 부족한 면을 채우기 위해 끊임없이 공부하고 수양한다. 군자는 이렇게 순리대로 생활하면서 결과를 기다린다.

말은 거울과 같다

말은 그 사람을 드러내는 거울이다. 마음이 맑은 사람의 말은 이슬처럼 청명하게 자신의 인격을 표현하지만, 흑심을 품은 사람의 말은 흙탕물처럼 더러운 내심을 드러낸다.

그것은 말의 내용뿐만 아니라 목소리, 표정, 몸짓이 종합적으로 어우러져 나오는 것이기에 배우처럼 연기를 하려 해도 쉽게 바꾸어지지 않는다. 그러므로 군자는 말로써 뜻을 전할 때는 티끌이 끼어들지 않도록 늘 조심한다. 여기 『맹자』의 언어관을 들어보자.

"공정치 않은 말에서 그 마음에 감추는 바를 알고, 방탕한 말에서 그 마음이 노니는 바를 알며, 부정한 말에서 그 마음이 도리에 어긋남을 안다. 말꼬리를 돌리며 도망치는 말에서 그 마음이 궁지에 몰렸음을 알게 되니, 이런 말들은 사람의 행동을 그릇되게 만들어 마침내 그 몸을 망치게 한다."

시작할 때 힘을 다하는 것은 아름답고, 마무리를 신중히 하면 훌륭해진다.
공적 쌓는 일의 기초가 된다면, 명성은 끝이 없으리라.

독 초 성 미　신 종 의 령
篤初誠美 愼終宜令

영 업 소 기　적 심 무 경
榮業所基 籍甚無竟

어떤 일을 도모할 때는 처음부터 주도면밀하게 계획하고 준비해야 한다. 최선을 다해 계획을 실천하고 마무리까지 멋지게 해내면 그것이 바로 성공이다. 그것을 바탕으로 또 다른 목표를 향해 나아간다면 영원토록 명성을 잃지 않을 것이다.

자기 생의 승자가 되는 것이 어렵기는 하지만 불가능한 것은 아니다. 지금도 많은 사람들이 그 길을 가고 있으며, 본바탕을 닦으며 준비하는 이들 또한 많다. 그런 과정 속에서 어떤 사람과 함께 협력해 나갈 것인지에 대한 문제는 매우 중요하다.

상대에게 내가 최선의 파트너가 될 수 있도록 노력하는 한편, 자신의 역량을 최고조로 이끌어줄 수 있는 사람과 함께해야만 하는 것이다. 그리하여 세상의 한 영역 속에서 마음껏 유영하는 존재로서 자리매김하는 것이 오늘날의 군자가 아닐까.

나의 가치는 내가 만들어간다는 마음가짐이 필요한 때다. 그 첫걸음은 자신이 원하지 않는 것을 남에게도 시키지 않는 것이다. 또 남들이 싫어하는 것은 아무리 좋아도 버릴 수 있어야 한다. 이리하여 다른 사람들과 함께 어깨동무하고 걸어갈 수 있도록 하자.

농부가 밭을 갈고 김을 매는 것은 해악이 되는 걸림돌을 미리 제거해 곡식이 자라는 데 힘을 주려는 것이다. 군자도 마찬가지다. 자신의 수양에 거리낌이 있는 것은 아낌없이 버리고, 의로움을 저버리는 사람은 내쳐야 한다. 그렇게 마음의 잡초를 뽑아버린 뒤에는 다른 논에서 날아오는 해충을 쫓아내야 한다. 그러므로 군자는 한시도 마음을 놓아서는 안 되는 것이다. 『시자尸子』[18]의 경구를 되새겨보자.

"도모하는 것이 의義에 적중한다면 그 지혜는 가장 훌륭한 일이요, 입에서 나오는 말이 의義에 적중한다면 그 언어는 사표師表가 되고, 하는 일이 의義에 적중한다면 곧 법칙이 된다. 활을 잘 쏠 줄 모르는 사람이 다른 사람에게 궁술을 가르치고자 한다면 누가 그에게 배우려 할 것인가. 행실도 이와 마찬가지다. 자신의 몸도 제대로 수양하지 않은 사람이 남에게 수양의 방법을 권한다면 귀 기울이는 사람이 하나도 없으리라."

조식의 방울과 검

16세기 중엽 퇴계와 더불어 조선을 대표했던 유학자 남명 조식은 이런 군자의 수양에 있어서 모델이 될 만하다. 그는 '배운 것을 밀고 나아가지 않는다면 배우지 않음만 못하고, 오히려 죄를 짓는 꼴이 된다'는 신념 아래 늘 성성자惺惺子란 방울을 차고 다니며 자신을 채찍질했다.

성성惺惺이란 정신이 흐리멍덩하지 않고 깨어 있다는 뜻이니, 방울소리를 들으며 스스로 맑은 생각을 하겠다는 선비정신의 발로였다. 그는 또 책상 앞에 항상 검을 놓아두었다. 방울은 경敬을, 검은 의를 다짐하기 위함이다. 안팎을 똑같이 살펴보며 자신을 경계하겠다는 비장한 각오가 아닐 수 없다. 그는 평생 벼슬을 하지 않고 제자들을 가르치고 글을 쓰며 살았지만 유학자로서 할 말은 거침없이 했던 인물이었다.

배운 것이 넉넉하면 벼슬할 수 있고, 관직을 맡아 정사를 펼 수 있다.

학 우 등 사　섭 직 종 정
學優登仕 攝職從政

절대왕조시대에 선비는 학문을 갈고 닦으며 기회를 엿보다가 인품과 덕망이 알려지면 비로소 조정의 부름을 받아 정사에 참여하는 것이 출세의 자연스런 단계였다. 한 사람이 관직에 나서게 되면 가족은 물론 모든 일가붙이들까지 부귀영화를 누리게 된다. 그리하여 어떤 면에서 학문이란 선비들의 생존수단이기도 했던 것이다.

이는 공자의 시대에도 마찬가지였다. 약육강식의 춘추전국시대라 해도 무력이 학문의 차원에서 운용되지 않는다면 시정잡배의 싸움보다 못하다는 것을 당시의 지도자들은 잘 알고 있었다. 그래서 공자나 맹자가 천하를 주유할 때 각국의 제후들은 그들의 원대한 포부보다는 현실적인 정치에 대해 관심이 많았던 것이다.

그런 시대 분위기 속에서 지식인들이 제후들에게 스카우트되어 정치적으로나 군사적으로 유용한 지식정보를 제공하고 대가를 받는 것은 하등 이상한 일이 아니었다. 이런 시스템을 가장 잘 이용한 것이 맹상군이나 춘신군 등과 같은 전국시대의 사군자들이었다.

"광에서 인심난다."는 말도 있지만, 굶어 죽어서는 학문이고 뭐고 이룰 수 있는 것이 없다. 그래서 자공 같은 이는 뛰어난 장사 수완을 발휘해 고지식한 공자의 식솔들을 먹여 살렸다. 그렇지만 공자의 수제자 안회 같은 이는 지독한 가난에 시달리다가 학문의 완성을 이루지 못하고 굶어죽고 말았다. 이때 공자는 '하늘이 나를 버리는구나' 하며 탄식했다는데, 고지식한 제자의 벼슬자리 하나 챙겨주지 못한 스승의 허물은 과연 없는 걸까.

영재사관학교 공문孔門

공문십철 가운데서도 학문으로 명성을 날린 자하子夏의 경우는 벼슬에 대한 생각이 좀 특별했다. 그는 '벼슬을 하다가도 남은 힘이 있으면 배울 것이고, 배우다가도 남은 힘이 있으면 벼슬을 할 것이다' 라고 말했다. 배움과 정치를 따로 보지 않고 상호보완적인 관계로 보고 있는 것이다. 벼슬은 해도 좋고 안 해도 크게 문제될 것 없다는 학자들의 버티기 작전이 감지되기도 하는 대목이다.

그렇지만 공자의 제자들 삼천 명 가운데 육예에 통달하고 학문에 나름대로 일가를 이룬 수제자들을 인재에 목마른 제후들이 그냥 놓아둘 리 만무했다. 그래서 노나라의 실력자인 계강자[19]가 공자에게 직접 스카우트 제의를 했다. 그러자 공자는 이렇게 말했다.

"자로子路는 과단성 있고, 자공子貢은 사물의 이치를 통달했으며, 염유冉有(=자유)는 재주가 있다."

"그렇다면 자유子有를 내게 보내 주시오."

그렇게 해서 자유는 못이기는 척 계강자의 신하가 되었고, 자신의 학문을 현실정치에서 발휘할 기회를 얻었다. 다른 제자들도 대부분 이런 절차를 거쳐 학문과 생업을 병행했음은 물론이다. 공문은 이처럼 당시 여러 나라들의 영재사관학교로 자리매김했던 것이다.

이 감당나무를 남겨두라. 떠난 뒤 더욱 기려 읊으리라.

존 이 감 당　거 이 익 영
存以甘棠 去而益詠

주나라의 창업공신 소공 석에 대한 일화는 앞에서도 언급했다. 이번 문장은 그가 소召 땅을 다스릴 때 감당나무 아래서 백성들의 어려운 사정을 듣고 해결해주자, 훗날 백성들이 그의 덕을 기려 노래를 지어 불렀다는 내용이다.

소공 석은 무왕의 동생으로 태공망 여상, 주공 단과 함께 형을 도와 은나라를 멸망시키고 주나라를 세운 인물이다. 그는 대업을 달성한 뒤 군사를 이끌고 당시 동이東夷의 땅인 산동반도를 정벌하여 변경을 튼튼히 했고, 2대 성왕이 보위에 오른 뒤에는 주공 단과 함께 어린 왕을 보필해 동쪽의 도읍인 낙읍을 건설하는 등 새 나라의 기초를 튼튼히 했다.

이와 같은 공으로 소공 석은 연나라의 제후가 되었는데, 그가 남쪽 마을을 돌아보며 백성들의 생활을 살피다가 자신의 행차가 백성들에게 부담을 줄까 염려해 마을 어귀에 있는 감당나무 아래에 머물며 정사를 행했다. 그때 이런 소공 석의 정치는 '진실로 백성을 아끼는 관리를 사모하는 간절한 정'을 뜻하는 감당지애甘棠之愛의 고사로 전해졌다.

감당나무는 우리말로 하면 팥배나무로, 배나무와 비슷하지만 그보다 작고 2월에 흰 꽃이 피어 작은 열매가 열린다. 이 열매는 서리가 내릴 때 쯤 익는데, 예로부터 이 팥배나무에 배나무를 접붙여 과수나무로 키우곤 했다.

소공 석이 그 아래 머물렀을 때 잎이 무성했다고 하니 아마 늦은 봄 쯤이 아니었나 싶다. 이때 소공 석이 다스리는 지역에서는 굶주리는 사람이 하나도 없었으므로 백성들은 다음과 같은 노래를 불러 그를 칭송했다고 한다. 그 내용이 『시경』에 전한다.

흐드러진 팥배나무 자르거나 치지 말라. 님께서 머물던 곳.
흐드러진 팥배나무 자르거나 꺾지 말라. 님께서 쉬시던 곳.
흐드러진 팥배나무 자르거나 휘지 말라. 님께서 말씀하시던 곳.

음악은 신분에 따라 다르고, 예는 윗사람과 아랫사람을 가린다.

악 수 귀 천　예 별 존 비
樂殊貴賤 禮別尊卑

고대 중국 사회에서는 신분의 고하를 명확하게 나누는 일이 매우 중요했다. 왕과 제후, 대부 등으로 이어지는 계급은 철저한 지배와 복종의 관계라기보다는 현실을 유지하기 위한 상호보완적인 측면이 많았다.

그 관계가 흔들리면 곧 혼란과 파괴가 도래했으므로 서로를 견제하기 위한 효과적인 방법을 궁리하게 되었는데 그 핵심이 바로 예禮와 악樂이었다. 예는 질서의 직접적인 유지 방법이요, 악은 그것의 판정 기준이라고 생각하면 되겠다.

그 기준은 무엇일까. 왕이 정치를 잘못하면 음악의 곡조가 흔들리고, 제후들의 힘이 강해지면 음악의 곡조가 거세지며, 백성들의 원성이 높아지면 음악의 곡조가 슬퍼진다는 것이다.

"요즘 백성들이 퇴폐적인 노래를 부르고 있습니다."

"정말 큰일이구나. 세금을 좀 낮춰야겠다."

이런 사고방식에 따라 군주들은 백성들 사이에 유행하는 음악을 살펴 이를 정사에 반영했다. 또 신분에 따라 악기의 숫자와 음악을 정해 놓음으로써 과도하게 즐기는 행위를 규제했다.

예별존비禮別尊卑는 신분에 따른 의례의 차이를 말한다. 주나라에서는 십등十等이라 하여 '왕王, 공公, 경卿, 사士, 조皁, 여輿, 예隸, 요僚, 복僕, 대臺'의 순의 신분체계를 유지했다.

『춘추좌씨전』에는 "임금의 신하는 공이고, 공의 신하는 대부며, 대부의 신하는 사고, 사의 신하는 조며, 조의 신하는 여며, 여의 신하는 예며, 예의 신하는 대다."라는 기록이 있다. 혹자들은 조皁를 하인, 여輿를 수레꾼, 예隸를 노예, 요僚를 노동자, 복僕을 종, 대臺를 농부로 해석하지만 명확한 것은 아니다. 제후도 상하 구분이 있어서 공작公爵, 후작侯爵, 백작伯爵, 자작子爵, 남작男爵의 다섯 가지로 구분했다.

이런 신분의 절대적인 차이에 따라 천자는 하늘과 땅에 제사를 지냈지만 제후들은 자신의 봉지 안에서만 제사를 지냈고, 천자가 죽으면 7일상을 치르고 7개월 후에 안장했지만 제후는 5일상에 5개월 후에 안장해야 했다.

이와 같은 차별적 의례는 주나라 초기에는 잘 지켜졌지만 춘추전국시대에 이르면 거의 지켜지지 않게 된다. 저마다 영토 확장에 골몰했던 제후국들이 쇠약해진 주나라를 철저하게 무시했기 때문이었다. 제환공이나 진문공 등으로 대표되는 대제후들은 존왕양이尊王攘夷를 내세워 주나라를 이용했을 뿐, 예악은 왕에 버금가는 수준을 누렸다.

이런 현실을 개탄한 유가에서는 주례周禮를 근본으로 상하관계의 바른 예법을 회복함으로써 인간의 존엄성을 회복하려 했다.

또 '오륜五倫', 곧 군신유의君臣有義, 부자유친父子有親, 부부유별夫婦有別, 장유유서長幼有序, 붕우유신朋友有信을 널리 퍼뜨림으로써 사회의 질서를 바로잡기 위해 노력했다.

윗사람이 온화하면 아랫사람도 화목하고, 남편이 이끌면 부인은 따른다.

상화하목 부창부수
上和下睦 夫唱婦隨

윗사람이 온화한 덕으로 아랫사람을 감싸야 아랫사람도 흑심을 품지 않고 그 덕에 동화되며, 아내가 남편에게 순종해야만 가정에 분란이 없다는 뜻이다. 이것은 치국평천하治國平天下 이전에 군자가 행해야 할 수신제가修身齊家의 기본 틀이다.

"왕은 왕답게, 제후는 제후답게, 아버지는 아버지답게, 자식은 자식답게."

유가에서는 이와 같이 '자기본분을 지키자'라는 뜻의 슬로건을 내세웠고 그 목적을 달성하기 위해 신명을 다했다. 예를 들어 공자는 자신에게 천하를 맡긴다면 제일 먼저 '이름名'을 바로잡겠다고 단언했다. 이름이란 곧 본분을 말한다. 그러기에 공자는 일찍이 노나라의 검찰총장 격인 대사구 벼슬에 있을 때 선비 소정묘를 처단하는 결단을 내리기도 했다. 그가 교묘한 논리로 세상의 본바탕을 어지럽혔다고 판단했기 때문이다.

그 후 50이 넘은 공자가 제자들과 함께 노나라를 떠나 여러 나라를 주유했던 것은 당대의 혼란과 분열을 막고 자신의 뜻을 펴기 위해서였지만, 무엇보다도 비틀어진 천하의 질서를 바로잡겠다는 생각이 우선이었다.

당시 그가 본 천하는 천자가 천자답지 못하고 제후가 제후답지 못하며 대부가 대부답지 못하고 백성이 백성답지 못했다. 천자는 힘을 잃은 지 오래였고 제후들은 저마다 힘을 과시하며 천자처럼 행세했다. 대부들도 그런 치하에서 이권다툼에 골몰하고 있었으니 백성들의 삶이 도탄에 빠지는 것은 당연했다.

공자는 인의정치를 통해 이런 상황을 충분히 바꿀 수 있다고 생각했다. 때문에 여러 나라에서 자신에게 그 소임을 맡겨주기를 바랐지만 그것은 혼자만의 희망사항이었다. 코앞에서 경쟁자 아홉 명이 칼을 휘두르고 있는데 혼자만 뒷짐 지고 인의군자 행세를 할 제후들은 없었던 것이다.

부창부수夫唱婦隨는 앞서 나온 오륜의 부부유별夫婦有別에 대한 구체적인 행동강령이다. 주나라 윤희가 지은 『관윤자』에는 다음과 같은 글이 있다.

"남편이 앞에서 부르면 아내는 따르고, 길짐승도 수컷이 달리면 암컷은 쫓아가며, 날짐승도 수컷이 울면 암컷은 응하는 것이니 이것은 성인께서 그 부르고 화답하는 음과 양의 짝함을 지으신 것이고, 현인께서 그 생장의 법칙을 정하신 것이다."

가정에서 아내가 남편의 뜻에 복종하는 것은 지극히 자연스럽다는 것이다. 이와 같은 유교식 부부관은 여성이 가정에서 피동적인 입장에 서는 것이 당연하다는 논리로 귀결된다. 아무리 못난 남편이라도 잘 섬겨야지 아내가 잘난 체 하며 나서서는 안된다는 경고

이기도 하다.

삼부이군일자三夫二君一子

위와 같은 부창부수의 세태를 희롱했던 여걸이 춘추시대의 경국지색 하희夏姬이다. 그녀는 정鄭나라 목공의 딸로 일곱 번이나 다른 남자의 여자가 되었던 미녀이다.

하희는 결혼하기 전에 친오빠인 영공과 재상 자공을 동시에 사귀었는데, 질투심에 눈이 먼 자공이 영공을 암살했다. 얼마 후 하희는 진陳나라 대부 하어숙과 결혼하여 아들 하나를 낳았다. 그런데 남편이 병을 얻어 일찍 죽자 진나라 영공과 정을 통했으며, 대부인 공령, 의행보와도 관계를 맺었다. 그때 하희는 나이가 들었어도 하루에도 세 번씩이나 젊어진다는 말을 들을 정도로 아름다웠다. 그러던 어느 날 영공이 공령, 의행보와 함께 하희의 아들인 대부 징서를 놀렸다.

"아무리 봐도 징서가 자네들을 닮은 것 같아."

"아닙니다. 저희들이 보기에는 전하를 닮았습니다."

그러면서 세 사람은 키득거렸다. 이에 분개한 징서가 영공을 활로 쏘아 죽인 다음 조정을 장악하고 왕위에 올랐다. 깜짝 놀란 공령과 의행보는 초나라로 도주했고 진陳나라 태자도 진晋나라로 도망쳤다.

이듬해 패자였던 초나라 장왕이 영공 암살의 죄상을 빌미로 군사를 일으켜 진陳나라를 멸망시키고 징서를 죽였다. 이때에도 하희의 미모는 변함이 없었으므로 장왕이 그녀를 취하려 했다. 그러자 대부 무신이 말렸다.

"하희는 주변의 뭇 남자들을 희롱해서 죽게 만들었고 나라까지 망친 여자로 세상에 평판이 좋지 않습니다. 천하에 미인이 많은데 어찌 그런 여자를 받아들이려 하십니까?"

그 말을 듣고 왕이 단념하자 장군 자반이 그녀를 탐냈다. 하지만 무신이 역시 말리자 연윤 벼슬에 있던 양로가 하희를 차지했다. 얼마 후 양로가 전쟁터에서 죽자 그의 아들 흑요가 그녀를 데리고 살았다. 그런데 장왕을 말렸던 무신이 하희를 데리고 진晋나라로 도망쳐버렸다.

이에 분개한 자반이 흑요를 죽이고 무신의 가족들을 몰살시켜 버렸다. 이에 무신은 오나라로 가서 군대를 조련한 다음 진나라와 힘을 합쳐 초나라를 급습해 대승을 거두었다. 이 싸움에서 한쪽 눈을 잃은 장왕은 홧김에 자반을 참살했다.

후세에 하희를 일러 삼부이군일자三夫二君一子, 곧 세 명의 남편과 두 명의 임금과 한 명의 아들을 죽게 했으며, 한 나라를 멸망시키고 두 명의 대신을 구렁텅이에 빠뜨렸다고 말했다. 하지만 이것이 어찌 그녀만의 잘못이겠는가.

밖에 나가면 스승의 가르침을 받고, 집에서는 어머니의 몸가짐을 받든다.

외 수 부 훈 입 봉 모 의
外受傳訓 入奉母儀

고대사회에서 스승은 부모에 버금가는 존재였다. 그리하여 군사부일체君師父一體, 곧 '임금과 스승과 아버지는 하나'라는 관념이 뿌리 깊게 박혀 있었다. 아버지는 나를 낳아주시고, 스승은 나를 가르쳐주시며, 임금을 나를 먹여준다는 개념이다.

이런 사고방식에 따라 남자는 어렸을 때부터 스승을 부모처럼 모시고 따랐다. 반대로 여자는 집에서 어머니에게 길쌈과 음식솜씨를 익히며 제사 모시는 법을 배움으로써 장차 한 가문에 며느리로 들어갈 준비를 해야 했다.

가정내에서의 남녀의 역할구분은 남자에게 가정에서 무소불위의 가져다 권력을 주었지만 여성에게는 참담한 굴종의 나날을 가져다주었다.

외수부훈外受傳訓은 열 살 나이의 사내아이에 대한 『예기』의 기준을 다시 쓴 것이다. 입봉모의入奉母儀는 반대로 여자아이가 열 살 때 반드시 행해야 할 일이다. 다분히 유교적인 내용이지만 수긍할 만한 구절도 없지 않다.

남자의 할 일

열 살은 유幼이다. 이때부터 글을 배우기 시작한다.

스무 살은 약弱이다. 어른이 되는 관례를 올리고 갓을 쓴다.

서른 살은 장壯이다. 아내와 집을 갖고 자식을 낳는다.

마흔 살은 강强이다. 올바른 판단을 할 수 있으므로 벼슬을 한다.

쉰 살은 애艾이다. 머리가 쑥처럼 희끗해지면서 경험이 많아지고 안정되므로 나라의 큰일을 맡는다.

예순 살은 기耆이다. 늙었으므로 자신이 할 일을 남에게 시켜도 된다.

일흔 살은 노老이다. 완전히 늙었으므로 살림은 자식에게, 벼슬은 후배들에게 물려주고 은퇴해야 한다.

여든, 아흔 살은 모耄이다. 기력이 완전히 소모되었다. 일곱 살을 도悼라 하는데 도와 모는 죄를 지어도 벌하지 않는다.

백 살은 기期이다. 남의 부축을 받으며 살아간다.

여자의 할 일

열 살이 되면 밖에 나가지 않고, 부모의 가르침을 따른다.

열세 살에는 어머니에게 길쌈과 비단 짜는 일, 의복 만드는 일을 배운다. 또 제례를 배워 어른들을 돕는다.

열다섯 살에는 비녀를 꼽는 계례를 행한다.

스무 살에는 시집을 간다.

모든 고모와 큰아버지와 삼촌들은 조카를 자기 자식처럼 대해야 한다.

제 고 백 숙 유 자 비 아
諸姑伯叔 猶子比兒

큰아버지와 작은아버지, 고모는 모두 아버지의 형제이니 아버지를 모시는 것처럼 공손히 대해야 한다. 이와 마찬가지로 고모나 큰아버지, 삼촌들은 형제의 자식들을 친자식과 다름없이 사랑해 주어야 한다는 뜻이다. 이 구절은 『예기』에 "형제 소생의 아들은 자기 아들과 같다."라는 구절을 다시 쓴 것이다.

옛날부터 시어머니는 어머니와 같지만 친어머니는 아니므로 고姑라 했다. 남자 쪽에서 아버지의 누님이나 누이를 부를 때도 고姑라고 한다. 그래서 고모란 말이 생긴 것이다.

아버지 형제들의 서열은 백중숙계伯仲叔季 순으로 이어진다. 백伯은 맏형을 뜻하고 중仲은 둘째, 숙叔은 셋째, 계季는 막내를 가리킨다.

이처럼 식구들의 서열을 꼼꼼하게 따져 그에 맞는 호칭을 주는 것이 중국을 비롯한 동북아 주변 국가들의 보편적 전통이었다. 이렇게 부모로부터 태어나 형제들이 서열이 정해지면 동기同氣로서 끊으려야 끊을 수 없는 관계가 성립되는 것이다.

의로운 고모 의고자

한나라의 역사가 유향이 쓴 『열녀전』에는 여성이자 평민으로서 현자의 칭호를 들은 의고자란 여인의 이야기가 실려 있다.

제나라 군대가 노나라의 국경을 넘어 승리를 거듭한 끝에 도성 교외에 이르렀다. 그때 한 여자가 한 아이는 품에 안고 또 한 아이는 손을 이끌며 걸어가고 있었다. 그러다 군대가 가까이 오자 안고 있던 아이를 내려놓더니 손을 잡고 있던 아이를 안은 다음 황급히 산으로 달아났다. 버려진 아이는 겁에 질려 울었지만 그녀는 뒤도 돌아보지 않았다. 기이하게 생각한 제나라 장수가 말을 달려 그녀를 사로잡은 뒤에 물었다.

"대체 네가 안고 있는 아이는 누구이고 버린 아이는 누구냐?"

"제가 안고 있는 아이는 조카이고 버린 아이는 제 아들입니다. 두 아이를 다 데려갈 수 없어서 제 아들을 버린 것입니다."

이에 제나라 장수가 물었다.

"어머니로써 자기 아들이 더없이 귀엽고 사랑스러운 법인데 어찌하여 아들을 버리고 조카를 살리려 했는가?"

"제 아이가 귀여운 것은 사사로운 정이요, 조카는 공적인 의리입니다. 의리를 버려 제 아이를 살리고 조카를 죽인다면 그것은 사람으로서 할 짓이 아닙니다."

그 말에 감동한 제나라 장수는 공격을 멈춘 다음 왕에게 간했다.

"노나라의 백성들은 시골 여자들까지 저렇듯 절의를 지키고 의리를 행하니 하물며 조정의 대신이나 대부들은 어떠하겠습니까? 우리가 이 전쟁을 계속하는 것은 천하에 죄를 짓는 일이 될 것입니다."

그 말에 제왕은 고개를 끄덕이며 즉시 군대를 철수시켰다. 그 이야기를 전해들은 노나라 왕이 여자에게 비단 백 단을 하사한 다음 의로운 고모라 하여 의고자義姑姉라고 불렀다.

형제를 그리워하는 것은, 같은 기운을 받아 가지가 이어졌기 때문이다.

공회형제 동기연지
孔懷兄弟 同氣連枝

동기同氣란 부모로부터 기를 나누어 받았다는 뜻이고, 가지로 이어져 있다는 것은 한 몸에서 태어났다는 뜻이다. 그러므로 한쪽 가지가 즐거우면 나머지 가지도 즐겁고 한쪽 가지가 슬프면 나머지 가지도 슬프다. 이것이 바로 천륜天倫이라고 하는 것이다.

『시경』에 "죽고 장사지내는 두려움에서 형제들은 서로를 심히 그리워하네."란 대목이 있다. 죽음에 가까워진 사람이나, 그 죽음을 바라보면서 장례를 준비하는 형제들이 서로를 애틋하게 여긴다는 말이다.

형제끼리 관계가 가깝지 않으면 그 자식과 조카들의 관계도 서먹해진다. 그러다 보면 서로에 대한 감정이 싸늘해지고, 사소한 이해관계로 인해 다투는 일도 생겨난다.

그런 가문은 다른 가문과의 경쟁에서 뒤쳐지고 자칫 분쟁이라도 일어나면 쉽게 도태되기 마련이다. 이런 사태를 예방하기 위해 중국인들은 우애 있는 형제와 집안을 기록하여 후대의 모범으로 삼았다.

『자치통감』에서 유난히 충효를 내세웠던 사마광은 자신의 또 다른 저서 『가범家範』에서 형제간의 우애를 강조했다. 그 가운데 주흥사에게 천자문을 쓰게 했던 양무제의 동생 안성강왕의 예를 든 대목이 있어 눈길을 끈다.

안성강왕은 왕위에 오른 형을 대할 때 형제의 예가 아니라 마치 생면부지의 사람을 대하듯 공경했다. 그런 동생에 대해 무제는 신하의 예가 아니라 살가운 형제의 예로 대접했다는 것이다.

육조시대의 학자 안지추가 남긴 『안씨가훈』에도 이와 비슷한 이야기가 전한다.

패국 출신의 유진은 형 유환의 집과 하나로 연결되어 있는 집에서 벽 하나를 사이에 두고 살았다. 한번은 형이 벽 너머로 동생을 몇 차례나 불렀는데 응답이 없었다. 잠시 후 동생의 기척이 들려왔다. 의아해 하던 형이 동생에게 '왜 대답을 하지 않았느냐'고 까닭을 묻자, 동생은 '좀 전에는 의관을 제대로 갖추고 있지 않았기 때문입니다'라고 대답했다.

형제끼리 이처럼 서로 공경하는 마음을 품고 지낸다면 둘 사이에는 아무런 문제가 생기지 않을 것이다. '공회형제 동기연지'라는 천자문 구절과 관계 깊은 한나라의 시인 소무의 시 한 편을 읽어보자.

> 골육의 인연은 가지와 잎으로 맺어졌네.
> 이 세상에 맺어짐은 서로에게 인연이 있음일세.
> 세상 사람들 모두 형제와 함께인데

홀로 길 가는 이 그 누구인가?
하물며 우리는 한 나무에서 뻗은 가지와 같으니
너와 나는 형제 되어 한 몸을 이룬 것을…….

벗을 사귈 때는 정을 나눠야 하고, 깎고 갈며 서로를 경계하고 잡아줘야 한다.

교우투분 절마잠규
交友投分 切磨箴規

친구끼리는 정이 오가야 하고, 서로를 발전시켜주는 관계여야 한다. 투분投分은 '내 몫을 던진다'로 해석되지만 '정을 함께 나눈다'라는 뜻이 담겨 있다. 그러므로 우정이란 '내 것을 아낌없이 주는 관계'이다. 상대방의 장점을 칭찬하고 단점을 갈아내면서 평범한 대리석이 멋진 조각품으로 탈바꿈하듯, 친구란 서로의 서툰 마음을 정제하고 학문을 나누면서 성공의 동반자가 되어야 한다.

영혼이 맑은 어린 시절에 바른 친구끼리 사귀면 서로의 좋은 습관과 예절을 닮게 된다. 난초가 있는 방에 들어가면 느끼지 못하는 사이에 향기가 몸에 배지만, 반대로 나쁜 친구와 사귀면 생선을 싼 종이에서 비린내가 풍기는 것처럼 자신에게 악취가 배게 된다.

『논어』에는 "익자삼우益者三友 손자삼우損子三友"라 하여 유익한 친구 세 종류와 백해무익한 친구 세 종류를 언급하고 있다. 정직한 친구, 관대한 친구, 박학한 친구가 유익한 친구이고, 아부하는 친구, 표리부동하고 마음에 진실성이 없는 친구, 말만 번드레

한 친구가 무익한 친구이다.

친구와의 우정에 있어서 의리란 단어는 빠질 수 없다. 하지만 그것은 조폭 세계의 상명하복과 같은 수직적 서열관계가 아니라 옳은 일을 함께 손잡고 물러서지 않는 수평적인 의리여야 한다.

'오래 두고 가까이 사귄 벗, 친구'라는 어떤 영화의 카피처럼 친구는 예전부터 가까이해왔고 앞으로도 계속 그런 믿음이 변치 않을 것임을 서로가 인정한 관계이다. 그러기에 기쁨이나 슬픔을 함께 나눌 수 있는 것이다.

군자와 소인의 우정

서양 격언에 "거위들은 자연스럽게 모인다. 하지만 사람들의 교제는 가꾸어야만 한다."라는 말이 있다. 우정이란 그저 아는 사람들끼리 만나면 이루어지는 것이 아니라, 자신의 인격을 담보로 하는 사랑의 교환이라는 뜻이다.

그 관계가 정당하고 의에 합치될 때는 서로를 발전시키지만, 부정하고 속셈이 있으면 서로를 멸망시키는 것이 우정이다. 전자는 군자의 사귐이요, 후자는 소인의 그것이다.

옛사람들도 그것을 경계하여 아예 더러운 곳에는 발을 디디지 말라고 했지만, 세상은 늘 자기 입맛에 맞는 길만을 선택할 수 있는 곳이 아니다. 하지만 관중에게 포숙아가 있고, 백아에게 종자기가 있었던 것처럼 나의 진심과 역량을 알아주는 친구가 있다면 흙탕물인들 마다하겠는가. 『유몽영』의 한 구절은 바로 이런 군자의 향기를 찬미하고 있다.

검은 것이나 흰 것은 더불어 사귈 수 있으나
검은 것은 능히 흰 것을 더럽히고
흰 것은 능히 검은 것을 감추지 못한다.
향기와 냄새는 더불어 섞일 수 있으나
냄새는 능히 향기를 이기고
향기는 능히 냄새와 겨루지 못한다.
이는 군자와 소인이 서로 싸우는 형세와 마찬가지이다.

어질고 사랑하며 불쌍하게 여기는 마음은, 잠시라도 떠나보내서는 안 된다.

인자은측 조차불리
仁慈隱惻 造次弗離

이 대목은 "군자는 밥 먹기를 끝내는 동안이라도 인자함을 어기는 일이 없어야 할 것이니, 아주 급한 때라도 꿋꿋이 인자해야 하고, 엎어지고 자빠지더라도 또한 그래야 한다."라는 『논어』의 구절을 다시 쓴 것이다.

조차造次의 원뜻은 '천막을 짓다'란 뜻이다. 그것은 임시방편이므로 '황급하다', '창졸간' 등의 뜻으로 해석된다. 그렇게 흔들릴 때일수록 더욱 더 인仁을 굳세게 지켜야 한다는 말이다.

인仁은 한자의 모양에서 알 수 있듯 두 사람의 관계이다. 서로를 마주했을 때에는 진실한 마음으로 대해야 한다. 자慈가 어머니의 마음처럼 사랑하고 껴안아주는 것이라면, 인은 당당하고 넓은 아버지의 마음이다. 그래서 어머니는 자애로워야 하고 아버지는 정의로워야 한다.

『논어』에서는 인仁자가 백 번도 넘게 나오는데, 그 안에서 공자는 인을 '사람다움이다', '남을 아껴주는 것이다', '자기 욕심을 누르고 보편적 규범에 따르는 것이다'라고 말하면서 '자신이 당하기 싫은 일은 남에게 하지 말라' 혹은 '자기가 하고 싶은 일을 남이 먼저 할 수 있게 해주어라' 등의 말로 인을 설명했다.

맹자는 측은지심惻隱之心, 곧 남의 어려움을 보고 불쌍하게 여기는 마음이야말로 인의 기초라고 말했다. 그리하여 '군자가 인을 버리고 어떻게 이름을 이루겠는가. 군자는 밥 먹는 사이에도 인을 어김이 없으며, 급히 갈 때, 넘어질 때도 인을 어기지 않는다'라고 했다.

공자는 수제자인 안회라면 석 달을 '인'할 수 있지만 다른 제자들은 한 달, 혹은 하루도 힘들 것이라고 말했다. 그만큼 인할 수 있는 삶이 어렵다는 뜻이다. 그렇다면 보통사람들은 인하는 삶을 꿈도 꾸지 못하는 것일까? 물론 그것은 아닐 것이다. 다만 그것을 행동으로 옮기기 어렵다는 것을 에둘러 표현했을 뿐이다.

사실 아무리 쉽게 설명해도 그 뜻을 다 포괄할 수 없는 것이 인이다. 언제어디서든 남을 배려하는 착한 마음을 가지고 살아가자는 것이 바로 인이라 생각해도 무방할 것이다.

절개와 의리, 청렴과 은퇴는 엎어지고 넘어지더라도 흠을 내지 않는다.

절 의 염 퇴 전 패 비 휴
節義廉退 顚沛匪虧

선비들에게 있어 절의란 대나무처럼 단단해서 쪼개질지언정 굽혀서는 안 될 마지막 자존심 같은 것이었다. 그들에게 있어 변절은 곧 인간성의 상실을 의미했고, 구족九族[20]이 멸절당할 만한 큰 죄로 치부되었다. 나라가 없으면 민족도 없듯이 임금에 대한 일편단심이 없다면 지식인으로서의 가치를 인정받지 못했던 것이다.

그래도 좀 합리적인 사고방식을 가졌던 맹자는 군주다운 군주여야 그런 대접을 받을 수 있다고 주장했다. 선비다운 선비가 걸왕이나 주왕 같은 폭군에게 절의를 바치는 것은 부질없는 짓이다. 민심이라는 대의에 부합되었을 때 충성도 빛을 발하게 되고 절의도 청사에 남는다. 의義를 기반으로 하는 절節만이 가치를 지닌다는 것이다.

"죽지 않고 사는 것과 의인이 되는 것 모두 내가 원하는 것이지만, 둘을 함께 이룰 수 없다면 목숨을 버리고 의리를 취하겠다."

모름지기 군자는 이런 맹자의 기개를 바탕으로 자신을 다스려야 한다. 청렴하게 살다가 때를 보아 과감하게 물러서는 일 역시 이런 마음가짐을 기본으로 할 때 가능하다.

퇴退는 군주에게 자신이 더 이상 쓸모없다고 판단되었을 때 행하는 결단이다. 그렇지만 이것은 주체적인 결심이 아니다. 군주가 그를 쓸모 있다고 여겨 다시 찾게 되면 노구를 이끌고서라도 조정에 들어서는 것 또한 충성이었다. 이처럼 왕조시대에는 모든 것을 임금의 결정에 맡겼고, 이런 정해진 틀 속에서 사대부들은 권력과 영화를 지켜나갔다.

절의의 대명사 백이와 숙제

예로부터 청렴과 절의의 대명사는 백이와 숙제로 알려져 왔다. 두 사람은 어떻게 해서 그런 상징적인 지위를 갖게 되었을까?

백이와 숙제는 본래 은나라의 작은 제후국인 고죽국의 왕자들이었다. 당시 고죽국의 왕 고죽군은 차남인 숙제를 후계자로 지명하고 죽었다. 하지만 숙제는 한사코 형인 백이에게 왕위를 양보했다. 그러자 백이는 부왕의 뜻을 따르도록 권하며 나라 밖으로 도망쳤다. 이에 숙제도 왕위를 던져버리고 형의 뒤를 따랐다. 두 왕자가 이렇듯 숨어버리자 중신들은 셋째아들을 왕으로 삼았다.

훗날 두 사람은 덕망 높은 문왕의 이야기를 듣고 주나라로 갔는데, 문왕은 이미 죽은 뒤였다. 그런데 마침 그 뒤를 이어받은 무왕이 부친의 위패를 수레에 싣고 은나라 정벌에 나서려고 했다. 이에 백이와 숙제는 무왕의 말고삐를 붙잡고 호소했다.

"부왕의 장례가 끝나기도 전에 손에 무기를 잡는 것은 불효이고, 신하로서 임금을 죽이려 하는 것은 불인이오. 제발 말을 돌리시오."

이에 무왕을 호종하던 신하들이 화가 나서 두 사람을 죽이려 했다. 이때 강태공이 나서서 말렸다.

"두 사람은 의인입니다. 절대로 죽여서는 안 됩니다."

하지만 결국 무왕은 은나라를 멸망시키고 주나라를 세웠다. 그러자 백이와 숙제는 수양산에 들어가 고사리를 캐어 먹으며 살았다. 주나라의 곡식은 먹지 않겠다는 뜻이었다. 이에 사람들이 '그 고사리는 주나라의 것이 아니오?'라고 비웃자 둘은 아무 것도 먹지 않았고, 마침내는 산속에서 굶어 죽고 말았다. 이처럼 고대사회에서 선비의 자존심은 목숨보다 중요한 것이었다.

성품이 고요하면 느낌이 편안하고, 마음이 움직이면 정신이 고달파진다.

성정정일 심동신피
性靜情逸 心動神疲

사람마다 지니고 있는 마음바탕을 성정이라 한다. 유가에서 성性은 사람의 타고난 착한 본성이지만, 정情은 외부의 사물로부터 자극을 받아 형성되는 욕망인지라 교육과 교화로써 통제되고 바로잡아야 하는 것이다.

이런 인간관을 가지고 있는 것이 바로 성선설을 주창한 맹자이다. 맹자는 물이 위에서 아래로 흐르는 이치처럼 인간의 본성이 선한 것은 당연한 이치라고 했다. 그리고 이를 근거로 인간이라면 누구나 가지고 있는 네 가지 마음, 곧 사단四端을 설명했다.

첫째, 측은지심惻隱之心은 남의 어려움을 보면 측은하게 여기는 마음이다.

둘째, 수오지심羞惡之心은 자신의 잘못을 부끄러워하고, 다른 사람의 잘못을 미워하는 마음이다.

셋째, 사양지심辭讓之心은 다른 사람에게 양보하고 사양하는 마음이다.

넷째, 시비지심是非之心은 옳고 그름을 판단하여 올바르게 행하고자 하는 마음이다.

이 네 가지야말로 인의예지의 근원을 이루는 것으로, 성性이란 곧 선善임을 증명하는 것이다. 그런데 이런 사상에 대해 같은 유가의 대학자인 순자는 매우 비판적인 견해를 내놓는데, 이것이 바로 성악설이다.

순자는 인간은 태어나면서부터 지극히 감성적인 욕망을 가지고 있는데, 이를 내버려두면 사회적인 혼란이 일어난다고 생각했다. 춘추전국시대에 혼란과 악행이 횡행한 것도 모두 인간의 악한 면이 드러난 결과라고 봤다. 따라서 이를 극복하기 위해서는 교육과 예의를 가르치고 법으로 통제해야만 한다고 주장했다.

이와 같은 순자의 사상은 도덕적으로 완성된 인간과 사회를 만들자는 목표에 있어서는 맹자와 다르지 않다. 하지만 그가 주창한 예禮라는 개념은 법가法家인 이사와 한비자 등에게 계승되어 가혹한 법률로 백성들을 괴롭히는 결과를 낳았다. 근본주의를 고집하는 이들로 인해 사상은 극단에 치닫게 되고 대중의 외면을 받게 되는 것이다. 아무리 좋은 사상이라도 융통성이 있어야 하는 법이다.

신념을 지키면 의지가 충만해지고, 물질을 좇으면 뜻이 바뀐다.

수 진 지 만 축 물 의 이
守眞志滿 逐物意移

『예기』에 “자신을 억제하여 예를 실천하는 것이 인이다.”란 말이 있다. 예는 궁극적으로 참는 것이다. 그래서 참을 인忍자 세 번이면 살인도 면한다고 하는 것이다. 반면 의지는 욕망을 따르다 보면 항상 넘치게 마련이어서 항상 경계하지 않으면 안 된다.

공자는 “군자는 의리를 좇지만 소인은 이익을 좇는다.”라고 예禮의 근본인 의義를 강조했다. 사람은 올바른 뜻을 세워 굳센 믿음으로 향해 나아가야만 뜻하는 바를 이룰 수 있다.

물질만을 좇으면 도덕과 정의의 경계가 흐트러져 비틀린 사람이 된다. 『채근담』의 다음과 같은 경고는 이런 맥락에서 나온 것이다.

“악마를 항복시키려거든 먼저 자신의 마음에 항복하라. 마음이 굴복하면 모든 악마는 스스로 물러갈 것이다. 횡포를 누르려거든 먼저 자신의 객기를 누르라. 객기가 가라앉으면 외부의 횡포가 감히 침입하지 못한다.”

맹상군의 여유

전국시대 사군자[21]의 한 사람인 제나라 맹상군의 식객 가운데 한 사람이 그의 부인을 사모했다.

누군가 그 사실을 맹상군에게 일러바치며 말했다.

"주군의 아내를 흠모하는 것은 불의한 일입니다. 그를 죽이십시오."

그렇지만 맹상군은 여유롭게 웃으며 대답했다.

"예쁜 여자는 누구나 좋아하는 법 아니오. 신경 쓰지 마시오."

1년 쯤 뒤에 맹상군은 당사자인 식객을 불렀다.

"내가 그대와 사귄지 오래되었지만 변변한 벼슬자리 하나 마련해주지 못해 미안하네. 지금 내가 위衛나라 군주와 교분이 있으니 그곳으로 가서 일해보지 않겠나?"

이에 식객은 감읍하며 위나라로 가서 크게 환영을 받았다. 얼마 후 제나라와 위나라의 사이가 나빠져 위왕은 다른 나라와 동맹을 맺고 제나라를 공격하려 했다. 이때 그 식객이 위왕을 설득했다.

"맹상군은 제 허물을 알고도 가려주어 전하에게 보내주었습니다. 본래 위나라와 제나라는 제사를 드리며 우정을 맹약한 사이인데 사소한 문제로 큰 싸움을 일으킨다는 것은 선조들에게도 죄를 짓는 일입니다. 당장 공격을 멈추지 않는다면 저는 자결하고 말겠습니다."

그러자 위왕은 고개를 끄덕이고 군대를 돌렸다. 이에 제나라 사람들이 감탄하며 말했다.

"맹상군은 화를 공으로 바꾸었다."

장의의 계책

『사기』에는 전국시대 말기인 기원전 313년에 합종책의 모사꾼 장의가 초나라 회왕의 욕심을 부추겨 이익을 취한 고사가 실려 있다. 당시 진나라는 제나라를 공격하려 했지만 제나라와 동맹을 맺은 초나라 때문에 곤란한 지경에 처해 있었다.

이때 장의가 초나라 회왕을 찾아가 설득했다.

"전하께서 진나라와 우호관계를 맺고 제나라와 단교한다면 6백 리의 땅을 넘겨드리겠습니다."

이 유혹을 뿌리치지 못한 회왕은 즉시 제나라와 단교를 선언했다. 그리고 사신을 진나라로 보내 땅을 넘겨달라고 청했다. 이때 장의는 귀국하자마자 술에 취해 수레에서 떨어져 다리를 다쳤다는 핑계로 초나라의 사신을 피했다.

그러자 회왕은 좀 더 계약을 확실히 하기 위해 제나라로 사신을 보내 제왕을 모욕함으로써 확실하게 단교를 했다. 이에 화가 난 제나라는 어제의 적이었던 진나라와 동맹을 맺었다.

목적을 이룬 장의는 초나라 사신을 만나 이렇게 빈정댔다.

"귀하는 아직도 우리가 주겠다는 6백 리 땅을 안 가져갔단 말이오?"

비로소 장의에게 속은 것을 안 회왕은 분개하여 군대를 모아 진나라를 공격했지만, 진제연합군의 반격에 휘말려 대패했고 두 개의 성까지 빼앗기고 말았다. 이 모두가 도를 넘은 탐욕의 대가였다.

바른 지조를 굳게 가지면, 좋은 벼슬이 스스로 얽혀 진다.

견 지 아 조　호 작 자 미
堅持雅操 好爵自縻

자신의 일에 최선을 다하고 수양에 전념하면 벼슬은 원치 않아도 굴러들어오게 된다는 말이다. 작爵은 봉황의 모양을 딴 글자로 큰 새를 뜻하는데, 제사에 쓰이는 술잔 역시 봉황의 모양을 본떠 만들었으므로 그 역시 작爵이라 지칭했다. 이 글자는 이후 천자가 제후에게 내린 이 술잔을 통해 관직이라는 의미로 발전했다.

『맹자』에는 "인의 같은 윤리 덕목인 천작天爵을 잘 닦으면 공경대부와 같은 인작은 저절로 얻어진다."라는 말이 있다. 천작이란 하늘이 인간에게 내려준 선한 본성을 말한다. 곧 인의예지신과 충효를 잘 실천해 나간다면 인작, 곧 세속의 벼슬은 저절로 찾아온다는 것이다.

나라가 요구하는 인재란?

대학자 안지추는 『안씨가훈』에서 군자라면 반드시 세상에 공헌할 능력을 키워야 한다고 강조했다. 쓸데없는 공론에 휩쓸리거나 음악을 들으며 책을 펼쳐놓고 있는 것은 그저 봉급만 축내는 일이다. 나라가 요구하는 인재는 다음과 같이 여섯 가지가 있다.

첫째, 중앙정부의 관리로 정치의 도리를 잘 알고 정책을 보는 시야가 넓으며 깊이가 있다.

둘째, 문학과 사학에 능통한 관리로 법률을 잘 기초하고 역사를 기록하여 앞선 경험과 교훈을 잊지 않도록 한다.

셋째, 군사를 담당하는 관리로 결단력이 있고 책략에 뛰어나며 육체가 강건하고 훈련되어 있다.

넷째, 지방을 담당하는 관리로 백성들의 생활과 풍속을 깊이 이해하고 그들을 위해 힘을 다하는 청렴한 인물이다.

다섯째, 외교관으로 국제정치의 변화를 잘 파악하여 최선을 방법을 택하고 군주의 사명을 욕보이지 않고 완수한다.

여섯째, 건설 담당 관리로 계획의 효과를 재보고 그에 맞는 비용을 산출하여 실제로 실현하는 기술이 뛰어난 인물이다.

군자로서 아무리 배우고 익히는 것을 열심히 해도 이런 모든 분야에 정통하기는 불가능하다. 그러므로 저마다 임무의 본질을 이해하고 완수할 수 있다면 부끄럽지 않다는 뜻이겠다.

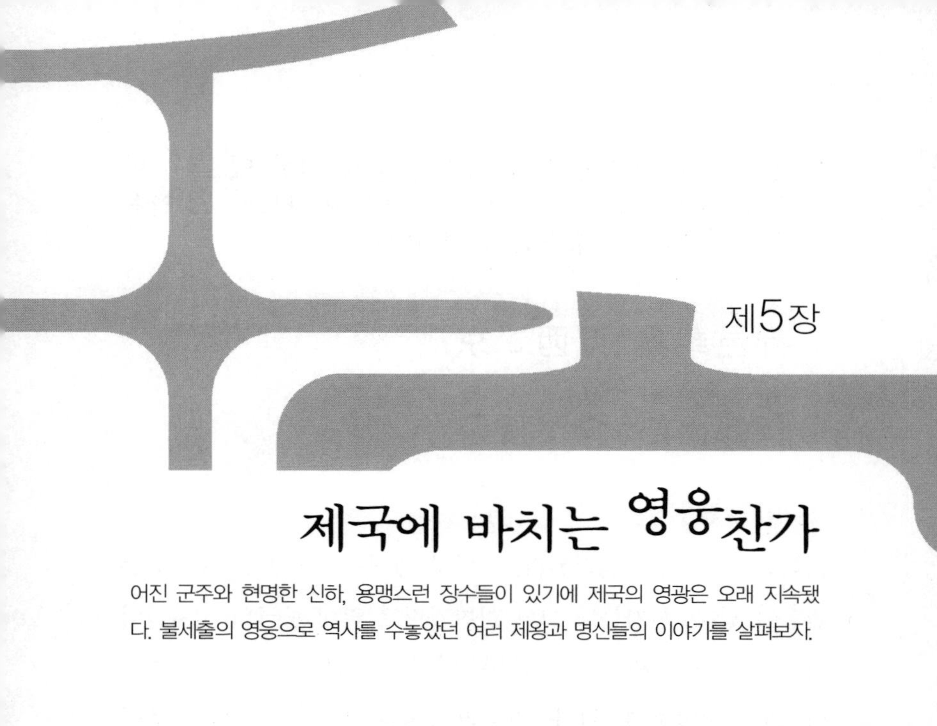

제5장

제국에 바치는 영웅찬가

어진 군주와 현명한 신하, 용맹스런 장수들이 있기에 제국의 영광은 오래 지속됐다. 불세출의 영웅으로 역사를 수놓았던 여러 제왕과 명신들의 이야기를 살펴보자.

중국의 서울은 동경과 서경의 둘로 되어 있으니, 낙양은 북망산을 뒤로 하고 낙수를 바라보며, 장안은 위수를 띄우고 경수를 움켜쥐었다.

도 읍 화 하　동 서 이 경
都邑華夏 東西二京

배 망 면 락　부 위 거 경
背邙面洛 浮渭據涇

기독교에는 '참 아름다워라. 주님의 세계는……'으로 시작되는 찬송이 있다. 천자문도 그와 마찬가지로 역대 중국의 천자들이 다스린 도읍의 위용과 호화로운 대궐, 충성스런 신하들을 침이 마르도록 칭송하고 있다. 일종의 용비어천가龍飛御天歌인 셈이다. 더불어 중국이 왜 찬란한 문화의 중심지가 되었는지를 여러 가지 사례를 통해 설명하고 있다.

도읍都邑이란, 한 나라의 중심도시로 왕이 사는 곳을 말한다. 도읍은 정치의 중심지일 뿐만 아니라 경제, 교통, 교육 등 모든 부문에서 높은 수준을 자랑한다.

화하華夏는 도읍에 많은 주택으로 가득한 정경이다. 빛날 화華자는 나무에 꽃이 피고 열매가 주렁주렁 열려 있는 모양이다. 또 하夏는 작은 집에 사는 주변의 오랑캐에 비해 '지붕을 얹은 큰 집'에 산다는 뜻으로, 이민족들에 대한 중국인들의 우월감을 담고 있다.

현재 중국의 도읍은 북경北京이지만 역대 왕조들이 즐겨 자리 잡았던 곳은 주로 동경과 서경이었다.

동경은 중국 하남성에 있는 낙양洛陽으로 북쪽에 망산, 남쪽에 낙수를 인접한 고장이다. 소공 석이 건설을 주도했고 동주 이후 동한, 위, 진, 후조, 후위의 도읍이었다.

서경은 섬서성 위수 남녘에 있는 서안을 말한다. 주나라 때부터 호경, 함양, 장안이라 불리면서 수나라, 당나라와 같은 여러 왕조의 도읍이었다.

배망면락背邙面洛은 동경인 낙양의 지리적 형세를 설명한 것이다. 망산은 사람이 죽은 다음에 묻히게 되는 곳을 가리키는 북망산北邙山의 유래가 되었고, 낙수는 낙양 남쪽에서 가로질러 황하로 흘러드는 강 이름이다.

부위거경浮渭據涇은 서경인 장안을 묘사하고 있다. 위수는 감숙성 위원현 조서산에서 비롯해 섬서성 대산산에서 평원을 지나 동관현에서 황하로 합수하는 가장 큰 물길로 몹시 맑다. 경수는 감숙성에서 비롯하는 남북 두 개의 물갈래가 합수해 동남쪽으로 흐르다 위수에 합수하는 황하 물결로 몹시 탁하다. 그리하여 '위수와 경수의 물처럼 뻔히 드러나다'라는 말도 생겼다.

장안의 현재 이름은 서안西安이다. 실크로드의 출발점으로 동서 문화의 중심지였고, 중국의 운명을 좌지우지했던 역사적인 도시이다. 진시황의 병마용 갱, 당현종과 양귀비의 로맨스 장소인 화청지 등으로 오늘날에는 세계적인 관광지가 되었다. 당나라 때

가장 번성했는데 길거리는 동서가 8킬로, 남북이 8킬로에 달했고 150만 명의 인구가 상주했던 당대의 세계적인 대도시였다. 787년 무렵에는 장안에 머물던 외국 사신과 그들의 일행이 4천여 명이나 되었다고 한다.

희비가 교차했던 동경과 서경

본래 서경은 주나라 무왕이 은나라를 멸망시키고 호鎬 땅에 도읍을 정함으로써 번성했다. 그 후 서북방의 이민족인 견융의 침입으로 12대 유왕이 죽고 나서 기원전 770년에 13대 평왕이 도읍을 낙읍으로 옮긴다.

낙읍 천도 후, 주나라 왕실은 점차 권위를 잃어갔고 제후들이 각 지방에 할거하게 되면서 춘추전국시대가 시작되었다.

그때부터 수많은 제후국들이 약육강식의 정글법칙에 따라 흥망성쇠를 거듭했다. 결국 진나라에 의해 대륙은 통일되었지만 진시황 사후 다시 혼란기를 거쳐 한나라에 의해 대륙은 재통일되었다. 한고조 유방이 도읍을 장안으로 정함으로써 555년 만에 다시 서경이 중국의 도읍이 된다.

그런데 전한 말기에 외척 왕망이 나라를 빼앗아 신新이라는 신생국가를 출발시켰고, 17년 뒤 광무제 유수가 신을 멸망시키고 후한을 연 다음 도읍을 다시 낙양으로 옮겼다.

하지만 낙양은 후한 말기 동탁에 의해 폐허가 되었다. 이때 다시 장안이 도읍이 되었는데, 위진 시대에는 또 다시 낙양이 도읍으로 회생했다. 이처럼 동경과 서경은 역사의 회오리가 휘몰아칠 때마다 그 성쇠가 뒤바뀌었다.

궁전은 굽이굽이 들어차 있고, 누각과 관대는 새가 날고 말이 놀라 솟구치는 듯하다.
온갖 동물과 신선과 신령한 것을 그려 색칠했다.

궁전반울 누관비경
宮殿盤鬱 樓觀飛驚

도사금수 화채선령
圖寫禽獸 畵綵仙靈

이 문장은 궁전의 위용과 누각, 관대에 숨겨진 인간의 욕망을 그린 다음 영험한 동물의 능력을 빌어 영광된 현실이 영원하기를 축원하고 있다.

궁宮이란 글자는 갓머리와 등뼈 여呂로 이루어졌는데 여呂자는 네모난 작은 방들이 길에 이어져 있는 모양이다. 또 전殿은 진나라 이전까지 모든 큰 집을 나타내는 일반명사였다. 그러므로 궁전宮殿이란 큰 집 아래 작은 방들이 가득 나누어져 있는 집을 말한다. 하지만 진시황 때부터 황제가 사는 집을 표현하는 글자로 굳어졌다. 그때부터 전이란 글자를 민간에서는 쓸 수 없었다.

반울盤鬱은 굽이굽이 여러 군데로 돌면서 뻗어나가는 모양을 말하고, 누관樓觀은 누각樓閣과 관대觀臺를 뜻한다. 궁전이 크면 클수록 그곳을 튼튼하게 지키기 위한 초소도 필요하지만 권력자가 담장 밖을 지켜보면서 위세를 실감하고 즐길 수 있는 공간 역시 필요한 법이다. 그 필요가 바로 높고 아름다운 누각으로 나타난다.

하지만 이런 공간에 너무 탐닉하게 되면 권력 자체가 위험해진다. 은나라 주왕이 지은 녹대나 진시황의 아방궁이 그 증거이다.

예부터 궁전과 누각, 관대의 벽과 천장에는 상서로운 동물인 봉황, 용, 백호, 기린들을 그려 넣고, 장생불사의 열 가지 상징인 십장생을 그려 넣었다. 초자연적이고 영험한 것들을 그려 넣어 권력이 영원히 지속될 것을 기원했던 것이다. 그렇지만 이런 상징적인 동물은 역시 인간의 환상에 불과한 법. 화무십일홍花無十日紅이라는 세간의 조소처럼 권불십년權不十年을 극복하지 못했던 것이 혼란기의 중국 왕조였다.

신하들의 거처가 나란히 열려 있고, 좋은 휘장이 기둥 사이에 드리웠다. 홑자리와 겹자리를 깔고, 비파를 뜯고 생황을 분다.
섬돌에 올라 궁전에 들어가니, 구슬 흔들리는 것이 별인 듯 어리둥절하다.

병 사 방 계 갑 장 대 영
丙舍傍啓 甲帳對楹

사 연 설 석 고 슬 취 생
肆筵設席 鼓瑟吹笙

승 계 납 폐 변 전 의 성
陞階納陛 弁轉疑星

제국의 위용이 도읍의 규모와 궁전의 화려한 장식을 통해 발휘된다면 황제의 권위는 성대한 의식으로 표현된다. 그러므로 이 문장에서는 황제의 대관식에서 성대한 잔치를 벌이는 모습을 그리고 있다. 온갖 휘장이 둘러쳐진 마당에 자리가 깔려 있고 악사들이 흥겨운 음악을 연주하는 가운데 문무백관들이 황제에게 하례를 드리러 나아가는데, 머리를 조아릴 때마다 모자에 장식된 구슬이 별빛처럼 반짝이는 정경이다.

병사丙舍는 황제의 시종들이 사는 집이다. 후한 때부터 대궐은 황제가 있는 정전을 중심으로 한 대칭구조로 지어졌다. 이 대칭구조의 틀 안에서 신하들이 머무는 전각을 짓고, 십간十干의 순으로 이름을 붙였다. 그러므로 병사는 그중에 세 번째 집을 말한다.

갑장甲帳은 갑을장甲乙帳의 준말로, 최고급 비단에 귀한 보석들을 치장해서 만든 휘장이다. 한무제 때 동방삭[22]이 두 개를 만들어 가장 좋은 갑장甲帳은 신전에 쳤고, 을장乙帳은 황제 침상에 드리운 것이 전통이 되었다. 이것은 황제의 권위가 하늘로부터 왔다는 것을 상징하기 위한 장치이다. 후한의 반고가 지은 『한무고사』에 다음과 같은 기록이 있다.

"유리, 주옥, 명월주, 야광주 등 여러 가지 진귀한 보옥들로 장식해 갑장을 만들고 그 다음 을장을 만들었다. 갑장은 신전에 둘러치고 을장은 어전에 둘러쳤다."

황제의 대관식에는 모든 복식이나 절차에 있어서 엄격한 위계질서가 존재했다. 자리를 마련하는 법도 엄격했는데, 처음 땅에 한 겹으로 깔면 연筵이고 그 이상이면 석席이었다. 그러므로 '참석' 한다는 말은 좋은 자리에 앉는다는 뜻이 된다.

이렇게 준비를 마치고 황제가 등장하면 악사들은 북을 치고 비파를 타고 생황을 불면서 연회 분위기를 고조시켰다. 『시경』에 "내게 좋은 손님이 오셔서 비파를 타고 생황을 불며 즐기네."란 구절이 있는데 고슬취생鼓瑟吹笙은 이것을 다시 쓴 것이다.

계階는 궁전 앞뜰에서 황제가 있는 궁전으로 올라가는 섬돌을 말한다. 또 폐陛는 황제만 오르내릴 수 있는 궁궐 안에 있는 층층대이다. 이런 것을 보면 폐하라는 명칭이 어떻게 생겨났는지 추측할 수 있다. 즉, 황제를 함부로 부를 수 없었던 신하들은 '폐陛 아래서 황제를 모시는 아랫것'이라는 의미로 폐하陛下란 말을 썼다. 따라서 폐하는 황제나 황후, 태황태후나 황태후를 높여 부르는 호칭[23]이다.

행사가 본격적으로 진행되면 고관대작들이 예복을 입고 천천히 황제 앞에 나아가 하례를 드린다. 이때 그들이 쓴 관에 매달린 구슬이 반짝반짝 빛나는 모양이 마치 하늘에 뜬 별의 움직임 같다고 하여 생겨난 표현이 변전의성弁轉疑星이다.

중국의 궁전

기록에 의하면 중국의 궁전은 기원전 7세기부터 지어졌다. 초기 궁전을 대표하는 것은 진시황 때의 함양궁과 아방궁이다. 뒤를 이어 한나라 장안성의 장락궁과 미앙궁, 건위궁, 감천궁도 규모가 매우 컸다. 일례로 미앙궁의 경우 전각과 대가 43동, 못이 13개소, 산이 여섯 곳 있었다고 하니 우리나라의 경복궁과는 비교조차 되지 않는다. 수나라의 낙양궁과 당나라의 장안궁도 그에 못지않은 규모를 자랑했지만, 역시 가장 규모가 큰 궁전은 명나라 영락제 때 지어진 자금성이다.

자금성紫禁城의 명칭은 '북두성의 맨 북쪽에 위치한 자궁紫宮이 천자가 거처하는 곳'이라는 개념에서 유래했다. 남북이 약 1천m, 동서 760m의 성벽에 전체면적은 72만m²로, 총 9999개의 방이 있는 세계 최대의 궁전이다.

정문은 남쪽의 오문午門이고 태화문을 지나면 3전으로 불리는 태화전과 중화전, 보화전으로 이어진다. 나라의 중요한 행사가 열렸던 정전인 태화전의 길이는 64m이다. 태화전에는 스물여섯 개의 큰 기둥이 있는데, 금물을 들인 한복판의 기둥 여섯 개에는 용이 새겨져 있다. 용의 발가락은 다섯 개로 황제를 상징한다. 이에 비해 제후국들의 궁전에서 사용하는 용의 발가락은 네 개였다.

오른쪽은 광내전으로 통하고 왼쪽은 승명전에 닿는다. 이미 분전을 모았고, 또 뛰어난 무리도 모았다.

우 통 광 내　좌 달 승 명
右通廣內 左達承明

기 집 분 전　역 취 군 영
旣集墳典 亦聚群英

황제가 되면 무엇보다도 백성들의 생활을 살피고 이민족의 침략에 대비하는 한편 나라의 문명수준을 높이는 데 주력하는 것이 정석이었다. 그러므로 이 대목에서는 학문을 장려하고 인재를 선발하는 등 선정을 펼치는 황제의 은덕을 칭송하고 있다.

중국의 전통적인 궁전배치도에 의하면 황제가 일을 보는 정전 우측에 광내전, 좌측에 승명전이 있었다. 광내전은 한나라 때 황제가 인문 정치를 펴고자 궁궐 안에 두었던 서고이다. 이 서고에 보관된 서적들은 외부로 유출되는 것이 철저하게 금지되었으므로 비서秘書라고도 불렸다. 또 승명전은 학자들이 온갖 고전과 전적들을 교열하던 곳이다.

광내전에는 삼황오제 때의 사적을 담은 삼분三墳과 오전五典을 모아두었다. 이를 합쳐 분전墳典이라고 하는데 삼황의 글이 삼분, 오제의 글이 오전이다. 이와 같은 서책들을 궁전에 두고 조정에서 일일이 통제했던 것은 일종의 우민정책愚民政策이었다. 궁정의 고급지식을 이용해서 절대왕권에 대항하는 세력이 생겨날까 우려했던 것이다.

실제로 춘추시대의 제자백가들은 이런 서적의 유출로 인해 민간지식층이 대규모로 등장한 사건이었고, 이로 인한 권력 누수현상은 지배계층에게는 눈엣가시와 같았다. 진시황의 분서갱유는 이런 분위기에서 저질러진 사건이었다.

한편 승명전을 통해서는 천하의 영재들이 모여 책의 뜻을 밝게 풀이하고 따져보게 함으로써 나라를 올바르게 다스리는 데 도움이 되게 했다. 하지만 실제로 이곳은, 지식의 외부 유출을 철저히 통제하고 권력계층의 지식만 더욱 발전시켜 특권의식을 고양하고 내부의 결속을 다지려는 의도로 이용되었을 것이다.

두백도의 초서와 종요의 예서가 있고, 옻칠로 쓴 벽 속의 경전이 있다.

두 고 종 예 칠 서 벽 경
杜稾鍾隸 漆書壁經

이 대목은 중국 문화에 있어 중요한 의미를 지닌 두 가지 사건을 담고 있다. 한 가지는 한자의 서체 변화에 대한 내용이요, 또 하나는 분서갱유 이후 맥이 끊어졌던 유가의 경전들이 극적으로 발견되어 유학이 되살아난 사건이다.

광내전에는 귀한 보물들이 많았는데 앞서 설명한 분전을 비롯해 후한 때 초서를 잘 썼다는 두백도의 사초도 있었고, 예서를 잘 쓴 위나라 종요의 글도 있었다. 여기서 중요한 것은 노나라 공왕 때 공자의 옛집을 헐다가 벽 틈에서 언은 벽경壁經이다.

벽경은 죽간 위에 옻나무 진액으로 먹물을 대신한 칠서로 씌어졌다. 칠서는 위가 굵고 아래는 가늘어 과두蝌蚪(=올챙이) 모양 같다고 해서 과두문자라 불리기도 했다. 벽경의 종류는 『고문상서』를 비롯해 『논어』, 『효경』 등으로 실전된 지 오래된 유가의 보물이었다.

한자 서체의 변화

고대 중국인들은 글자와 그림이 하나의 근원을 가지고 있다고 믿었다. 육서六書가 상형象形에서 시작한 것이 바로 그 증거이다. 한자의 서체는 일반적으로 고대의 갑골문을 제외하고 다섯 가지로 구분된다.

첫째, 전서篆書는 춘추전국시대 이전부터 다양한 형태를 보이던 한자를 진시황이 승상 이사李斯를 시켜 통일한 서체이다. 고자古字를 많이 닮았고, 소전체小篆體라고도 불린다.

둘째, 예서隸書는 전서와 마찬가지로 진시황 때 만들어졌는데, 주로 죄수를 다루는 관리들이 많이 사용했다. 지금은 예술작품으로 더 많이 쓰이고 있다.

셋째, 해서楷書는 후한시대에 완성된 서체로 지금의 모습과 같다. 해楷는 자공이 공묘에 심었다는 나무로서 '본보기, 모범'의 뜻으로 해석된다. 곧 해서란 표준으로 삼을 만한 서체를 말한다.

넷째, 초서草書란 간략하고 빠르게 쓸 수 있는 서체이다. 실용적이긴 하지만 알아보기 어려워 예술작품으로 많이 쓰인다.

다섯째, 행서行書란 이른바 흘려 쓰는 서체로, 초서의 난해함과 해서의 반듯함을 섞어놓은 듯한 서체이다.

관부에는 장수와 정승들이 벌여 있고, 길은 공경들의 집을 끼고 있다.

부라장상 노협괴경
府羅將相 路俠槐卿

부라장상府羅將相은 관청에서 여러 관리들이 각자 제자리에서 나랏일을 보는 정경을 묘사한 것이다. 공적인 사무를 보는 장소를 부府라고 한다.

궁궐 밖에는 삼공구경三公九卿[24] 대부들의 집이 길을 끼고 늘어서 있었다. 괴槐는 홰나무인데, 고대 주나라에서는 가운데 길 양옆으로 홰나무 세 그루와 가시나무 아홉 그루를 심었다. 좌측에 심은 홰나무 뒤에는 삼공三公이 살았고, 우측에 심은 가시나무 뒤에는 구경九卿이 살았다. 그래서 괴경이 삼공구경을 뜻하게 된 것이다.

괴경槐卿은 다른 말로 괴극槐棘이라고도 한다. 극棘은 가시나무이다. 가시나무는 꼿꼿하게 자라는 나무로 엄격한 형벌을 상징하므로 관리로 하여금 정사를 공평무사하게 심의하고 또 엄격하게 시행하라는 의도였다. 이 대목은 삼공구경과 같은 관리들의 수레가 줄지어 길을 가득 메우고 있다는 뜻으로도 해석된다.

삼공三公은 한나라 초기에는 승상, 태위, 어사대부를 뜻했다가 후한 때는 태위, 사도, 사공으로 바뀌었다. 당나라 때는 삼공 위에 태사, 태부, 태보 등 삼사三師란 명예직도 있었다. 구경九卿은 주나라 때의 벼슬로 소사少師, 소부少傅, 소보少保, 총재冢宰, 사도司徒, 종백宗伯, 사마司馬, 사구司寇, 사공司空을 말한다.

여덟 고을을 식읍으로 하고, 그 가문에 많은 군사를 주었다.

호봉팔현 가급천병
戶封八縣 家給千兵

황제는 자신의 가족이나 나라에 공을 세운 신하들에게 여덟 고을의 백성에게 나오는 소득을 거둘 수 있는 권한을 주고, 많은 군사를 거느리게 해 재산을 남에게 빼앗기지 않도록 배려했다는 뜻이다. 8현이란, 한고조 유방이 건국공신들에게 땅을 준 일을 본보기로 삼은 말이다. 천병千兵은 1천 명의 군사가 아니라 무수히 많은 군사를 표현하는 수식어이다.

제후들이 황제에게 충성하다 보면 백성들에게 원성을 살 수도 있다. 그러므로 사병을 주어 자신을 지킬 수 있게 해주었던 것이다. 군주에게는 충신도 필요하지만 때론 간신도 필요한 법이다. 그들의 세력을 잘 조정하면서 다스리는 것 또한 황제의 책무였다.

유방의 토사구팽

한나라를 세운 유방은 중국 역사상 최초의 평민 황제였다. 그는 패 땅의 시골뜨기였지만 타고난 친화력과 대인의 풍모로 사람들을 끌어 모아 강대한 세력을 형성했고, 초나라의 영웅 항우와 건곤일척의 승부에서 승리함으로써 새로운 왕조의 주인이 되었다.

유방은 한나라를 세운 다음 천하를 여덟 조각으로 나누어 건국 공신들에게 나누어 주었다. 이때 유방의 일족 외에 제후가 된 사람은 초왕 한신, 양왕 팽월, 회남왕 경포, 조왕 장오, 한왕 한신, 장사왕 오예, 연왕 장도 등 일곱 명으로 한왕 한신은 명장으로 널리 알려진 초왕 한신과는 동명이인이다.

그런데 유방은 즉위하자마자 이들 제후들을 차근차근 제거했다. 여섯 명의 제후들을 반란죄의 명목으로 죽이고, 무력했던 장사왕 오예만을 남겨두었던 것이다. 자신의 성공에 극적인 공헌을 했던 명장 한신도 예외가 아니었다. 그런 다음 유방은 황족인 유씨가 아니면 누구도 제후가 될 수 없다는 법령을 만들어버렸다.

이와 같은 대량숙청의 피바람은 왕조의 초기에 벌어지는 필연적인 현상이다. 왕권을 강화하고 신권을 무력화시키지 않으면 절대적인 충성의 서약이 불가능해지기 때문이다. 이 과정에서 "제후가 무도하여 사직을 위태롭게 하면 곧 현명한 사람으로 바꾼다." 라는 맹자의 구절도 좋은 명분으로 사용되곤 했다. 전제정권의 정치논리에 유가의 이론이 적절하게 부합되고 있음을 알 수 있다.

고관들이 황제의 수레를 모시니, 바퀴가 굴러갈 때마다 끈과 술이 휘날린다.
대대로 녹을 받아 부유해지니 말은 살찌고 수레는 가볍다.

고 관 배 련 구 곡 진 영
高官陪輦 驅轂振纓

세 록 치 부 거 가 비 경
世祿侈富 車駕肥輕

고관高官이란 높은 벼슬아치나 귀족을 뜻하는 고관대작高官大爵의 준말이다. 연輦은 글자 모양대로 두 사람이 앞에서 끈다는 뜻으로 천자의 수레를 말한다. 배련陪輦이란 높은 사람이 탄 수레의 좌우를 따라가면서 모신다는 뜻이니 곧 신하들을 거느린 황제의 행렬을 묘사한다.

조선의 정조임금이 부친 사도세자의 위패를 모신 현륭원으로 행차하는 광경을 그린 '정조대왕화성행행반차도' 란 기록화를 보면 문무백관을 비롯해 나인들과 경호무사에 이르기까지 엄청난 규모를 자랑한다. 변방의 왕이 이러할진대 황제의 행차는 어떠했을까.

세록世祿은 대를 이어 황제에게 받은 녹봉을 뜻하고, 거가車駕는 천자의 탈것을 통틀어 말한 것이다. 제왕에게 충성을 다하면 자연히 부귀영화를 누린다. 그렇게 권력의 핵심에서 활동하는 사람의 외모는 화려할 수밖에 없는데, 그것이 끈과 술이 흔들리는 장식으로 나타난다.

예로부터 나라를 위해 공을 세우거나 황제에게 충성을 바친 사람에게는 명예뿐만 아니라 실질적인 보상이 뒤따랐다. 현재의 삶은 물론 자손들까지도 잘 살게 해준다는 약속이 있었던 것이다. 치부는 명예보다 현실적이다.

비경肥輕은 비마경구肥馬輕裘의 줄임말로 살찐 말과 짐승 가죽으로 만든 매우 가벼운 옷을 뜻한다. 고관대작들은 부유하기 때문에 가벼운 옷과 살찐 말을 타고 다녔다. 오늘날 자동차의 수준으로 신분의 잣대를 삼는 풍조와 별반 차이가 없는 것이다

꾀로 이룬 공이 무성하고 알차니, 비에 새겨 명문으로 파놓는다.

策功茂實 勒碑刻銘
책공무실 늑비각명

책공무실策功茂實은 "공이 많은 사람에게는 힘써 상을 주시다."라는 『서경』의 문장을 다시 쓴 것이다. 신하들에게 상을 주고, 그들의 공적을 비석에 새겨 후세에 전하는 것은 당사자에겐 매우 영광스런 일이다. 이렇게 공적을 새긴 비석을 세우는 일은 진시황 때부터 시작되었다.

진시황은 과단성과 잔인함으로 잘 알려져 있지만 그것은 과장된 바가 없지 않다. 진나라는 냉정한 법치로 힘을 길러 중국을 통일시켰는데 그 시행과정의 오류를 진시황이 대부분 뒤집어썼던 것이다. 기실 그는 몹시 부지런한 황제로, 문자와 도량형을 통일시키고 장성을 개축하는 등 무수한 업적을 남김으로써 훗날 중국이 세계의 대제국으로 알려질 수 있도록 해주었다. 말년에 그는 중국 전역을 둘러보며 자신의 위세를 과시하고 제후들의 정치를 살피면서 여섯 개의 비석에 그 과정을 상세하게 새겨두었다.

글자 없는 비석 무자비無字碑

중국에는 '글씨 없는 비석'이라는 뜻의 무자비가 있는데, 대표적인 것이 건릉에 있는 측천무후의 무자비와 태산 정상에 있는 한무제의 무자비이다.

당나라 고종과 측천무후가 함께 묻혀 있는 건릉의 거대한 비석에는 글자가 한 자도 씌어 있지 않다. 13세에 태종의 후궁으로 들어와 아들 고종의 황후가 되었고, 남편이 죽은 뒤에는 전무후무한 여황제로서 군림했던 측천무후의 비석에 왜 글자가 없을까. 그 이유는 세 가지로 압축된다. 첫째, 측천무후 자신의 공로가 너무 커 일일이 문자로 형상화 하기 어려우니 무자비로 남겨두라는 유언을 했다는 것. 둘째, 자신의 공로에 대해 후세 사람들이 직접 평가할 수 있도록 일부러 비문을 비워두었다는 것. 셋째, 측천무후의 아들이 비석을 세우며 비명을 황제로 해야 할지 황후로 해야 할지 몰라 그냥 두었다는 것 등이다. 어쨌든 글씨 없는 무자비는 측천무후 자신의 성찰과 평가 유보의 의미로 남겨놓은 기념물이다.

태산 정상에 있는 한무제의 무자비도 유명하다. 한무제는 하늘에 제사 지내는 봉선의식을 위해 태산에 올랐다가 느낀 벅찬 감흥을 차마 글로는 표현할 수 없다 하여 비석에 글을 새기지 못하게 했다고 한다.

비석이란 본래 칭송에 칭송을 더하는 글귀로 가득 채워지기 마련이다. 하지만 그렇듯 텅 비어 있기에 뜻 깊은 경우도 있다.

태공망과 이윤은 때를 도와 천하를 바로잡았고, 주공은 곡부를 안정시키니, 주공 단이 아니면 누가 다스릴 수 있었으랴.

반계이윤 좌시아형
磻溪伊尹 佐時阿衡

엄택곡부 미단숙영
奄宅曲阜 微旦孰營

중국 역사에서 태평성대의 대표적인 왕이라면 요순을 꼽는다. 마찬가지로 재상으로써 상징적인 인물은 이윤과 강태공이다. 두 사람이 없었다면 은나라나 주나라의 탄생은 불가능했을지도 모른다.

그들은 모두 일인지상 만인지상의 위치에서 천하의 운명을 좌우했고, 그들이 보필한 임금보다 더한 영광을 역사에 아로새겼다. 특히 주공 단은 공자가 최고의 성인으로 꼽는 인물이었다. 여기에서 이윤과 강태공의 순서를 바꾼 것은 문장의 운을 맞추기 위해서이다.

반계磻溪는 주나라 문왕을 도와 제후에 봉해진 태공망 여상이 낚시질하던 곳으로 위수의 남쪽에 있다. 태공망이란 문왕의 아버지인 태공이 늘 기다리고 바라던 사람이란 뜻이다. 이 이야기는 갑작스런 낙하산 인사에 조정 신하들이 품게 될 불만을 잠재우기 위해 문왕이 지어낸 이야기라고도 한다. 그러니까 여기에서는 강태공을 말하기 위해 반계를 차용한 것이다.

이윤伊尹은 은나라 탕왕을 도와 은왕조를 세운 인물이다. 좌시 아형이란, 그가 큰 공을 세웠으므로 아형阿衡, 곧 재상의 자리에 올랐다는 뜻이다. 이윤은 원래 신씨 부족의 공주가 시집갈 때 딸려 보낸 종이었는데, 훗날 탕왕의 몸종이 되었다. "이윤이 솥을 지고 칼을 찬 채 탕임금을 위해 일했다."라는 기록이 『노련자』에 전하는 것으로 보아 처음에는 요리사였던 것으로 보인다.

주공 단은 주나라를 일으킨 무왕의 동생이자 성왕의 숙부이다. 무왕은 숙원이었던 은나라 정벌에 성공하자 주왕의 아들 무경을 제후로 책봉해서 은나라 유민들을 다스리게 했다. 그와 함께 동생 관숙과 채숙으로 하여금 그를 감시하게 한 다음 2년 후 세상을 떠났다.

주공 단은 이때 어린 태자 송이 제위에 오르자 섭정攝政이 되어 나라를 다스렸다. 이때 관숙과 채숙, 곽숙 등이 무경과 함께 반란을 일으키자 그는 친히 군사를 이끌고 출동해 2년 만에 반란을 진압했다. 주변에서는 어린 성왕을 폐하고 그가 왕이 되어 나라를 다스리는 것이 백성들에게 이롭다고 생각했지만 그는 끝까지 변절하지 않았다. 그 공으로 훗날 노나라의 제후가 된 그는 곡부에 자리 잡고 어진 정사를 펼쳤다.

이후 곡부는 그의 아들 백금이 이어받아 노나라의 도읍으로 튼튼하게 자리 잡았으며, 공자가 태어난 유교의 성지로서 현재까지 그 영광을 유지하고 있다.

환공은 천하를 합쳐 바로잡았고, 약한 자를 건지고 기우는 자를 붙들어주었다.

환 공 광 합 제 약 부 경
桓公匡合 濟弱扶傾

제환공은 춘추오패 즉, 제환공, 진문공, 진목공, 송양공, 초장왕 가운데 으뜸으로 추앙받는 인물이다. 이번 문장은 그가 제후들을 모아 회맹을 하여 천자에게 충성을 맹세케 하고, 약한 나라를 보호해주며 기울어가는 나라를 붙들어주었다는 뜻이다.

제환공은 춘추시대에 최초로 등장한 패자였다. 그의 치세에는 명재상 관중과 친구 포숙아의 우정이 유명하다. 그들의 관계가 없었다면 환공의 명성 또한 없었을 것이다. 그때의 역사로 잠시 되돌아가보자.

제나라 희공 때 셋째 공자였던 소백은 포숙아의 보필을 받았다. 이때 포숙아는 친구인 관중을 둘째 공자 규에게 추천해 섬기게 했다. 이윽고 희공이 죽자 맏아들 제아가 왕위에 올랐는데 그가 양공이다.

양공은 즉위하자마자 철권정치를 펼치며 왕권에 위협이 될 만한 경쟁자들을 제거해 나갔다. 이에 위협을 느낀 공자 규는 외가인 노나라로 도망쳤고 소백은 외가인 위나라가 멀었으므로 가까운 거莒 땅으로 도망쳤다.

몇 년 뒤 양공의 사촌동생 무지가 반란을 일으켜 양공을 죽이고 그 자신도 암살당하고 말았다. 그리하여 제나라에는 왕위가 비게 되었다.

그 소식을 들은 공자 규와 소백은 서로 왕위를 차지하기 위해 귀국을 서둘렀다. 하지만 거리상으로 거 땅에 있던 소백이 훨씬 유리했다. 그러자 공자 규를 섬기던 관중은 기병을 이끌고 달려와 소백을 향해 화살을 날렸다.

다행히도 그 화살은 허리띠에 달린 쇠고리를 맞춘 까닭에 소백은 목숨을 건질 수 있었다. 이렇게 해서 천우신조로 귀국에 성공한 소백이 제나라의 왕위에 오르니 그가 바로 환공이다.

그는 급히 군대를 모아 공자 규가 이끌고 온 노나라 군대를 급습하여 그를 죽이고 관중을 포로로 잡았다. 이윽고 그가 관중을 죽이려 하자 포숙아가 그를 말렸다.

"전하께서 한 나라의 왕으로 만족하려면 그를 죽여도 좋습니다. 하지만 장차 천하를 제패하고자 한다면 관중을 살려 요긴하게 쓰십시오."

환공은 이런 포숙아의 간곡한 주청을 받아들여 관중을 용서해 주고 재상으로 삼았다. 과연 관중은 타고난 능력을 한껏 발휘하여 제나라를 강대국으로 만들었다. 환공은 그 힘을 바탕으로 주나라에 공물을 바치지 않는 초나라를 꾸짖고, 연나라를 침략한 산융을 물리치고, 위나라에 쳐들어온 융적을 쫓아냈다.

이때 환공이 내세운 것이 천자를 받들어 오랑캐를 물리친다는 존왕양이尊王攘夷사상이었다. 이 존왕양이는 후일 대제후들이 영토 확장을 할 때 주 메뉴로 이용되었는데, 이것이 효력을 잃자 전국시대가 도래했다.

제환공의 약속

제환공은 노나라와 세 번 싸워 세 번 다 이겼다. 이에 노나라 장공이 두려워하여 수 땅을 떼어주고 화친을 제의했다. 그리하여 두 나라는 가柯 땅에서 모임을 가졌는데, 이때 제환공의 이름을 천하에 드높이는 계기가 된 사건이 벌어졌다.

두 나라의 임금이 신하들을 배석하고 정상회담을 하고 있는 자리에서 제나라 군대에 패했던 노나라의 장수 조말이 갑자기 비수를 들고 환공 앞에 나타나 환공에게 빼앗아간 노나라의 땅을 내놓으라고 협박했다. 목숨이 달린 일이라 환공은 어쩔 수 없이 수락할 수밖에 없었다. 그렇게 위기를 모면한 뒤 환공이 약속을 파기하고 조말을 죽이려 하자 관중이 말렸다.

"군주가 한번 약속한 것을 깨면 천하의 웃음거리가 됩니다. 전하께서 조말에게 한 약속을 지킨다면 천하의 신망을 얻을 것입니다."

이에 환공이 약속대로 노나라의 땅을 돌려주자 뭇 제후들이 그의 신의에 감탄했다. 그 결과 강력한 무력에 제후들의 신망까지 얻게 된 환공은 뭇 나라들을 영도하는 대제후로서 위세를 떨치게 되었다.

기리계는 한나라 혜제를 돌아오게 했고, 부열은 무정을 감동시켰다

기 회 한 혜 설 감 무 정
綺回漢惠 說感武丁

기리계는 상산사호商山四皓라 불리던 한나라 때의 현자 중 한 사람이다. 부열은 은나라의 현인이고, 무정은 은나라의 천자 고종이다. 이 문장은 기리계를 비롯한 상산사호가 한고조의 마음을 돌리게 해 혜제가 황제가 되게 해주었고, 부열은 무정과 자신의 뜻이 통하는 것을 알고 재상이 되어 보필했다는 내용이다.

상산사호란 진나라 말기에 난리를 피해 상산에 은둔했던 기리계, 동원공, 하황공, 녹리선생을 말한다. 이들은 여든이 넘은 노인들로 수염과 눈썹이 하얗게 세었으므로 상산사호라고 불렸다.

황후 여씨는 한고조 유방이 총애하는 척부인의 소생을 위해 태자를 폐하려 하자 장량이 알려준 계책대로 상산사호를 불러들여 태자를 지켜냈다. 그 전말은 다음과 같다.

혜제를 등극시킨 상산사호

초패왕 항우와의 천하를 건 쟁패전에서 승리한 한고조 유방의 곁에는 여장부女丈夫인 황후 여씨가 있었다. 그러나 평화가 찾아오자 유방은 성격이 남다른 여후보다는 아름답고 여자다운 척부인을 더 사랑하게 되었다. 그래서 태자마저 폐하고 척부인과의 사이에서 난 여의를 태자로 삼으려 했다.

여후는 이와 같은 유방의 마음을 알아채고 분개했지만 특별한 방도가 떠오르지 않았다. 남편의 사랑을 빼앗긴 데다 아들마저 태자에서 쫓겨날 것을 생각하니 분노가 치밀어 올랐다. 고민하던 여후는 친정 동생 여택을 장량에게 보내 계책을 물었다. 장량은 적장자가 후계자가 되지 못하면 벌어질 장차의 혼란을 우려해 지혜를 빌려주었다.

"현인으로 유명한 상산사호를 초청하여 태자와 어울리게 하십시오. 평소에 폐하께서도 그들을 그리워하셨으니 반드시 뜻하는 바를 이룰 것입니다."

얼마 후 유방이 궁중에서 큰 연회를 열었다. 그러자 태자는 여후의 지시대로 상산사호를 모시고 그 자리에 참석했다. 좌중에 흰 수염으로 가득한 네 명의 노인이 앉아 있는 것을 보고 유방이 불러 물었다.

"그대들은 대체 누구인가?"

"저희들은 상산사호라는 보잘것없는 명호를 가진 사람들입니다."

"예전에 내가 그대들을 불러도 오지 않더니 어찌하여 오늘 태자와 함께 있는 것이오?"

"저희들은 태자께서 어진 선비를 좋아하신다는 말씀을 듣고 산에서 내려온 지 오래되었습니다."

그 일로 인해 유방은 태자를 갈아 치우겠다는 생각을 포기하고 보위를 물려주었다. 하지만 혜제는 등극한 뒤에 어머니 여태후가 여의를 독살하고, 척부인의 사지를 자른 다음 장님과 벙어리로 만들어 돼지우리에 가두는 등 잔혹한 복수극을 벌이자 충격을 받아 7년 만에 세상을 떠났다.

무정의 유정有情한 인사 정책

무정은 은나라의 22대 왕이다. 그가 등극했을 때 은나라는 성군이었던 반경 이후, 소신과 소을의 치세를 거치는 동안 국력이 크게 쇠퇴한 상태였다. 그래서 신하들은 왕에게 적극적으로 정사에 임해달라고 채근했다. 그러자 무정은 고개를 저으며 말했다.

"나는 부덕하여 정사를 올바르게 행할 능력이 없소. 그런데 천제께서 꿈에 나타나 현인을 추천하시며 그와 정사를 상의하라고 하셨소. 하지만 그대들이 받아들이지 않을까 두렵소."

"폐하께서 원하는 인물이라면 누가 반대하겠습니까? 어서 그를 찾아 중용하십시오."

이렇게 신하들의 추인을 받은 무정은 꿈에 본 사람을 찾게 하니 그가 바로 현인 부열溥說이었다. 이윽고 왕이 부열을 재상으로 삼아 정사를 맡기니 그는 현명한 정책으로 백성들을 편히 살게 하고 나라를 부강하게 만들었다.

사실 등극 초기부터 무열의 모든 행동은 부열을 받아들이기 위한 계략이었다. 그는 태자였을 때 제왕수업을 하라는 부왕의 뜻에 따라 나라 안을 돌아보다가 부암이라는 들판에서 흙일을 하던 부열을 만났다. 무정은 그와 대화를 나누면 나눌수록 깊은 지혜와 고결한 인품에 매료되었다. 이후 왕이 된 무정은 그를 초빙하고자 했지만 신하들의 반대가 걱정되었다. 그래서 꿈을 빙자해 부열을 조정에 끌어들였던 것이다.

과연 이런 왕의 의지에 걸맞게 부열은 훌륭한 정치를 펼쳐 신하들과 백성들의 신망을 얻었으니, 무정의 유정한 인사정책이 성공을 거둔 것이었다. 훗날 은나라를 무너뜨리는 데 결정적 역할을 했던 강태공이 문왕의 꿈 이야기를 통해 신하들의 저항 없이 입성한 일은 바로 무정의 전례를 따른 것이었다.

재주와 덕이 뛰어난 사람들이 힘써 일하니, 선비가 많으면 편안하다.

준 예 밀 물 다 사 식 녕
俊乂密勿 多士寔寧

천 명 가운데 재주와 덕이 뛰어난 사람을 준俊이라 하고, 백 명 가운데 뛰어난 사람을 예乂라고 한다. 밀물密勿이란 신하들이 해야 할 일이다. 이 문장은 이윤과 주공, 부열 같은 인재들이 조정에 있으므로 나라가 편안해졌다는 뜻이다.

중국은 예로부터 다스림을 낫으로 풀을 베는 일에 비유했다. 그래서 인재를 예乂라 했던 것이다. 정사에 참여한 지식인들은 백성들의 다양한 소망을 낫으로 풀을 베어내듯이 깔끔하게 해결해야 한다. 그렇지만 여기에는 지도자의 근심을 쾌도난마처럼 없애버려야 한다는 역설적인 의미도 담겨 있다. 그래서 장부는 독해야 한다는 말이 나온 것일까.

예로부터 성군으로 이름을 날린 제왕들의 곁에는 기개 있는 현인들이 있었다. 탕왕에게는 이윤, 무왕에게는 강태공, 제환공에게는 관중, 유방에게는 장량, 유비에게는 제갈량, 구천에게는 범려, 당태종에게는 위징이 있었다. 그들은 찰떡같은 콤비네이션을 발휘해 목표를 달성했고 자신들의 이름을 역사에 새겼다.

반대로 폭군의 오명을 쓴 제왕들은 간신들의 말에 귀를 기울임으로써 함께 구렁텅이에 빠져들었다. 걸왕과 간신·추치, 주왕과 숭후·악래, 제환공과 개방·수조·역아, 진시황과 조고, 당현종과 이림보·고력사, 청의 만력제와 위충현 등이 역사에 기록된 최악의 파트너들이었다.

준예俊乂는 다재다능한 엘리트이다. 그런 인물들이 조정에 많이 있으면 정사가 순탄하게 풀려나가게 된다. 때문에 성군들은 항상 엘리트를 등용하는 일을 바른 정치의 첫걸음이라고 생각했다. 지식인들 역시 자신의 능력을 마음껏 펼치기 위해 관리가 되는 것을 당연하게 여겼다. 그것은 자기 자신은 물론 가문을 빛나게 하는 군자의 길이었기 때문이다.

진나라와 초나라가 번갈아 패권을 잡았고, 조나라와 위나라는 연횡책으로 어려움을 겪었다.

진 초 갱 패　조 위 곤 횡

晉楚更霸 趙魏困橫

춘추시대 최초의 패자였던 제환공이 죽은 뒤 진문공이 초성왕[25]을 패퇴시키고 패자가 되었다. 하지만 진나라는 영공 대에 이르러 쇠약해지고, 손숙오의 보좌를 받은 초장왕이 패자覇者가 되었다. 이것이 진초갱패晉楚更霸이다.

춘추시대에 패자는 전체 제후들을 통솔할 정도의 힘을 지녔지만 완벽하게 힘으로 제압하기에는 미흡했다. 다른 제후들이 모두 힘을 합하면 패할 수밖에 없었으므로 감히 왕이라 칭하지 못하고 주나라의 천자를 빌미로 하여 제후국들의 분쟁을 중재하고 자신의 힘을 과시하는 데 그쳤다.

전국시대에 접어들면서 천자의 나라인 주나라의 정통성은 완전히 잊혀졌다. 그때부터 일곱 개의 제후국들은 서로를 정복하기 위해서 어떤 명분도 개의치 않았다. 다만 무력만이 최고의 선이었다.

그중에서 진秦나라는 법치주의를 바탕으로 국력을 키워 압도적인 위세로 다른 여섯 나라를 위협했다. 당시 조나라 출신의 유세객 소진은 여섯 나라끼리 연합해 진나라에 대항하자는 합종책을 내세웠다.

"뭉치면 살고 흩어지면 죽습니다."

그러자 소진의 라이벌이었던 진나라의 장의는 여섯 나라를 분열시켜 각개격파하자는 연횡책을 제안했다.

"저들끼리 다투게 한 다음 차근차근 한 나라씩 멸망시키면 됩니다."

당시 제, 초, 연, 조, 한, 위 여섯 나라는 모두 함곡관 동쪽에 있었는데 이들을 이어보면 남북으로 길게 뻗은 모양이라 합종合縱이라고 했다. 반면 진나라와 여섯 나라를 각각 이으면 동서로 길게 이어졌으므로 연횡連衡이라고 했다.

조위곤횡趙魏困橫이란 당시 진나라와 인접해 있던 조나라와 위나라가 연횡책의 제물로서 가장 곤란을 겪었다는 뜻이다. 춘추시대 이래 조趙나라와 위魏나라는 한韓나라와 함께 삼진三晉이라 했다. 유향의 『전국책』에는 "삼진이 연합하면 진나라가 약해지고 삼진이 흩어지면 진나라가 강해진다."라는 말이 있다. 그런데 장의의 연횡책은 이 결합을 효과적으로 분열시키는 정책이었다. 그 핵심은 가까운 나라를 공격하고 먼 나라와 친교를 맺는 원교근공遠交近攻의 모략이었다.

각자의 이권을 놓고 다툼을 벌이던 6국은 이런 진나라의 전략에 넘어가 하나 둘씩 정복당하고 진시황 대에 이르러 마침내 명맥이 끊어지고 말았다.

길을 빌려 괵나라를 멸망시켰고, 천토에서 제후를 모아 맹세하게 했다.

가 도 멸 괵 천 토 회 맹

假途滅虢 踐土會盟

가도멸괵假途滅虢은 진晋나라가 괵虢나라 정벌을 구실로 인접한 우虞나라까지 삼켜버린 이야기다. 임진왜란을 일으키기 전에 일본이 조선에 요구했던 가도입명假道入明과 상통한다.

회맹會盟이란 천자와 제후들 사이에 관계가 원만하지 않을 때 함께 만나 서열을 재확인하고 천자에게 충성을 맹세하는 행위이다. 하지만 춘추시대에는 패권을 쥔 제후가 약소국의 제후들을 천자의 이름으로 끌어 모아 힘의 우위를 과시하는 행사로 변질되었다.

여기에서 맹盟이란 글자는 '피 혈血'과 '밝을 명明'으로 이루어졌다. 그처럼 제후들이 회맹을 할 때는 제물의 피를 손가락으로 찍어 입술 주위에 바른 뒤 맹세문을 천지신명에게 고했다고 한다.

진헌공의 가도멸괵

진헌공은 괵나라에 욕심이 있었지만 우나라가 사이에 끼어 있어 뜻을 이루기 어려웠다. 이런 주군의 마음을 알아챈 모사 순식은 명마와 보옥을 수레에 가득 싣고 우나라를 찾아가 왕에게 말했다.

"우리는 같은 희씨 성을 가진 형제국입니다. 그러니 괵나라를 치려는데 길을 빌려주신다면 함께 기쁨을 누리지 않겠습니까?"

그 말에 우나라 왕이 기뻐하며 허락하려 하자 궁지기란 신하가 만류했다.

"괵나라는 우리에게 울타리와도 같습니다. 그들이 멸망하면 우리 또한 사직을 보전할 수 없습니다. 옛말에 입술이 없으면 이가 시리다고 했습니다. 우리와 괵나라가 바로 그런 관계입니다."

그러나 보물이 탐난 우나라 왕은 이런 충고를 외면하고 순식의 제안을 받아들였다. 이에 실망한 궁지기는 가솔들을 이끌고 이웃 나라로 도망쳤다. 이윽고 길을 빌린 진헌공은 괵국을 쳐서 병탄한 다음 귀국하는 길에 우나라까지 공격하여 멸망시켜버렸다.

진문공의 천토회맹

진晋나라의 문공은 젊은 시절 참담한 방랑의 고통을 겪은 뒤에 천하의 패자가 된 입지전적인 인물이다. 그가 천토회맹이란 절차를 통해 대제후로 인정받기까지의 과정에는 좀 긴 설명이 필요하다.

문공의 부왕인 진헌공은 이민족인 여융을 멸망시켰을 때 미녀인 여희를 만나 아들 해제를 낳았다. 그 후 여희는 해제를 태자로 삼기 위해 태자 신생을 모함하여 죽였다. 이에 남은 두 아들 중이와 이오는 신변의 위협을 느끼고 다른 나라로 도망쳤다. 이윽고

헌공이 죽자 신하들은 여희와 해제를 죽이고 중이를 왕으로 옹립했다. 하지만 중이가 부왕의 임종을 지켜보지 못한 죄인이라 하여 사양했으므로 이오가 왕이 되었는데 그가 혜공이다.

그런데 혜공은 자신에게 도움을 주었던 진秦나라의 목공에게 하서河西 땅을 주겠다는 약속을 어기고 오히려 진나라를 공격함으로써 제후들의 신뢰를 잃게 되었다.

이에 그는 왕위유지에 불안감을 느껴 적 땅에 망명해 있던 형 중이에게 자객을 보내 목숨을 위협했다. 그래서 중이는 황급히 제나라 환공을 찾아 도피했는데, 도중에 위나라의 오록 땅에서 농부에게 흙덩이가 섞인 밥을 대접받는 수모를 당했다.

망명객 중이를 맞이한 제환공은 과거 자신의 망명시절을 생각하며 중이를 몹시 환대해주었다. 하지만 환공이 간신 수조와 역아의 농간에 빠져 목숨을 잃자 제나라의 내정이 불안해졌다. 거처가 불안정해진 중이 일행은 조나라에 갔다가 모욕을 당하고 이번에는 송나라로 갔다.

그곳에서 양공에게 따뜻한 대접을 받은 일행은 정나라를 거쳐 초나라에 가서야 제대로 된 대우를 받을 수 있었다. 이때 초나라 장수 자옥이 중이를 죽이려 했지만 성왕은 그를 살려주었다.

얼마 뒤 진나라에서 혜공이 죽고 회공이 즉위했지만 폭정으로 민심을 잃었다. 이에 중이는 진목공의 후원을 받아 귀국한 다음 왕위에 올랐으니 그가 바로 문공이다.

오랜 세월 천하를 떠돌았던 문공은 백성들을 위로하고 농업을 장려해 국력을 일신시켰다. 그런데 그가 왕이 된 지 4년 뒤에 초나라가 송나라를 공격하면서 문공에게 협력을 요청했다. 두 나라는 모두 문공이 망명생활을 할 때 신세를 진 적이 있는 곳이었다.

입장이 난처해진 문공은 적을 이쪽으로 유인한 후 오히려 그 반대쪽을 치는 전술인 '성동격서聲東擊西'의 방법으로 과거 자신을 홀대했던 조나라와 위나라를 공격했다. 그 과정에서 자신에게 흙덩이가 섞인 밥을 주었던 위나라의 오록 지방은 초토화시켰다. 그렇듯 진문공이 승승장구하자 초나라는 송나라에 대한 공격을 중지하고 자옥에게 군사를 주어 성복 땅에서 진晋나라 군대를 급습했다. 하지만 문공은 제, 송, 진秦과 함께 연합군을 구성해 대비하고 있었으므로 대승을 거두었다.

진문공은 여러 제후들의 신뢰를 바탕으로 강맹했던 초나라를 물리치고 진나라를 최강국으로 만들었다. 이 전쟁의 승리가 확정되자 주나라의 양왕은 천토踐土까지 나와 축하했다. 이때 문공은 천토에 천자를 위한 행궁을 짓고 여러 제후들을 불러 회맹함으로써 천하의 패권이 자신에게 있음을 알렸다.

소하는 간략한 법을 좇았고, 한비는 번거로운 형벌로 피폐하게 했다.

하준약법 한폐번형

何遵約法 韓弊煩刑

이 대목은 법이 아무리 간단해도 지도자가 그 약속을 지키면 나라가 흥하지만, 아무리 좋은 법이라도 번거로운 절차 때문에 시행이 어려우면 나라가 망한다는 교훈을 던져주고 있다. 소하는 한고조 유방의 신하이고, 한비자는 법가의 대표적인 인물이다.

『사기』에 따르면 한漢나라 원년인 기원전 206년 10월, 유방은 경쟁자인 초나라의 항우보다 먼저 진나라의 수도 함양성 동쪽에 있는 패상 땅에 진군했다. 이미 저항이 소용없다는 것을 깨달은 3세 황제 자영이 몸소 나와 항복했다. 한나라 군에게 끝까지 버티다 자칫 성정이 사나운 초나라의 항우라도 도착하게 되면 목숨을 부지하기 힘들다고 판단했기 때문이었다.

과연 유방은 자영을 살려주고 의기양양하게 함양성에 입성했다. 그곳에서 유방은 잠시 화려한 궁궐과 미인들에게 현혹되었지만 번쾌와 장량의 충고에 정신을 차리고 궐 밖으로 나와 민심을 추스리는 데 전력을 다했다. 그는 병사들의 기강을 바로잡은 뒤 소하의 진언을 받아들여 다음과 같은 세 가지 법률을 공포했다.

첫째, 사람을 죽인 사람은 죽는다.
둘째, 사람을 다치게 한 사람과 도둑질한 사람은 벌을 받는다.
셋째, 나머지 진나라의 법은 모두 없앤다.

이렇듯 간략한 법을 공포한 것은 그동안 진나라 백성들이 엄한 법률 때문에 고통 받았던 사실을 알고 있었기 때문이었다. 과연 유방은 진나라 백성들의 환영을 받았고, 장차 천하통일의 밑거름이 될 민심을 얻었다. 따지고 보면 이 모두가 소하의 공로였다.

진시황을 감동시킨 한비자

한비韓非는 제자백가 중에 법가法家의 주창자로, 통상 한비자韓非子라고 부른다. 그는 본래 한韓나라 공자였는데 왕에게 유능한 인재의 등용과 법치를 진언했지만 받아들여지지 않았다.

명문장가로 이름을 날렸던 한비자는 많은 책을 썼다. 그 가운데 유세의 어려움을 설파한 「세난」편을 통해 순자의 성악설과 노자 · 장자의 무위자연설을 받아들여 잘 짜인 법으로 이상적인 정치를 구현해야 한다고 주장했다.

"이런 인물을 만난다면 평생 여한이 없겠다."

이 책에 감동한 진시황은 한비자를 빨리 만나기 위해 한나라를 공격했다. 이에 당황한 한왕은 한비자를 사자로 삼아 진나라에 파견했다. 진시황은 한비자를 무척 신임해 그의 견해에 따라 법률을 강화했다. 그러자 한비자로 인해 자신들의 입지가 좁아질

것을 걱정한 진나라의 권신 이사, 요가 등이 그를 모함했다.

"한비는 적국의 신하입니다. 그는 폐하를 속여 우리나라를 멸망케 할 뜻을 가지고 있습니다."

이에 의심이 생긴 진시황은 사소한 트집을 잡아 한비자를 죽게 만들었고 결국 법을 통한 신세계를 만들어보려던 한비자의 이상은 수포로 돌아가고 말았다. 한비자는 결국 권력투쟁의 그늘에서 덧없이 사라졌지만 그의 업적은 오래도록 살아남았다. 중국의 역대 왕조들은 정치적 이상으로 유가의 덕치를 숭상했지만, 내면적으로는 법률에 의한 공명정대한 통치를 기본으로 했다.

고대사회처럼 권력이 집중되지 않았을 때는 약법 3장이나 고조선의 8조 금법처럼 간단하고 알기 쉬운 법률로도 나라를 잘 다스릴 수 있었다. 하지만 사회가 다변화되고 중앙집권적인 정치체제가 성립되면 관습법으로는 해결하기 힘든 다양한 문제들이 등장하기 마련이다. 그래서 법률 또한 복잡다단해지고, 법률 자체가 또 하나의 권력이 될 위험성도 농후해진다.

백기, 왕전, 염파, 이목은 군사를 가장 정예롭게 부렸다. 위엄이 사막에까지 떨치니 그 명성이 그림으로 그려져 길이 전해졌다.

기 전 파 목　용 군 최 정
起翦頗牧 用軍最精

선 위 사 막　치 예 단 청
宣威沙漠 馳譽丹靑

백기와 왕전은 전국시대에 가장 강력했던 진나라의 명장들이고, 염파와 이목은 진나라에 끝까지 대항했던 조나라의 명장들이다. 이 문장은 이들이 모두 군사를 잘 통솔해 나라에 큰 공을 세웠다는 뜻이다. 이들 외에도 곽거병이나 소무, 장건 등의 이름은 사막에까지 알려졌다.

한편 한나라 선제는 역대 11명 공신들의 초상을 궁중에 있는 기린각에 그려 넣게 했다. 또 후한의 명제는 공신 33명을 남궁의 운대에 그리게 했는데, 이 문장은 그들의 이름이 마치 말이 달리는 것처럼 후대에 길이 전해졌다는 뜻이다.

조군 40만 명을 생매장시킨 백기

무안군 백기는 진나라 소왕 때의 명장이다. 그는 병법의 대가로 한나라와 위나라의 연합군 24만 명을 물리친 공으로 국위가 되었고, 초나라의 도성을 무너뜨린 공으로 무안군의 작위를 받았다.

그가 결정적으로 이름을 날린 것은 기원전 260년에 벌어진 장평전투에서였다. 진나라가 장평을 공격하자 조나라의 명장 염파는 성벽을 높이 쌓고 지구전을 벌였다.

초조해진 진나라는 범수의 계책에 따라 첩자를 파견해 '진나라가 무서워하는 것은 염파가 아니라 명장 마복군의 아들 조괄이다'란 유언비어를 퍼뜨렸다.

당시 염파의 수비전에 불만이 많았던 조왕은 그를 쫓아내고 젊은 조괄을 지휘관으로 삼았다. 이에 쾌재를 부른 진나라는 은밀히 백기를 등용했다. 병법에는 뛰어났지만 실전에는 풋내기였던 조괄은 부임하자마자 염파가 세워놓은 지휘체계를 바꾸고 섣부르게 진나라 군대를 공격했다.

그러자 백기는 여러 차례 거짓 패배를 하며 그를 방심시킨 다음 복병을 동원해 조나라 군대의 군량보급로를 끊고 앞뒤로 포위해버렸다.

이로 인해 40만이 넘는 조나라 군대는 장평에서 고립무원의 처지에 빠지고 말았다. 얼마 뒤에 식량마저 떨어지자 조군은 일대혼란에 빠져들었고 마침내 동료를 잡아먹는 비참한 지경에까지 이르렀다.

견디다 못한 조괄이 포위망을 뚫으려다 목숨을 잃자 마침내 조군이 항복했다. 그런데 백기는 포로들의 수효가 너무 많아 그들이 한꺼번에 반기를 들면 도저히 막아낼 수 없다고 생각하고 커다란 구덩이를 파게 한 다음 40만 명을 일거에 생매장시키는 참

극을 벌였다. 이에 조나라 사람들은 치를 떨었다. 조나라는 이때의 패배로 국력이 크게 쇠약해져 진나라의 공세에 전전긍긍하는 신세가 되었다.

백기가 훗날 재상 범수와의 불화로 왕의 미움을 사 자결을 명받자 측근들이 분개하며 저항할 것을 종용했다. 하지만 백기는 이렇게 말하며 스스로 목숨을 끊었다.

"장평에서 조나라 군사 40만을 생매장한 죄만으로도 나는 죽어 마땅하다."

진시황에게 작위를 달라고 버틴 왕전

왕전은 진나라의 장수로서 전국시대의 여섯 나라를 멸망시키는 데 혁혁한 공을 세웠고, 진시황이 그를 흠모하여 스승으로 모시기까지 했다.

진나라가 통일 전쟁의 기치를 올리고 있을 때의 일이다. 진시황이 이신과 몽염에게 20만의 군사를 주어 초나라를 치게 했다가 역습을 당하자 다급하게 왕전에게 출전을 명했다. 그러자 왕전은 그 일을 하기 전에 자신에게 최고의 저택과 제후의 작위를 내려달라고 청했다. 이윽고 왕전이 함곡관에 도착했건만 진시황이 자신의 요구에 명확한 답을 내려 주지 않자 다섯 차례나 사자를 보내 자신의 요구사항을 전달했다.

"폐하께 너무 심한 것이 아닙니까?"

한 측근이 이렇게 질책하자 왕전은 이렇게 대답했다.

"그렇지 않다. 폐하께서는 남을 잘 믿지 않는 성품이다. 더군다나 군대를 모두 내게 맡긴 지금 저택과 작위 외에 다른 욕심이 없다는 걸 보여주어야 나를 의심하지 않을 것이다."

이윽고 진시황의 재가가 나오자 그는 지구전으로 초나라의 김을 뺀 다음 일거에 공격해 대승을 거두었다. 그리곤 파죽지세로 진군해 초나라를 멸망시켰다.

조나라의 철벽 수문장 염파

염파는 조나라의 명장이다. 혜문왕 때 제나라를 쳐서 크게 이기고 양진 땅을 빼앗은 공으로 상경의 지위에 올랐다. 한데 그는 늘 많은 공을 세웠지만 자신이 재상 인상여보다 대접 받지 못함을 분하게 여겼다. 이에 인상여는 그와의 충돌을 피하며 그를 이렇게 칭송했다.

"염파가 있기에 진나라가 조나라를 침범하지 못하는 것이다."

그러자 염파는 인상여의 집으로 가서 웃옷을 벗고 채찍을 등에 진 채 사죄했다.

"내가 눈이 어두워 공의 참된 마음을 깨닫지 못했으니 매를 쳐주시오."

이때 인상여가 맨발로 달려 나와 그를 일으켰다. 그때부터 두 사람의 문경지교刎頸之交, 즉 '함께 목을 베이는 죽음을 당할지라도 기뻐할 수 있는 교제'가 시작되었다.

그 뒤 염파는 제나라와 위나라를 정벌했고, 효성왕 때 진나라 군대를 막아 싸우다가 백기의 이간책에 휘말려 벼슬에서 쫓겨났다. 그 사이 중용된 조괄은 장평 전투에서 백기에게 40만 군대를 잃고 자기 목숨마저 잃었다. 이때 진군은 조나라의 도성인 한단을 포위했지만 위나라의 도움으로 가까스로 위기를 넘겼다.

조나라는 장평전투의 여파로 국력이 크게 피폐해졌다. 그래서 약한 연나라의 공격도 염파를 불러들여 겨우 물리칠 수 있었다. 그런데 효성왕이 죽고 도양왕이 즉위한 뒤, 도양왕이 요승을 총애하자 화가 난 염파는 그를 공격해 패퇴시키고 위나라로 망명해 버렸다.

그 후 조왕이 그의 근황을 알아보려 사신을 보내자 늙은 염파는 한 말의 밥과 고기 열 근을 먹어 보이고 갑옷을 입은 채 무위를 떨쳐보였다. 그렇지만 염파는 평소 사이가 나빴던 곽개의 모함으로 등용되지 못했다. 말년에 초나라에서 그를 장군으로 삼았지만 공을 세우지는 못했고, 고국 조나라를 애절하게 그리며 세상을 떠났다.

흉노의 대군을 물리친 이목

이목은 조나라 북쪽 국경을 지키던 명장이었다. 그는 흉노가 호시탐탐 노리는 안문雁門을 금성철벽처럼 지켜냈다.

그는 매일 몇 마리의 소를 잡아 병사들을 먹이며 강병으로 조련시켰고, 봉화대를 세우고 첩자들을 푸는 등 정탐에 소홀함이 없었다. 때문에 이목이 버티고 있는 이상 흉노는 감히 쳐들어올

엄두를 내지 못했다.

그럼에도 불구하고 조나라 조정에서는 몇 년 동안 한 차례의 싸움도 없고 승전보도 올라오지 않는다는 이유로 그를 파면시킨 다음 다른 장수를 파견했다. 신임 장수는 이목과 달리 흉노와 매일 충돌하여 긴장을 조성시켰으므로 국경의 백성들은 하루도 편히 쉴 날이 없었다. 원성이 끊어지지 않자 조왕은 이목을 다시 등용할 수밖에 없었다.

다시 임지에 부임한 이목은 예전과 다름없이 엄한 군령으로 흉노와 싸우지 않고 병사들을 잘 먹이며 훈련에만 열중했다. 또 성 밖에 가축들을 방목했다가 흉노가 공격해 오면 오천 마리 이상을 남겨두고 성 안으로 후퇴하게 했다.

물론 이것은 흉노를 속이기 위한 작전이었다. 그 와중에 이목은 전차 천삼백 승과 명마 삼천 마리를 준비하고, 강병 오만 명과 궁수 십만 명을 성 밖 진지에 은밀히 배치했다.

이윽고 흉노의 왕 선우가 대군을 동원해 쳐들어오자 그는 미리 배치해 둔 십오만의 정병과 전차를 이용해 앞뒤에서 협공함으로써 십만이 넘는 적을 죽였다. 이에 커다란 충격을 받은 흉노는 십 년 동안 조나라 국경에 얼씬조차 하지 않았다.

진시황이 천하를 제패할 목적으로 왕전을 시켜 조나라를 공격할 때도 이목과 사마상이 굳게 지켰다. 그런데 진나라에 매수된 곽개가 이목을 모함했다.

이에 속이 좁았던 조왕은 휘하의 조총과 제나라 장수 안취를 보내 진나라 군대를 막게 하고 자신의 말을 따르지 않는 이목을 암살해버렸다. 그 결과 조나라는 불과 석 달 만에 진나라 군대의 말발굽 아래 짓밟히고 말았다.

구주는 우임금의 치적이요, 모든 군은 진나라 때 아울렀다.

구 주 우 적 　 백 군 진 병
九州禹跡 百郡秦并

구주九州란 중국 전체를 아홉 고을로 나눈 것이다. 『서기』에 의하면 우임금이 치산치수를 마친 다음 9주를 확정지었다. 그 나눔의 기준은 "우임금이 땅을 나누었으니, 산을 따라 올라가 나무를 베어 젖히고, 높은 산과 큰 강물로 경계를 정했다."라는 『서경』의 구절을 참조하면 되겠다.

이와 같은 지역의 경계는 나라가 바뀔 때마다 함께 바뀌었다. 춘추전국시대를 통일한 진시황은 주나라의 봉건제도를 폐지하고 군현제도를 실시하여 권력을 집중시키는 한편, 전국을 36군으로 나누고 그 아래 현을 두었다. 백군百郡이란 중국 전체의 모든 군郡을 상징한다.

예로부터 백성들을 다스리는 요체는 치산치수治山治水, 곧 산에 나무를 심어 풍해를 예방하고 물길을 다스려 홍수를 예방하는 것이었다. 그럼으로써 백성들은 갑작스런 자연재해에도 심각한 피해를 입지 않게 되어 안정된 생활을 영위할 수 있었으니 우임금의 치적에 감사하지 않을 수 없겠다.

또 잘 구획된 군현제도로 인해 세금징수가 쉬워져 재정이 풍부해지고, 더불어 중앙정부 차원의 신속한 재난 구제 시스템도 갖출 수 있었을 것이다. 이것이 통일제국을 원활하게 이끌어갈 수 있는 든든한 기반이 되었음은 분명하다.

최초의 황제 진시황

진시황의 아버지는 장양왕 자초인데, 진소왕의 태자인 안국군의 아들이다. 안국군은 정부인인 화양부인에게서 자식을 얻지 못하자 후실을 통해 아들을 얻었다. 자초의 어머니도 후실인 하희였다.

일찍이 자초는 조나라의 인질이 되어 한단에 머물러 있었다. 그때 상인 여불위가 야심을 품고 그를 돌봐주면서 화양부인에게 뇌물을 바쳐 안국군으로 하여금 자초를 후계자로 삼게 했다. 그리고 자신의 아이를 가진 미인을 자초에게 바쳤다. 자초는 그녀가 사내아이를 낳자 이름을 정政이라 짓고 여자를 정부인으로 삼았다.

진소왕 50년에 진나라가 한단을 포위하자 조나라가 인질인 자초를 죽이려 했는데 여불위는 관리를 매수해 그를 살려주었다. 이윽고 소왕이 죽자 안국군이 왕이 되고 자초는 태자가 되었다. 그런데 안국군이 즉위한 지 사흘 만에 죽었으므로 자초가 왕위에 오르니 그가 곧 장양왕이다.

장양왕은 즉위하자마자 정을 태자로 삼았다. 그러나 장양왕도 오래 버티지 못하고 3년 만에 죽었으므로 13세의 정이 왕위에 올랐다. 상인 여불위의 오랜 숙원이 이루어지는 순간이었다. 이때부터 여불위는 상국이 되어 진나라의 정권을 마음껏 주물렀다. 그러나 왕이 장성하면서 정권을 장악하고 태후와의 관계를 의심하자, 여불위는 독주를 마시고 자결했다.

드디어 자신의 힘으로 정사를 돌보게 된 왕은 법가의 이사를 중용하고 왕전과 몽염 등의 명장들을 발탁해 주변국들을 차례로 정복해 중국 최초의 통일국가를 완성한 다음 스스로를 시황제라 칭했다.

진시황은 주나라 대부터 내려온 봉건제를 폐지하고 군현제를 실시하여 강력한 중앙집권체제를 시행했다. 그리고 엄격한 법령으로 전국을 통제했고, 몽염으로 하여금 북방의 흉노를 견제해 만리장성을 쌓게 했다. 그와 함께 문자는 물론 전국의 도로와 수레바퀴의 폭, 도량형 등을 통일시키고 화폐를 유통시킴으로써 상업의 비약적인 발달을 가져오게 했다. 이는 전체 중국인들에게 중화의식을 심어주는 계기가 되었다.

진시황은 정력적으로 나라를 다스렸다. 재위 중 다섯 차례나 전국을 순행하며 민정을 살폈다는 것은 그의 열정을 증명하는 일이기도 하다. 하지만 이런 치적에도 불구하고 분서갱유焚書坑儒와 함께 아방궁, 여산릉, 만리장성 건설 등의 거대한 토목공사를 실시하여 백성들의 원성을 샀다.

그는 마지막 순행 도중 사구 지방에서 병에 걸려 목숨을 잃었는데, 그 과정에서 이사와 조고의 간계로 맏아들 부소 대신 호해가 2세 황제로 옹립되었다. 그의 죽음은 곧 진나라의 붕괴로 이어졌다. 그리하여 영웅들의 치열한 각축전이 벌어졌고 최후의 승자인 유방이 한나라를 세워 통일왕조를 이어받았다.

오악은 항산과 태산이 가장 높고, 땅에 지내는 제사는 운운산과 정정산에서 한다.

악 종 항 대 　선 주 운 정
嶽宗恒垈 禪主云亭

상고시대 때 요임금에게 선양 받은 순임금이 동서남북의 각 종산에 올라 하늘과 땅에 제사를 지냈다. 그 이후 제왕들도 왕위에 오르면 오악五嶽에 올라 제사지내는 것을 소임으로 여겼다. 중국의 오악은 동악 태산, 서악 화산, 남악 형산, 북악 항산, 중악 숭산을 말한다.

대垈는 태산의 다른 이름으로 중국의 제왕들이 봉선의식을 치르던 성스러운 산이다. 태산에 흙을 쌓아 단을 만들고 하늘의 공덕에 보답하는 의미로 올리던 제사를 봉封이라 했고, 태산 아래 양보산 가운데 있는 운문산이나 정정산에서 땅을 편편하게 고른 뒤 땅의 공덕에 보답하는 의미로 올리던 제사를 선禪이라 했다.

오악은 중국의 형이상학인 오행설에 의한 것인데, 특이한 것은 중앙의 숭산이 주산이 아니라 동악의 태산이 주산으로 설정된 점이다. 이는 지리적인 위치보다는 문화적인 위치에 더 신경 쓴 결과로 보인다. 태산이 있는 곳은 주공 단의 정통성을 이어받은 춘추시대 노나라 지역이었기 때문이다.

명산 중의 명산 태산

태산이라 하면 우리들은 교과서에 나왔던 '태산이 높다 하되 하늘 아래 뫼이로다'로 시작되는 양사언의 시조를 떠올린다. 하지만 태산은 사실 우리나라의 백두산이나 한라산보다 낮고 규모도 그리 크지 않다. 단지 중국인들의 의식 속에서만 엄청난 크기로 살아 있을 뿐이다.

태산泰山은 산동성 중부에 있는 해발 1545미터의 산으로, 원래는 태중산泰中山 혹은 태악泰岳이라고 불렸는데 진나라 이후에는 동악東岳이라 불리었다. 예로부터 오악지장五嶽之長 혹은 오악독존五嶽獨尊이란 별칭으로 불리며 천하제일의 명산으로 꼽혔다.

그 이유는 태산에서 중국 역대 왕조의 봉선의식이 열렸기 때문이다. 봉선이란, 왕조의 번영이 완전히 확립된 것을 하늘과 땅에 고하는 의식으로 매우 드물게 치러졌다. 전한시대에 네 차례, 후한시대에 한 차례, 당나라 대에 두 차례 올렸을 정도였다. 진시황이 천지신명에게 태평성대를 이룰 것을 다짐하며 이 봉선의식을 거행한 이래 72명의 황제가 태산에 올랐다.

이런 까닭으로 태산은 성현들과 시인묵객들의 발걸음이 끊이지 않았다. 일찍이 공자는 '동산에 오르니 노나라가 작음을 알았고 태산에 오르니 천하가 작음을 알았다'고 말했다. 그만큼 태산이 주는 감흥은 남다른 바가 있는 것이다. 시성으로 알려진 두보는 멀리서 태산을 바라보며 『망악望嶽』이란 시를 썼다.

태산은 과연 어떠한가.
제나라와 노나라에 걸친 그 푸르름 끝이 없구나.
천지간에 신령스럽고 빼어난 것 모두 모았고
산의 밝음과 어두움을 밤과 새벽으로 갈라놓았다.
층층이 펼쳐진 운해는 가슴을 후련하게 씻어 내리고
눈 크게 뜨고 돌아가는 새를 바라본다.
반드시 정상에 올라 뭇 산의 작음을 한 번에 내려다보리라.

안문과 자새, 계전과 적성, 곤지와 갈석, 거야와 동정은 아득히 멀고 드넓으며, 바위와 산봉우리는 아득히 깊고 어둡다.

안문자새 계전적성
雁門紫塞 鷄田赤城

곤지갈석 거야동정
昆池碣石 鉅野洞庭

광원면막 암수묘명
曠遠綿邈 巖岫杳冥

세계지도를 펼쳐 보면 중국이 매우 넓음을 알 수 있다. 예로부터 중국인들은 그 넓은 땅에서 살고 있다는 자부심이 대단했다. 여기에서는 변경의 지명을 통해 중국의 규모를 자랑한 다음 그 안에 펼쳐진 아름다운 산하를 소개하고 있다. 이렇듯 땅이 드넓고 높은 산과 깊은 호수를 품고 있으니, 가히 천하의 중심이 될 수밖에 없지 않겠느냐는 것이다.

안문雁門은 산서성 북방에 위치한 곳으로 전국시대 때에는 조나라 땅이었다. 봄에 산봉우리 사이로 북쪽으로 가는 기러기가 보인다고 해서 안문이라고 불렀다. 자새紫塞는 만리장성을 말한다. 만리장성의 변경지방이 붉은 흙빛을 띠고 있으므로 자새라 불렀다. 계전鷄田은 오늘의 기주 땅에 있던 역참 이름이다. 적성赤城은 만리장성 밖에 있던 땅으로 동이족 지도자인 치우의 영역이었다. 이 지방들은 모두 중국의 변방을 대표하고 있다.

만리장성은 동쪽 하북성 산해관으로부터 서쪽 감숙성 가욕관까지 6천 킬로에 걸쳐 있다. 이 장성은 진나라 장군 몽염이 기원전 214년 완성했다. 그는 북쪽 변경의 총사령관으로써 평소 태자 부소를 후원했는데, 시황제가 죽자 환관 조고와 승상 이사의 흉계로 투옥되어 비참하게 죽었다. 그는 죽기 전에 이렇게 탄식했다고 한다.

"나의 죄는 죽어 마땅하다. 임조에서 공사를 일으켜 요동에 이르기까지 장성을 만여 리나 쌓았으니, 지맥을 끊어놓지 않을 수 없었다. 이것이 나의 중죄다."

기실 만리장성은 어느 한 시대에 완성된 것이 아니라 2천 5백년 전 주나라 말경부터 춘추전국시대를 거쳐 명나라 때까지 끊임없이 증축되어 왔다. 그러므로 몽염이 쌓았다는 장성은 그 일부에 불과하다.

달에서도 보인다는 만리장성은 중화와 북방 이민족을 가르는 배타주의적 산물이지만, 단 한 차례도 이민족의 침입을 막아낸 적이 없다는 부끄러운 역사를 가지고 있다. "아무리 견고한 요새라 해도 이를 지키고 못 지키는 것은 사람들의 용기에 달려 있다."라는 칭기즈칸의 말처럼 만리장성은 흉노를 비롯해 몽고족이나 만주족의 공격을 감당하지 못했던 것이다.

곤지昆池는 운남성에 있는 곤명지를 말한다. 한무제 때 인도로 가는 무역로가 곤명국에 의해 자주 가로막혔다. 이에 무제는 수

군을 조련해 곤명국을 공격하기로 결정하고 장안 서남쪽에 커다란 못을 팠다. 이 인공호수는 곤명지를 본떠 만들었으므로 곤명호라고 불렀다.

갈석碣石은 하북성 창려현 북쪽에 있는 큰 산이다. 우임금이 치수 행적을 기록할 때 '태행산과 항산을 거쳐 갈석산에 이르고 나서 바다에 다다랐다'라고 썼고, 『한서』 무제기에서는 순행의 여정을 "태산에서 시작해서 갈석에 이르는 길로 간다."라고 했으므로, 갈석은 당시 중원의 행정력이 미치는 한계점이었을 것으로 추측된다.

곤명지는 서남쪽의 끝에 있는 땅, 갈석산은 동북쪽의 끝에 있는 땅으로, 광활한 중국의 판도를 상징하는 관용어이다.

거야鉅野는 산동성에 있는 큰 늪으로서 『사기』에 노나라 애공이 순행했다는 기록이 있다. 동정洞庭은 호남성에 있는 중국 최대의 호수인 동정호를 가리킨다. '팔백리 동정'이라는 말이 있을 정도로 동정호는 크고 넓은데 실제로 중국에서 두 번째로 큰 호수이다. 호수 안에는 섬도 많고 악양루를 비롯한 명승고적도 많다.

제6장

체험, 삶의 현장!

군자의 은퇴는 또 하나의 출발점이다. 가을에 거두고 겨울에 저장하듯, 그들은 백성들의 마을로 되돌아가 자연과 함께 벗하며 찬란한 봄을 꿈꾼다. 한가로운 일상을 즐기며 유유자적하는 군자의 노후를 엿보자.

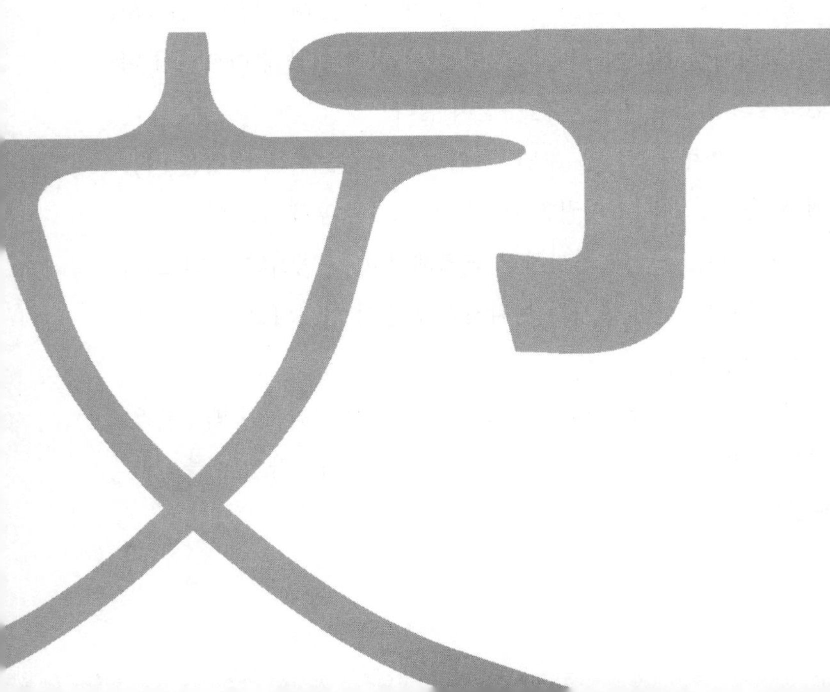

농사를 다스림의 바탕으로 삼아 심고 거두는 일에 힘쓰게 한다. 남쪽 밭에 나가 비로소 농사지으니, 나는 기장과 피를 심는다.

치본어농 무자가색
治本於農 務茲稼穡

숙재남무 아예서직
俶載南畝 我藝黍稷

고대사회 통치의 근간은 농사였다. 백성들의 식량문제를 해결해 주지 않는 정치란 어떤 통제력도 발휘할 수 없었기 때문이다. 그리하여 '농업은 천하의 근본'이라는 말도 힘을 얻을 수 있었다.

농사는 씨앗을 뿌리고 추수를 할 때까지 오랜 기간이 필요하다. 그러기에 인구의 이탈을 막고 한 자리에 머물게 함으로써 이민족들의 침입을 막는 좋은 수단이 된다.

그런데 『여씨춘추』를 보면, 농업의 중요성보다는 그것을 이용해 정권을 강화하고 패권을 쥐려는 의도가 농후해 보인다.

"백성들이 농업에 종사하면 순박해지고, 순박하면 부려 쓰기가 쉬워지며, 부려 쓰기가 쉬워지면 변방이 안정되고, 군주의 위치가 높아진다."

이와 같은 내용은 위정자들이 농업을 통해 순화시킨 백성을 양처럼 부려먹음으로써 자신들의 욕망을 충족하고자 했음을 증명해준다.

백성들은 노예나 포로보다 지위가 높았지만 귀족들의 입장에서는 기실 큰 차이가 없었다. 그러기에 백성들을 변방에 살게 하고 장성을 쌓게 하는 등 가혹한 정치를 펼치면서도 그들은 하등 연민의 정을 느끼지 않았다.

'숙재남무 아예서직俶載南畝 我藝黍稷'은 농군뿐만 아니라 제후들도 농사를 지어야 할 때가 있음을 알려준다. 그것은 조상에 제사 지낼 곡식을 마련하는 일이었다. 제사를 지낼 때는 기장과 피가 있어야 한다. 백성들에게 제사음식을 장만하는 마음가짐으로 농사일을 해야 한다는 것을 강조하고 있다.

고대 주나라에서는 전 국토를 우물 정자 모양으로 9등분하여 가운데를 천자가 차지하고 나머지 여덟 쪽을 제후들에게 나누어 주었다.

이렇게 땅을 받은 제후들은 다시 자신들의 봉지를 9등분해 중앙부는 자신들이 차지하고 가장자리는 대부들에게 나누어 주었다. 이때 가운데 땅을 공전公田이라 했고 나누어준 땅을 사전私田이라고 했다. 사전을 하사받은 제후와 대부들은 천자와 제후들을 위해 각각 공전을 공동으로 경작했다.

여기에서 남무南畝,는 곧 남쪽 '밭'이라는 뜻으로 사전에 속했다. 남쪽은 비옥해 소출이 많았으므로 효율적인 농사는 남쪽에서부터 시작했다.

아예서직我藝黍稷은 『시경』 초자편의 "더부룩한 찔레나무 가시를 뽑았다네. 옛날부터 왜 이 일을 했을까. 내가 메기장과 차기장을 심으려 하네."라는 대목을 차용한 것이다. 곧 조상이 개척해놓은 밭에서 씨를 뿌리고 제사에 쓸 곡식을 거두는 모습이다.

익은 곡식에 세금을 매기고 햇곡식을 공물로 바치며, 타이르고 상 주며 내치고 올려준다.

세숙공신 권상출척
稅熟貢新 勸賞黜陟

백성들은 추수를 하면 세금을 나라에 바치고, 천신과 지신, 조상에게 제사를 올렸다. 세숙공신稅熟貢新이란, 관리가 공정하게 세금을 매긴 다음 종묘제사에 쓸 공물을 나라에 바치는 일이다.

공貢이란 고대 조세제도의 하나로 지방의 특산물을 궁중에 진상하는 것이다. 이런 진상품은 제수용으로 써야 하므로 가장 품질이 좋고 신성한 것을 골랐다. 이와 같은 세금 징수절차가 끝나면 조정에서는 농사를 잘 관리하고 풍년이 들게 한 관리에게 상을 내리며, 실적이 나쁜 관리를 가려 벌을 줌으로써 나라의 기강을 바로 세웠다.

"순임금은 삼년 동안 쌓인 관리들의 공적을 세 번 숙고하고 검토해서 나랏일에 어둡고 소홀한 관리는 내쫓고, 명철하고 성실한 관리는 자리를 높여주니 여러 사람의 공적이 이루어지고 밝게 빛났다."라는 내용이 『서경』에 전한다.

정전법이란?

고대 중국의 토지는 모두 최고 권력자인 천자의 소유였다. 때문에 왕과 백성은 일종의 군신관계이면서 부자관계라 해도 무방했다. 유일한 토지 소유자인 왕은 관리인 격인 제후와 경작자인 백성들의 삶을 책임져야 했고, 그러기 위해서는 무엇보다도 공평한 토지의 분배가 필수적이었다. 이를 위해 시행된 제도가 바로 정전법井田法이다.

정전법은 땅을 정井자 모양의 아홉 등분으로 나누어 중앙의 1구를 공전公田, 주위의 8구를 사전私田으로 구분해 여덟 가구의 백성으로 하여금 경작하게 한 후 공전의 소출은 조세로 바치고 사전의 소출은 경작자가 소유하게끔 한 제도였다.

정전법은 가구당 균등하게 토지를 분배하는 조세방법으로, 백성들이나 제후들이 임금에 절대복종하지 않는다면 통제가 불가능했다. 제후들에 대한 통제가 주효했던 주나라 초기에는 이런 정전법이 시행되는 데 무리가 없었지만 천자의 권위가 땅에 떨어진 춘추시대 말기에 이르면 정전법은 그 효력을 상실하게 된다. 그래서 백성들은 각자 소유한 땅에서 거둔 소출 중에서 일정량을 직접 나라에 바쳤다.

맹자는 바탕을 도탑게 했고, 사어는 올곧음을 굳게 지녔다.

맹 가 돈 소　사 어 병 직
孟軻敦素 史魚秉直

군자의 바람직한 몸가짐은 과연 무엇일까. 수많은 현인들이 이 문제에 대해 자신의 견해를 밝혔는데, 그 가운데 맹자의 소신은 강인한 면이 있다. 그는 "선비는 궁해도 의리를 잃어버리지 않고, 잘되어 높은 지위를 얻었다고 해도 정도正道를 벗어나지 않는다."라고 말해 높은 지위에 올라 백성들을 다스려야 하는 군자에게 고결한 도덕성을 요구했다.

맹자는 천하를 주유하면서 당시의 비참한 사회를 목도하고, 제후국들이 왕을 참칭하며 서로 빼앗는 것을 당연시하는 풍조를 개탄했다. 그리하여 요순시대의 도덕정치를 실현해야만 세상이 평화로워질 수 있다고 여겼다.

본래 맹자는 제나라에서 뜻을 펼치고자 했지만 받아들여지지 않았다. 이에 맹자는 제나라를 떠나 양나라 혜왕을 찾아갔다. 그러나 양혜왕 역시 전쟁을 통한 부국강병책에만 골몰해 있는 데 실망하여 이렇게 조언했다.

"이득을 탐하는 것이야말로 어지러움의 시초입니다."

그는 언제나 고대의 요순을 비롯해 여러 성군들의 사례를 들어

왕도정치를 설파했지만 제후들은 현실과 동떨어졌다고 여겨 그를 중용하지 않았다. 맹자는 이에 굴하지 않고 성선설을 원동력으로 하는 인의정치를 주창했다.

여기에서는 사람의 본바탕인 착함을 더욱 도탑게 해야 한다는 맹자의 돈소敦素와, 자신이 맡은 일을 늘 살펴보며 곧게 지켜야 한다는 공직자의 자세, 곧 사어의 병직秉直을 강조하고 있다.

사어의 시간屍諫

사어는 춘추시대 위나라의 대부로 죽어서도 임금에게 충간을 한 유명한 일화를 낳았다. 위나라에는 거백옥이란 현인이 있었다. 공자도 그를 높이 평가해 위나라에 머물렀을 때 그의 집에 머무른 적이 있을 정도였다. 그렇지만 위나라 영공은 그를 중용하지 않고 간신 미자하의 손아귀에서 정사를 파탄지경으로 몰아갔다.

사어는 평소에 이를 안타깝게 여겨 늘 간했지만 영공은 듣지 않았다. 그후 병이 들어 죽음이 가까워오자 그는 자식들에게 이렇게 유언했다.

"나는 조정에서 미자하를 쫓아내지 못하고 거백옥을 받아들이지 못한 불충을 저질렀다. 그러니 내가 죽으면 빈소를 마련하지 말도록 해라."

이윽고 사어가 숨을 거두자 자식들은 그의 말을 따랐다. 부고를 듣고 영공이 조문을 왔다가 빈소가 없는 것을 알고 까닭을 물었다가 그의 유언을 전해 듣고 가슴을 치며 후회했다.

"사어는 정말 충신이로구나. 살아 있을 때는 늘 인재를 받아들이고 간신을 쫓아내라고 간청하더니 죽어서까지 그 마음을 변치 않는구나."

그 후 궁으로 돌아간 영공은 백옥을 조정에 불러들이고 미자하를 쫓아내버렸다. 그러자 위나라의 국력은 날로 번성했고, 사어의 충언을 후세 사람들은 시간屍諫이라 하여 칭송해 마지않았다.

중용에 가까우려면 부지런히 일하고, 고분고분하고 삼가고 겸손해야 한다.

서기중용 노겸근칙
庶幾中庸 勞謙謹勅

"중용이란 곧 덕을 이르는 것이다. 덕은 지극한 것인데 사람들 중에 이를 지닌 이가 드물게 된 지 오래이다."

『논어』에 실린 공자의 말이다. 맹자나 사어는 이와 같은 중용을 지켜 군자의 길을 걸었으니 바르고 도타운 언행으로 후세에 그 명성이 전해졌다. 무릇 군자는 올바른 일에 힘쓰고 큰 공을 탐하지 않는다. 스스로 삼가고 조심해서 행하면 부끄러운 일을 당하지 않을 것이라는 뜻이다.

중용中庸의 중中은 어느 한곳에 치우치거나 기대지 않으면서 지나치거나 모자람이 없는 것이다. 용庸이란 모두가 긍정하는 이치로 바뀌지 않는 도리이다. 사실 중용의 개념은 너무나 평범하기에 어렵다. 현인들은 살아가면서 중용의 도리를 지키라고 하지만 무엇이 중용인지조차 파악되지 않을 때가 많다. 그러나 진리가 한 시대만의 결론으로 이루어진 것이 아니라면, 꾸준히 자신의 길을 걷는 장인丈人들로 미루어 짐작할 수 있지 않을까 싶다.

다음으로 노겸근칙勞謙謹勅은 한마디로 '튀지 말고 조용히 제 갈 길을 가라'는 뜻이다. 예로부터 자신의 재능을 분명하게 드러낸 사람은 일시적으로 영달의 길을 걸었지만 결국에는 많은 사람들의 질시를 받아 좋지 않게 끝이 났다. 허균이나 조광조 같은 이들이 그런 인물이었다. 그렇지만 지독한 핍박에도 절망하지 않고 꾸준히 자신의 길을 걸었던 장영실이나 이순신 같은 인물은 역사에 커다란 발자국을 남겼다.

중용은 평범하게 살라는 것도 아니요, 운명에 순응하라는 뜻도 아니다. 삶의 목표를 정해서 주도면밀하게 계획한 다음 뚝심 있게 도전하는 일도 중용이다. 하지만 요즘 우리의 삶은 중용에 가까울까? 분수에 맞지 않는 음식을 찾아 발품을 팔고 그 비용을 마련하기 위해 비정상적인 방법으로 돈을 벌고, 그 뒤치다꺼리에 대한 근심걱정으로 밤잠을 설치는 세상이다. 이 모두가 중용에서 벗어난 마음의 병치레인 것이다.

현인들이 주장하는 중용의 핵심은 무엇보다도 사람다운 사람이 되자는 것이다. 그러므로 밥 먹고 일하고 잠자는 우리네 평범한 삶에도 중용은 고스란히 녹아 있다. 제대로 먹고 제대로 일하고 제대로 자는 것부터 시작해보자.

소리를 듣고 갈피를 살피며, 생김새를 보고 낌새를 가려 안다.

聆音察理 鑑貌辨色

영음찰리 감모변색

군자는 남과 이야기할 때 목소리만 들어도 상대의 마음을 알 수 있고, 표정만 보아도 무슨 생각을 하는지 분별할 수 있다는 뜻이다. 이와 같은 초능력은 갑자기 생기는 것이 아니라 학문으로 세상의 이치를 깨닫고 올곧은 시선으로 사람의 내면을 바라볼 때 생길 수 있는 것이다. 『논어』에서는 군자의 행동거지를 다음과 같이 표현하고 있다.

"군자는 바른 행실을 잃지 않고, 온화한 얼굴을 잃지 않으며 말실수를 하지 않는다. 그러므로 군자는 그 모습에 위엄이 있고 그 얼굴빛은 언제나 변함이 없으며 말에는 믿음이 있는 것이다."

영음찰리 감모변색. 이 대목은 군자의 광명정대한 성품을 상징적으로 표현한 것이지만, 실제로 어떤 소리를 듣고 앞날을 예견했던 일화는 종종 있었다.

진나라에서는 문공을 장사지낼 때 관 속에서 소 울음소리를 듣고 곧 어지러운 싸움이 있을 것을 알았고, 송나라 양공 때는 막사에서 새가 절박하게 지저귀는 소리를 듣고 나라 안에 대화재가 있을 것을 예견했다.

이는 개미집 아래 물길이 흐른다는 것을 알고 있던 제나라의 대부 습붕의 경우처럼, 수많은 경험과 학문을 통해 역경의 이치를 깨달은 사람만이 발휘할 수 있는 합리적인 판단이다. 그러므로 상대의 표정을 보고 심리상태를 파악하는 것은 쉬운 일이다.

색色은 고대 중국인들에게는 '사물'이라는 뜻으로 쓰였다. 색에는 또 '성교하다'란 뜻도 담겨 있다. 따라서 남자가 성교하는 대상, 즉 '여색'이란 의미가 파생되었고 거기에서 얼굴, 얼굴빛, 빛깔이란 뜻으로 확장되었다.

음악으로 읽는 국운

서양에 7음계가 있는 것처럼 중국에는 '궁상각치우'란 5음이 있다. 중국인들은 이 음의 변화에 따라 나라의 길흉화복을 예측하곤 했다. 오음의 변화에 따른 징조를 알아보자.

첫째, 궁宮음은 임금을 상징한다. 일종의 북소리로, 만물이 소생하고 열매 맺으며 화합하는 모든 현상을 포괄하는 중심음이다. 궁음이 흔들리면 음악이 산만해지고 군주가 포악하다는 증거가 된다.

둘째, 상商음은 신하를 상징한다. 일종의 징소리로, 만물을 숙성시키는 결실의 소리이다. 상음이 흔들리면 음악이 사악해지고 신하들이 부패했음을 알 수 있다.

셋째, 각角음은 소고 소리처럼 부드러운 진동으로 만물을 소생시킨다. 이 각음이 흔들리면 음악에 근심이 가득하고 백성들의 원성이 높아진다.

넷째, 치徵음은 꽹과리처럼 열정적인 소리로 만물이 빛을 발하게 해준다. 심장의 고동소리를 상징하는 이 치음이 흔들리면 음악이 애달파지고 부역의 고통이 심해진다.

다섯째, 우羽음은 장고소리와 비슷한데 감추고 두드리며 만물을 연하게 밀어내는 겨울의 소리이다. 이 우음이 흔들리면 음악에 위기감이 흐르고 창고가 비었음을 알 수 있다.

이와 같은 오음의 변화를 바탕으로, 한 나라의 정치를 알아볼 수 있다. 왜냐하면 정치는 여러 악기를 지휘하여 아름다운 소리를 내는 오케스트라와 같기 때문이다. 그리하여 평화로운 치세의 음은 편안한 마음을 일으켜 사람들을 즐겁게 하고 정치를 화합시킨다. 난세의 음은 사람들로 하여금 원망하는 마음을 일으켜 화나게 만들고, 민심을 동요시켜 정치를 어지럽힌다. 망국의 음은 슬픈 마음을 일으켜 백성들을 고통스럽게 만든다.

그분에게 아름다운 꾀를 주고, 그것을 떠받들어 심기에 힘쓰라.

이 궐 가 유 면 기 저 식
貽厥嘉猷 勉其祗植

이 대목은 "그대에게 훌륭한 계획과 계책이 있거든 곧 들어가 안으로 그대 임금에게 아뢰고 그대는 밖에서 그것을 따르도록 하라."는 『서경』의 문장을 다시 쓴 것이다. 곧 군자에게 백성들을 편안하게 할 좋은 생각이나 계획이 있다면 임금에게 간하여 잘 쓰도록 하고, 그것이 잘 실행되도록 성심을 다하라는 뜻이다.

맹자에 따르면 고대의 성현들은 후세 사람들에게 지극히 아름다운 꾀를 남겨주었다. 예를 들면 탕왕의 재상인 이윤은 책임감, 백이는 청렴결백함, 유하혜[26]는 중용과 조화를 남겨주었다. 그래서 후대 사람인 청나라 때의 문인 장조는 그의 수필집 『유몽영』에서 이렇게 노래하고 있다.

백목련은 꽃 중에 백이이고
해바라기는 꽃 중에 이윤이며
연꽃은 꽃 중에 유하혜이다.

학은 새 가운데 백이이고
닭은 새 가운데 이윤이며
꾀꼬리는 새 가운데 유하혜이다.

이와 같이 즐비한 현인들 가운데서도 유독 두드러지는 이가 있었으니 그가 바로 공자이다. 맹자는 공자야말로 앞서 표현했던 인물들의 모든 장점을 갖춘 절대성인이라고 칭송했다.

이런 시각을 갖고 있었던 것은 당대의 제자들도 마찬가지였다. 재아는 공자가 요순보다 뛰어나다고 말했고, 자공은 백 년 이후에 공자를 평가하더라도 공자는 여전히 최고의 성인이라고 말했다.

지금도 중국 곡부에 있는 공자의 사당인 공묘孔廟의 대성전大成殿에는 '생민미유生民未有', 즉 '사람이 생겨난 이래 공자만한 성인이 없었다'라는 현판이 걸려 있다. 이와 관련된 유약의 보충 설명도 있다.

"기린과 달리는 짐승, 봉황과 날아다니는 짐승, 태산과 언덕, 혹은 개미 둑, 황하나 동해 같은 큰 물과 길에 고인 빗물은 모두 같은 무리이다. 마찬가지로 성인도 사람과 같은 무리이지만 그 중에서 가장 뛰어나고 단연 돋보였으니, 인간이 있은 이래 선생보다 더 훌륭한 사람은 없었다."

책망이나 경고 받을 만한 것이 있는지 반성하고, 영화가 더해져 최고조에 이르렀는지 살펴라.

성궁기계 총증항극
省躬譏誡 寵增抗極

벼슬자리에 오래 있다 보면 누군가에게 손해를 끼쳐 원망을 들을 때가 생기는 법이다. 또 타성에 사로잡혀 허술하게 처리한 일도 생기게 마련이다. 이런 일을 사전에 방지하기 위해서는 더욱 겸손한 자세로 자신을 돌아보아야 한다.

성궁기계省躬譏誡의 자세는 그처럼 자신에 대한 반성이며 새로운 출발의 모색이기도 하다. 나에 대한 책망과 비난은 직접적으로 가해질 때도 있지만 간접적으로 가해지는 경우도 있다. 무엇이 나를 향한 화살인지를 알아차리고 대비하는 것 또한 군자의 처신이라 할 수 있겠다.

총증항극寵增抗極은 "영화를 누리고 있을 때 위태로움을 생각하라."는 『서경』의 말을 다시 쓴 것이다. 고대의 지식인들은 하늘 끝까지 올라간 용은 후회할 때가 있다는 항룡유회亢龍有悔[27]의 역사의식을 가지고 있었다. 자신의 영화가 극이 다다랐을 때 물러나지 않으면, 뜻밖의 모함을 받아 곤경을 치르는 경우가 많았기 때문이다.

삶이란 순환이다. 한쪽 방향으로 끝없이 발전하는 것이 아니라 일정한 단계에 다다르면 시초로 다시 돌아가는 것이다. 지금 내가 서 있는 지점이 어디인지를 알아야 한다. 그렇듯 군자는 나아갈 때와 물러설 때를 알기에 난세에서도 일신을 보전할 수 있다.

손숙오의 유언

춘추시대의 다섯 패자 중에 남쪽에 있는 초나라의 장왕이 끼어 있는 것은 전적으로 손숙오란 인물의 능력 때문이었다.

그는 재상에 오르자 관료들을 다스리고 법령을 평등하게 적용해 민심을 가라앉혔다. 그리하여 불과 3년 만에 문화의 변방이었던 초나라를 중국 최강의 나라로 탈바꿈시켰다. 하지만 그가 이름을 날린 것은 정치적인 성공보다는 남다른 처신 때문이었다.

손숙오는 세 차례나 재상 자리에 올랐지만 조금도 기뻐하지 않았다. 자신의 재능에 그 자리가 알맞았다고 여겼기 때문이었다. 또 세 차례나 파면 당했지만 한 번도 언짢아하지 않았다. 자신의 잘못 때문에 그렇게 된 것이 아님을 알았기 때문이다. 그는 자신의 능력을 정확하게 판단할 줄 아는 사람이었다. 그래서 언젠가 재상에 오른 것을 축하하러 온 사람에게 이렇게 말하기까지 했다.

"나는 고귀한 것이 벼슬에 있는지 모른다. 만일 그것이 벼슬에 있는 것이라면 나와는 관계없는 것이요, 내게 있는 것이라면 벼슬과는 관계없는 것이다."

손숙오는 실로 불리한 것을 유리하게 만들고, 남이 싫어하는 것을 자신의 기쁨으로 돌릴 줄 아는 현명한 사람이었다. 그가 죽음에 임박하자 아들을 불러 말했다.

"내가 죽으면 왕은 분명히 너희들에게 좋은 땅을 주려 할 것이다. 하지만 절대로 순순히 받아서는 안 된다. 영 거절할 수 없게 되면 초나라와 월나라 중간에 침이라는 땅을 달라고 하거라. 그 땅은 아무도 탐을 내지 않으니 오래도록 보전할 수 있을 것이다."

그의 자식들이 시키는 대로 행하니 오랜 역사의 부침에도 침 땅을 빼앗기지 않고 손씨들의 터전으로 남길 수 있었다. 이 모두가 손숙오의 총즉항극寵增抗極이었던 것이다.

위태로움과 욕됨은 치욕을 부르니, 숲이 우거진 언덕으로 물러나면 좋을 것이다.

태 욕 근 치　임 고 행 즉

殆辱近恥 林皐幸卽

높은 지위에 있는 사람은 언제나 상하의 견제와 시기로부터 자유롭지 못하다. 작은 실수도 침소봉대되기 쉽고 가벼운 인사도 모함의 도구가 된다. 이 문장은 군자가 그런 지경에 처하면 은퇴하여 시냇가 언덕 같은 한가로운 곳에서 여생을 보내는 것이 낫다는 뜻이다.

사람의 위태로움과 치욕은 끝없는 욕망과 집착에서 출발한다. 남들이 부러워할 만한 부귀영화를 누리는 사람도 절제하지 못하면 나락으로 떨어지게 된다. 자기 분수를 지키지 못하고 더 높은 곳을 오르려다 추락해 재산은 물론 명예까지 잃어버린 사람이 얼마나 많은가.

유가에서 말하는 임고林皐는 완전한 은퇴의 장소가 아니다. 그곳은 강태공이 낚시를 하며 문왕을 기다렸던 그 언덕이다. 언제라도 임금이 원하면 돌아갈 수 있는 희망의 장소인 셈이다. 그러므로 "산림아, 언덕아, 나를 흔쾌히 즐기게 하는구나."라고 노래했던 장자의 은둔처와는 거리가 아주 멀다.

황제의 친구

후한을 건국한 광무제 유수에게는 어린 시절 동문수학했던 엄광이란 친구가 있었다.

"그 똑똑하고 다정한 친구가 곁에 있다면 얼마나 좋을까."

평소 그를 그리워하던 광무제는 결국 신하들에게 엄광을 찾아오라고 명했다. 곧 엄광의 초상화와 함께 그의 거처를 신고하는 사람에게는 큰 상을 내리겠다는 방문이 전국 방방곡곡에 붙여졌다. 얼마 지나지 않아 제나라 땅에 비슷한 사람이 있다는 소식이 전해져 왔다.

"한 남자가 털옷을 입은 채 매일 호수에서 낚시질하고 있는데 용모가 비슷합니다."

보고를 받은 광무제는 좋은 수레를 보내 정중하게 초청했지만 엄광이 말을 듣지 않은 탓에 세 차례나 신하를 보낸 뒤에야 데려올 수 있었다. 이윽고 광무제가 막사로 그를 찾아갔는데 마침 엄광이 잠을 자고 있었다. 반가움이 북받쳤지만 곤히 잠드는 그를 깨울 수 없어 광무제는 가만히 그의 배를 쓰다듬었다. 그러자 엄광은 눈을 번쩍 뜨더니 이렇게 소리쳤다.

"옛날에 소부는 요임금의 말을 듣고 귀를 씻었소. 그렇듯 사람은 제 생각대로 사는 게 편한데 어찌하여 자꾸 나를 괴롭힌단 말이오. 제발 나를 그냥 내버려둘 수는 없겠소?"

"알았네. 하지만 자네와 난 친구이지 않나. 오랜만에 만났는데 회포라도 풀고 헤어져야지."

광무제는 이렇게 그를 달랜 다음 어린 시절에 같이 물장구치던 이야기, 공부하며 장난을 쳤던 이야기 등 정담을 나누며 며칠을 함께 보냈다. 그리곤 친구의 태도가 좀 누그러진 것을 알고 간의 대부란 벼슬을 주려 했다. 그러자 엄광은 이렇게 소리치며 궁궐 밖으로 나가버렸다.

"나는 친구를 만나기 위해 여기 왔지 황제에게 벼슬을 얻으러 온 게 아닐세."

그 후 엄광은 부춘산에서 농사를 지으며 평생을 보냈다. 사람들은 그런 엄광의 처신에 탄복하며, 예전에 그가 낚시하던 호숫가를 '엄릉여울'이라고 불렀다.

소광과 소수는 때를 알고 도장끈을 풀었으니 누군들 핍박하리오.
홀로 떨어져 살며 한가하게 머무니, 잠긴 듯 고요하고 쓸쓸하다.

양소견기 해조수핍
兩疏見機 解組誰逼

삭거한처 침묵적요
索居閒處 沈默寂寥

이 대목은 중국 한나라 선제 때의 박사였던 소광과 그의 조카 소수가 벼슬을 버리고 은둔자가 되었다는 이야기다.

두 사람은 태자의 스승으로 각각 태부와 소부라는 높은 벼슬자리에 앉아 있었다. 하지만 이 둘은 조정 일각에서 자신들에 대한 질시가 높아지고 있음을 깨닫자 망설임 없이 벼슬을 내놓고 낙향해버렸다. 때문에 그들을 공격하여 이익을 얻으려던 무리들이 망연자실 목표를 잃고 닭 쫓던 개 꼴이 되고 말았다.

지위가 높아지면 자리에 집착하게 되는 것이 사람의 성정이다. 하지만 그런 미혹을 떨쳐버리고 소광과 소수처럼 어지러운 공간에서 나오는 것이 군자의 본분이다.

정상에 오르면 반드시 내려가는 것이 순리, 잠깐의 영화에 이끌려 그것을 놓치지 않으려고 몸부림치면 힘이 빠져 천길 나락으로 떨어지는 것이 세상사의 평범한 진리다.

『양서』에는 "나라의 운명을 흥하게 하려고 도장 끈을 풀었으니, 실은 어두운 시기를 피한 것이다."란 말이 있다. 도장 끈이란 관리가 조정의 문서에 책임을 지고 결재하는 관인주머니를 묶는 끈이다. 그것을 풀어버린다는 것은 곧 벼슬을 내던진다는 뜻이다.

삭거한처索居閑處는 벼슬에서 물러나 초야에 묻혀 사는 사람은 찾아오는 벗도 없어 쓸쓸하지만, 세상의 번거로움에서 벗어나 있으니 얼마나 마음이 편하겠느냐 하는 뜻이다.

속세를 살아가려면 윗사람에게 간언을 올리거나 아랫사람에게 충고와 질책을 할 수밖에 없다. 침묵하는 것은 이런 세계에서 떨어져 사는 모습이다. 또 타인과의 관계를 끊는 것은 삶에서 필연적인 스트레스에서 벗어나려는 몸부림이다.

'한가할 한閒' 자는 문門 사이에서 '달 월月'을 보고 있는 모양이다. 여유가 없으면 할 수 없는 일이다. 하지만 여기에는 어떤 결핍이 있다. 그것은 욕망 때문이다.

여유롭게 휴가를 보내고 나면 새로운 아이디어가 떠오르고, 은퇴한 지 오래된 사람들이 신선한 제안을 들고 나오는 것은 여가의 긍정적인 측면이다.

이태백의 시 『하일산중夏日山中』에는 이와 같은 휴식의 분위기를 실감나게 표현한 구절이 있다.

"백우선을 부치기도 귀찮다. 숲 속에 들어가 벌거숭이가 되자. 두건은 벗어 석벽에 걸고 머리에 솔바람을 쐬자."

옛것과 생각을 나누었던 자취를 찾고, 근심을 버리고 한가로이 노닌다.
기쁜 일은 아뢰고 근심은 내보내며, 슬픔은 물러나고 기쁨이 손짓하네.

구 고 심 론　산 려 소 요
求古尋論 散慮逍遙

흔 주 루 견　척 사 환 초
欣奏累遣 慼謝歡招

이 문장은 공자의 온고이지신溫故而知新, 즉 "옛것으로부터 새로운것을 알아낸다."는 말과 상통한다. 잡다한 세상살이에서 벗어나 욕심 없이 한가롭게 사는 사람은 책 속에서 옛사람의 도를 구하고 그 도리를 찾아 벗들과 생각을 주고받는 재미를 느낄 수 있다. 이는 자신을 닦으면서 세상을 이롭게 하는 행동과 다름없다.

이 문장에서 고古는 옛것이라는 의미를 갖는다. 옛 고古 자는 '열 십十' 자와 '입 구口' 자로 이루어졌다. 십은 많은 수를 뜻한다. 그러므로 '옛 고'는 많은 사람들의 입을 통해 전해져 내려온 이야기가 된다. 아주 오랜 옛날에는 문자가 없어 지식을 입에서 입으로 전수했다.

『논어』에는 "나는 태어나면서 안 사람이 아니라, 옛것을 좋아해서 쉬지 않고 이를 추구한 사람이다."라는 말이 있다. 또 '사람에게 먼 훗날에 대한 생각이 없으면 반드시 조석 간에 해결해야 할 근심이 생긴다' 란 공자의 말도 있다. 어떤 상황에서도 책에서 손을 놓아서는 안 된다는 뜻이다.

소요逍遙란, 뭔가를 바삐 쫓아다니지 않고 만족스러운 마음으로 한가롭게 거니는 모양이다. 관직에서 물러난 군자들은 한가로이 일상을 즐기며 다시 중앙무대로 불려나갈 경우를 대비해 공부를 하곤 했다.

이어진 '흔주루견 척사환초欣奏累遣 慼謝歡招' 란 구절 역시, 세상에 잡스러운 일에 얽매이지 않는 사람은 늘 느긋한 마음을 유지할 수 있으니 슬픔은 물러가고 기쁨만이 몸을 감싼다는 뜻이다. 때를 만나지 못하고 은거하고 있는 군자의 마음가짐이다.

도랑의 연꽃은 또렷이 빛나고 동산에 잡풀은 가지가 무성하다.
비파나무는 오래도록 푸르고, 오동나무는 일찍 시드네.

거 하 적 력　원 망 추 조
渠荷的歷　園莽抽條
비 파 만 취　오 동 조 조
枇杷晚翠　梧桐早凋

개천에 연꽃이 아름답게 피어나니 이곳이야말로 번거로움과 욕심을 벗어던지고 한 세상을 지내기에 알맞은 곳이다. 과수원의 우거진 풀을 뽑아주고 나무의 곁가지를 다듬어주며, 주렁주렁 과실이 영글어가는 모습을 흐뭇한 마음으로 바라본다. 비파나무는 늦게까지도 그 빛이 푸른데 오동나무는 일찍 그 잎이 시드니 자연은 제각각 오묘함으로 순환한다.

이렇듯 자연을 관조하며 생명의 이치를 깨달을 수 있는 것이 농촌살이의 축복이고, 은퇴한 사람들의 멋진 노년일 것이다. 그렇게 알게 된 것을 글로 쓰고 손자들에게 가르치는 것은 내가 살아오고 그들이 살아갈 이 땅을 아름답고 풍성하게 가꾸어 가는 것이리라.

명예와 이익에 대한 욕심을 버리면 자연의 아름다움, 우주의 법칙이 눈에 들어오게 된다. 도시인들이여 생각을 바꾸어라. 번다한 생활과 물질의 욕망에서 벗어나 푸르고 맑은 농촌으로 돌아가라.

오동나무 잎으로 벼슬을 내린 성왕

은나라를 멸망시키고 주나라를 세운 무왕이 2년 만에 죽자 태자인 송이 제위에 오르니 그가 성왕이다. 성왕은 나이가 어렸으므로 숙부인 주공 단이 섭정으로 7년간 나라를 다스렸다. 그러다 성왕이 장성하여 실권을 위임하자 왕은 답례로 곡부를 식읍으로 내주었다.

성왕이 어렸을 때 동생인 당숙 우와 놀이를 했다. 그러던 중 성왕이 오동나무 잎을 따서 어린 동생에게 주며 말했다.

"짐은 너를 진후에 봉한다. 이것은 그 징표이다."

그것은 천자가 제후를 봉할 때 내리는 홀笏을 대신하는 것이었다. 이 광경을 본 주공이 어린 천자를 심하게 꾸짖었다.

"어찌 천자로서 벼슬을 마음대로 내리십니까? 그래서는 안 됩니다."

"장난이었어요. 숙부."

성왕이 시무룩해져서 대답했지만 주공은 노기를 감추지 않고 말했다.

"천자에게는 장난이란 있을 수 없습니다. 천자의 말은 사관이 기록하고 악사가 노래 부르며 선비가 칭송하기 때문입니다. 그러므로 한번 한 말은 반드시 지켜져야 합니다."

그러면서 주공은 천자의 어린 동생을 진후에 봉하도록 했다.

오래된 뿌리들은 말라 시들고 떨어진 잎들은 바람에 나부끼네.
곤은 홀로 노닐다가 하늘을 넘어 미끄러지듯 날아간다.

진 근 위 예　낙 엽 표 요
陳根委翳 落葉飄颻

유 곤 독 운　능 마 강 소
遊鵾獨運 凌摩絳霄

이 대목은 나이 든 선비가 모든 벼슬에서 은퇴하고 집안일도 접은 다음, 생의 마지막을 준비하는 모습이다.

가을이 가고 겨울이 오면 초목들은 생명의 기를 뿌리에 모으며 속으로 숨어듦으로써 추위를 견딜 준비를 한다. 그리고 마침내 매섭고 세찬 겨울바람이 불어오면 메마른 낙엽이 휘날린다. 그렇지만 그것은 결코 시련의 과정만은 아니다. 만물이 긴 휴식을 통해 새로운 봄을 잉태하는 과정인 것이다.

『회남자』에는 "조그만 것을 보면 큰 것을 알 수 있다. 나뭇잎 하나가 떨어지는 것을 보고 한 해가 저문다는 것을 알게 되고, 병 속에 물이 어는 것을 보고 세상이 추워졌음을 알 수 있다."라는 말이 나온다.

진陳은 사방이 나무로 둘러싸인 분지 내의 평원을 뜻한다. 주나라 대의 진나라는 오늘날 하남성 동부와 안휘성 서부에 걸친 광대한 평원지대에 위치했으므로 진陳으로 명명되었다.

진나라는 순임금의 후예인 규만이 주나라 무왕에게 봉지로 받은 땅이었으므로 역사가 오랜 나라이다. 그래서 진陳이라는 글자에는 '오래되다', '진부하다', '썩다' 등의 뜻이 덧붙여지기도 한다.

곤鯤은 봉황의 하나로 장자의 「소요유」편에 이런 문장이 있다. "북명의 바다에 물고기가 있는데 그 이름이 곤이다. 곤은 커서 몇 천리가 되는지 알지 못한다. 곤이 탈바꿈해 새가 되니 그 이름이 붕이다. 붕새의 등은 몇 천리가 되는지 알지 못한다." 붕鵬이 될 곤이 한가롭게 살아가면서 자신을 갈고 닦아 마침내 천지를 뒤덮는 붕이 된다는 것이다. '대붕의 뜻을 뭇 꿩이 어찌 알겠느냐'란 말도 있듯이 꾸준히 스스로를 갈고 닦으면 큰 인물이 될 수 있다는 암시를 주고 있다.

붕의 움직임에 관해서 『회남자』에 "뜬구름을 아래로 깔고, 푸른 하늘을 등에 지고, 하늘 꼭대기 위를 가슴으로 밀고 날아간다."라는 구절이 있다. 그러므로 능마凌摩는 하늘 테두리를 넘어서서 미끄럼을 타듯 부드럽게 날아가는 붕새의 모습이고, 강소絳霄는 가장 높은 하늘을 뜻한다.

즉, 이 문장은 변방인 북쪽 바다에 홀로 잠겨 있다가도 때가 되면 그 큰 날개짓으로 천하를 뒤덮는 붕새의 모습처럼 자신도 언젠가 천하를 진동케 할 것이라는 군자의 원대한 포부를 담고있다. 비록 지금은 힘이 없어 고독하고 쓸쓸한 처지에 놓여 있지만, 그동안 학문과 경험을 갈고 닦아 반드시 세상을 놀라게 하고야 말겠다는 선비의 기개가 담겨 있는 것이다.

저자거리 책방에서 글 읽기에 골몰하니, 눈길을 붙이면 주머니나 상자에 담는 것만 같다.

耽讀翫市 寓目囊箱
탐독완시 우목낭상

왕충은 서기 30년경인 후한 때 절강성 회계상우라는 지방에 살았던 대학자이다. 어렸을 때 매우 총명했던 그는 낙양에 유학하여 저명한 역사가 반고의 부친인 반표의 제자가 되었다. 그렇지만 가난 때문에 책 살 돈이 없었으므로 낙양의 저자거리에 있는 책방에 가서 책을 읽었는데, 기억력이 뛰어나 한 번만 훑어보고도 그 진수를 깨달았다고 한다.

이 대목은 왕충처럼 가난해도 열심히 공부하면 성공할 수 있다는 격려 차원의 글이다. 그는 기존의 신비적 사상이나 속된 신앙, 유교적인 권위를 비판하고 언론의 자유를 주장했는데 유명한 『논형論衡』이 바로 그의 저술이다.

『논형』은 총 85편으로 전국시대 제자백가의 설과 당시의 정치, 습속習俗, 속설 등 다방면의 문제를 다루고 있다. 실증적이고 합리적인 비판을 담고 있지만 일관된 논리적 체계가 없다는 평도 있다. 하지만 한나라 시대의 유학 속에 잠재된 허망성을 지적하고 속된 유교주의자들의 신비주의적 사상을 배격하고 있어 매우 흥미롭다.

이런 뛰어난 학문적 성과에도 불구하고 왕충은 지방의 말단관리로서 한번도 중앙무대에 진출하지 못했다. 말년에 황제의 부름을 받아 한을 풀 기회를 얻었지만 병 때문에 그마저도 이루지 못했다. 아무리 뛰어난 지식인이라도 때를 만나지 못하면 뜻을 펼치기 힘들다는 역사의 교훈을 되새기게 해준다.

가볍고 쉬워 보이는 것도 두려워해야 할 터이니, 담장에도 귀가 붙어 있기 때문이다.

이유유외 속이원장
易輶攸畏 屬耳垣牆

이 대목은 "군자는 말을 가벼이 여기지 않으니, 담에도 귀가 붙어 있기 때문이다."란 『시경』의 구절을 고쳐 쓴 것이다. "낮말은 새가 듣고 밤 말은 쥐가 듣는다."고 한다. 모든 일을 삼가는 마음으로 조심하고 쓸데없는 말로 남을 헐뜯거나 비웃지 말아야 한다는 뜻이다. 군자의 마음가짐과 몸가짐을 경계하는 내용이다.

말이란 그 사람의 본심이기도 하지만 그 자체로 생명력을 갖는다. 그래서 뜻이 바른 곳에 있더라도 자칫 엉뚱한 방향으로 결론이 날 수도 있다. 그러므로 함부로 입을 놀려서는 어떤 곤란을 겪을지 알 수 없다. 듣는 것도 마찬가지이다. 남의 말을 듣는다는 것은 누군가를 만나는 것이다. 독재자들은 언제든 자신의 권력이 무너질 수 있기 때문에 수많은 정보원들을 풀어놓았다.

과거 냉전시대의 동독에는 국민의 숫자보다 정보원의 숫자가 더 많았다는 우스갯소리가 있지만, 왕조시대에서는 지식인의 말 한마디 글 한 줄이 역모가 되고 선동이 될 수도 있었다. 그러므로 항상 조심하고 숙고하지 않을 수 없었던 것이다. 이 대목과 관계 깊은 『시경』의 「소변小弁」이란 시를 감상해보자.

> 높지 않으면 산이 아니고 깊지 않으면 샘이 아니다.
> 군자는 말을 함부로 하지 않는다. 담에도 사람들의 귀가 있기 때문이다.
> 내 그물에 가지 말고 내 통발을 꺼내지 말라고 했건만
> 내 몸도 들어가지 못하는데 어느 틈에 뒷일을 걱정하랴.

이 시는 주나라의 12대 임금 유왕이 태자인 의구를 폐한 사건을 두고 지은 것이다. 당시 애첩 포사에게 빠져 있던 유왕은 포사의 달콤한 말에 넘어가 태자 의구를 폐하고 포사의 아들 백복을 태자로 삼았다.

이에 의구가 외가인 신나라로 도망치자 유왕이 군사를 일으켜 신나라를 공격했다. 이에 신나라는 이민족인 견융과 합세하여 역습했고 그 결과 유왕은 목숨을 잃고 말았다. 이 일이 있은 후 주나라는 쇠약해져 도읍을 호경에서 낙읍으로 옮겼고, 제후들의 각축전인 춘추시대가 시작되었다. 이 모두가 유왕의 가벼운 처신과 말에서 비롯된 것이다.

소박한 밥상에 반찬을 갖추어 먹고, 입에 맞게 창자를 채우면 되는 것이다.

구 선 손 반 　 적 구 충 장
具膳飡飯 適口充腸

이것은 군자로서의 안분지족安分知足에 관한 경고이다. 손반飡飯이란 '물에 말은 밥'을 뜻하지만 반찬飯饌을 갖추어 주린 창자를 채울 만큼만 정결하게 먹으라는 뜻도 있다. 쓸데없는 음식욕심 부리지 말라는 것이다. 『논어』에 "군자는 먹는 데 배부름을 구하지 않고 거처하는 데 편안한 것을 구하지 않는다."라고 했다. 밥을 물에 말아 먹는 것은 시간이 촉박해 식사를 간략하게 할 때이다. 군자는 그렇게 먹는 시간까지 아껴 도를 구하게 마련이지만, 되도록이면 반찬을 잘 갖추어 건강이 상하지 않도록 해야 한다.

안지추의 노블레스 오블리주

위진남북조시대의 대학자 안지추는 『안씨가훈』이란 저서를 통해 후손들에게 조화로운 삶의 비결을 남겨주었다. 여기에서 그는 겸허하고 담백한 마음으로 인생을 대할 때 뜻밖의 재앙에서 벗어날 수 있다고 강조하고 있다.

옷은 추위를 견뎌낼 정도면 되고, 먹을거리는 굶주림을 면할 정도면 된다. 몸 하나를 살리려 사치하고 낭비하는 짓 조차 쓸데

없는 짓인데, 하물며 교만이나 욕심이 다 무엇이냐는 것이다. 그는 주나라의 목왕이나 진시황의 예를 들면서, 지고지상의 부와 권력을 누린 자들도 욕망을 제어하지 못해 불행해졌거늘 보통사람들의 경우는 어떠하겠느냐며 자손들에게 이렇게 명했다.

"스무 명의 가족이 생활하는 데 있어 노비는 많아도 스무 명을 넘지 않는 것이 좋다. 좋은 논밭은 십 경 정도만 있으면 충분하다. 집은 비바람을 견뎌낼 정도면 되고, 수레는 다리로 걷는 것을 대신하면 넉넉하다. 현금은 수만 전을 저축해 좋은 일이나 나쁜 일, 그밖에 위급한 일에 대비할 수 있는 정도면 된다. 그 이상으로 넘치는 재산은 의로운 곳에 베풀어 주어라."

안지추의 훈계는 지나치면 모자람만 못하다는 교훈을 절절하게 표현하고 있지만, 어디까지나 부와 권력을 쥔 기득권자의 보신책이라는 느낌을 지울 수가 없다. 어쨌든 이것은 오늘날 엄청난 부를 세습하고도 분수를 모르고 만족하지 못하는 사람들에게 보내는 경고이기도 하다. 권위에는 그에 걸맞는 책임이 따른다. 그것을 이행하지 못하는 사람들은 언제나 역사의 심판을 받았다.

배부르면 고기음식도 먹기 싫고, 배고프면 술지게미나 겨도 달갑다.

포 어 팽 재　기 염 조 강

飽飫烹宰 飢厭糟糠

팽재烹宰란 짐승을 잡아 요리한다는 뜻으로 고기요리를 가리킨다. 고기요리야말로 맛있는 요리의 대명사이지만 배가 부르면 아무 맛도 느낄 수 없다는 게 이번 문장의 뜻이다.

여기에서 '재상 재宰'는 '집 면宀'과 '매울 신辛'으로 이루어져 있다. 신辛은 죄인들의 이마에 문신을 넣는 묵침 모양으로 죄인 또는 노예를 뜻한다. 따라서 재는 글자 그대로 해석하면 '집안에서 일하는 노예'가 된다. 이런 노예들은 주로 음식을 만들어 주인에게 바치는 일을 했으므로 '요리하다', '도살하다' 등의 뜻이 생겨났다.

집안노예는 대개 집밖노예보다 총명하고 복종심이 강하므로 주인의 일을 일부 떠안기도 했다. 그리하여 재량껏 처리할 수 있는 권한이 주어졌으므로 '주관한다'는 의미도 생겨났다. 재상이 왕의 권한을 위임받아 신하들을 지휘하는 것도 알고 보면 그가 노예이기 때문이라고 생각하면 재미있다.

조강糟糠이란 술지게미와 곡식의 껍질인 겨를 가리킨다. 주로 가축의 사료로 이용되었지만 먹을 것이 없는 가난한 사람들이 배고픔을 달래려고 먹기도 했다. 그래서 조강지처糟糠之妻란 극도로 가난했을 때의 아내를 뜻하는 것이다. 이런 아내를 내쫓지 못하게 한 것이 삼불거三不去 중의 하나임은 앞에서도 밝혔다.

『사기』에 "안회는 평생 가난해서 술지게미와 쌀겨조차 배부르게 먹지 못하고 끝내 젊은 나이에 죽고 말았다."라는 기록이 있다. 안회는 그런 굶주림 속에서도 학문을 사랑하고 도를 추구하는 것을 게을리하지 않았다. 그리하여 수제자인 그가 죽었을 때 공자는 대성통곡하면서 '하늘이 나를 망치는구나'라고 탄식했던 것이다.

공자는 "싹이 틀 때는 아름다우나 꽃 중에는 피지 못하는 꽃도 있고, 꽃은 피었으나 열매를 맺지 못하는 것이 있다."라고 했는데 이는 바로 배우기를 좋아했던 유일한 제자인 안회에 대한 애달픈 표현이었다.

친척과 옛 친구들에게는, 늙고 젊음에 따라 먹을 것을 달리 해야 한다.

친 척 고 구　노 소 이 량
親戚故舊 老少異糧

같은 성을 쓰는 집안사람들을 '친親'이라고 하고 다른 성을 쓰는 집안사람을 '척戚'이라고 한다. 이 둘을 합해 친척親戚이라 하는데, 곧 친가와 외가를 통칭하는 말이다. 고구故舊는 어릴 적부터 사귄 친구이다.

친척을 대할 때는 육친의 정으로 대하고 친구를 대할 때는 믿음으로 대하라는 것이 유가의 설법이다. 임금은 임금답게, 신하는 신하답게, 부모는 부모답게, 친구는 친구답게 대해야 한다는 것이다. 이렇듯 신분의 질서를 확실하게 세우고 도를 행한다면 세상은 인과 덕으로 가득 찬 태평성대가 된다. 이것이 곧 공자가 꿈꾸었던 이상국가이다.

예禮는 질서를 세우기 위해 무조건 위아래를 구분한 것이 아니라 실사구시적인 합리성에서 비롯되었다. 맹자의 말대로 사람은 늙으면 비단옷이 아니면 따뜻하게 느껴지지 않고 고기가 아니면 배불리 먹기 힘들다. 그만큼 노인들은 젊은이들에 비해 유연성이 떨어진다. 그러므로 각별한 배려가 필요하다는 뜻이다.

『예기』에 따르면, 50세가 되면 젊은이와 다른 음식을 준비해주고, 60세 노인에게는 고기반찬을, 70세 노인에게는 맛있는 반찬을, 80세 노인에게는 진귀한 음식을 올려야 하며, 90세 노인의 곁에는 항상 음식을 놓아두어야 한다.

음식에도 구별이 있어야 한다. 인도 사람들에게 쇠고기 음식, 이슬람교도나 유대인들에게 돼지고기를 권하는 것은 대접이 아니라 모욕을 주는 행위다. 채식주의자에게 고기요리를 권하는 것도 마찬가지다. 이가 부실한 노인들에게는 질긴 고기를 삼가야 하고, 아이들에게는 건강을 위해 단 음식은 가급적 주지 않는 것이 좋다. 누군가를 대접할 때는 질과 양에 앞서 무엇보다도 진정성을 갖추는 것이 중요하다 하겠다.

아내와 첩은 길쌈을 하고, 장막 친 안방에서 수건을 들고 시중든다.

첩 어 적 방　시 건 유 방
妾御績紡 侍巾帷房

옛날 사대부들에게는 아내 외에도 몇 명의 첩을 거느리는 것이 허용되었다. 첩들은 보통 가장이 집을 비우면 삼 껍질을 벗기고 물레를 돌려 실을 뽑은 다음 베틀을 이용해 옷감을 만드는 일을 했다. 첩들은 이런 노동을 통해 나름대로의 보람을 느끼기도 했던 모양이다.

『여씨춘추』에서는 "여자가 성년이 되었는데도 길쌈을 하지 않으면 천하의 추위에 시달리는 일이 생길 것이다."라고 하여 여인들의 노동에 대한 가치를 높이 평가했다.

길쌈이란 삼이나 누에, 모시, 목화 등의 섬유원료에서 베나 명주, 모시, 무명을 짜내는 모든 과정을 말한다. 중국인들은 길쌈을 국가의 제례행사로 정해 특히 중요하게 여겼다. 우리나라의 명절 추석이 길쌈에서 나온 것과 그리 다르지 않다.

유교사회에서는 여성들에게 이렇듯 가사노동의 중요성을 강조했지만 정작 어머니들에게 자식교육의 책임은 주지 않았다. 그럼에도 불구하고 맹모단기孟母斷機의 고사는 자녀교육에 엄격했던 어머니의 일례를 보여주고 있다. 맹모단기란, 맹자의 어머니가 공부를 게을리 하는 아들을 각성시키기 위해 짜고 있던 베를 단칼에 잘라버린 일을 말한다. 삼 껍질을 벗겨 베틀에 올려놓기까지 베를 짜기 위해서는 엄청난 시간과 노동력이 필요했다. 고로, 애써 짠 베를 단칼에 잘라버린다는 것은 아무리 과감한 어머니라 해도 감히 상상조차 하지 못할 일이었다.

시건유방侍巾帷房이라 하여 수건을 들고 남편을 시중드는 모습은 부부유별 가운데서도 남존여비의 사상이 적나라하게 담겨있는 풍경이다. 시건侍巾은 시건즐侍巾櫛의 준말로 수건과 빗을 들고 시중을 든다는 뜻이다. 여자들은 언제나 남편의 시중을 들어야 한다는 것이다.

『예기』에 따르면 옛날 처첩들은 일정한 법도와 일정에 따라 남편의 잠자리 시중을 드는 유방帷房의 예禮를 행해야 했다. 이런 예는 본처의 경우 70세가 되어야 면제됐고 첩은 50세를 넘기기 전까지 5일에 한 차례씩 시중을 들어야 했다. 잠자리를 모실 때는 몸을 단정히 하고 공경하는 마음으로 지아비를 영접해야 했다. 이처럼 옛날 선비들의 고상한 품위 뒤에는 무수한 여인들의 희생이 가리워져 있었다.

흰 비단 부채는 둥글고 깨끗하며, 은촛대의 촛불은 빛나고 빛나도다.

환 선 원 결　은 촉 휘 황
紈扇圓潔 銀燭輝煌

이 문장부터 나중에 나오는 열예차강悅豫且康까지는 벼슬을 버리고 시골로 내려간 군자의 한가로운 삶을 그려내고 있다.

비단 부채와 은촛대로 표현되는 선비들의 사치스런 삶으로 미루어 볼 때, '낙향이란 그저 부유한 사대부들의 음풍농월에 지나지 않는가' 라고 의문을 품을 수도 있겠다. 옛날 귀족들이 항상 부채를 손에 쥐고 있었던 것은 귀천을 구별하기 위해서이기도 했고, 위엄과 인품을 과시하기 위해서이기도 했다.

조선의 시인 겸 학자 윤선도는 노비들로 하여금 연못과 동굴을 만들게 하고 그곳에서 술을 마시며 시를 썼다. 이는 과거 지배계층의 권력과 부의 독점이 어느 정도였는지 능히 짐작케 해준다.

은촛대는 임금에게 충성함으로써 얻어지는 반대급부였다. 그러므로 권력자나 은퇴한 사대부만이 은촛대에 촛불[28]을 켜는 호사를 누릴 수 있었다. 반대로 평민들은 송진을 녹이거나 피마자기름 등을 이용해 등잔을 켰고, 밤에는 그조차 아까워 일찍 잠에 들곤 했다. 그래서 일찍 자고 일찍 일어나는 것이 근면함의 상징이 되지 않았나 싶다.

고대에는 귀족과 백성들의 삶에 이처럼 엄청난 차이가 있었다. 하지만 우리는 이런 역사를 굳이 비틀린 눈으로 바라볼 필요는 없다. 그런 부조리한 시대가 있었으므로 오늘날처럼 자유로운 시대가 온 것이 아니겠는가.

낮에는 졸고 밤에는 자니, 대나무 침상과 상아로 치레한 긴 걸상이다.

주 면 석 매 남 순 상 상

晝眠夕寐 藍筍象床

낮에는 할 일이 없어 대나무 침상에서 졸고 밤에는 상아로 된 화려한 침상에서 잠을 잔다는 것은 왕후장상보다도 더 여유로운 모습이다. 외로운 곳에서 고독하게 말년을 보내는 낙향거사의 그것으로는 보기 힘들겠다. 대저 은퇴한 선비란 낮에는 밭을 갈거나 후학들을 가르치고 밤에는 서책을 읽으며 마음을 다스리는 것이 본모습일진대 말이다.

당나라의 시인 백거이의 시 가운데 "뒤뜰 정자에서 낮잠을 실컷 자고, 일어나 앉으니 봄 풍광이 저물어가네."란 대목이 있다. 이는 낮잠이 얼마나 사람의 시선을 신선하게 환기시켜주는가를 암시한다.

현대적인 시각에서 본다면 창조적인 일을 하는 사람에게 잠깐의 휴식이란 생명력을 안겨주는 자양분이 될 수도 있다. 여가는 이보 전진을 위한 안식이기 때문이다. 그러기에 요즘에는 대학에서도 안식년제를 시행해 학자들로 하여금 에너지를 재충전하도록 하고 있지 않은가.

재아의 낮잠

공문십철 가운데 재아는 연설과 변론에 뛰어난 인물이었다. 하지만 천성이 게으르고 반항심이 강해 공자의 말을 잘 따르지 않았다. 공자가 삼년상을 내세우자 그것은 격식에 얽매여 공경하는 진심을 도리어 해친다 하여 일년상을 주장하기도 했다. 어느 날 공자는 그가 낮잠 자는 모습을 보고 이렇게 야단쳤다.

"썩은 나무에는 조각할 수 없고 썩은 흙으로 쌓은 담장은 흙손질을 할 수 없다."

그때부터 공자는 사람을 평가할 때 말만이 아니라 행동까지 살피게 되었다. 훗날 재아는 제나라의 임궤에서 대부가 되자 이렇게 주장했다.

"낮잠이란 썩으려 하는 나무에 생기를 주고 푸석한 흙에 진기를 주는 행위이다."

그때부터 재아의 낮잠은 격식보다 실사에 비중을 둘 때 곧잘 인용되었다. 이른바 실사구시학의 원조쯤 되겠다.

거문고 타고 노래하며 술 마시는 잔치마당에서는 얌전히 잔을 쥐고 두 손으로 올려 권하라.
손을 굽혔다 펴고 발을 구르니, 기쁘고 즐거우며 걱정이 없구나.

현 가 주 연　접 배 거 상
絃歌酒讌 接杯擧觴

교 수 돈 족　열 예 차 강
矯手頓足 悅豫且康

현絃은 줄로 만든 악기 즉 거문고, 가야금, 비파 종류를 말하고 가歌는 가사歌詞, 시조時調, 가창歌唱 등을 뜻한다. 그러므로 이 대목은 손님을 청해 음악과 노래를 함께 즐기는 정경을 묘사하고 있다.

여기에서 손님에게 잔을 들어 권한다는 것은 이른바 음주의 예의를 말하는 것이다. 고대 중국인들에게 있어 술은 즐거움을 얻기 위한 수단이고, 음악은 덕을 밝히기 위한 수단이며, 예의는 음란함을 막기 위한 수단과 같았다.

유가의 경전 중에 하나인 『의례儀禮』에는 관혼상제를 비롯해 손님을 맞을 때의 주례酒禮가 상세하게 기록되어 있다. 주례란 한 잔의 술을 마시더라도 주인과 손님 간에 품격을 지켜야 한다는 개념에서 나왔다. 예로부터 중국에서는 술에 취해 실수를 하게 되면 인격마저도 의심받았다.

"술에 취해 비틀거리거나 주정하는 사람은 짐승이나 다름없어. 술이란 즐거운 대화의 도구일 뿐이야."

이런 의식이 중국인들에게 뿌리 깊게 배어 있는 것이다. 술로 인해 벌어지는 사고를 미연에 방지하기 위한 예방 차원의 관습이다.

『소학』에 나오는 어른과 젊은이의 주례를 잠깐 살펴보자. 젊은이는 자리에서 일어나 술잔이 놓인 곳으로 가서 절을 하고 술을 받는다. 그러나 어른이 만류하면 제자리에 돌아와서 마실 수 있다. 어른이 술잔을 들어 다 마시지 않았으면 젊은이는 감히 마시지 못한다. 어른이 주는 술잔은 반드시 두 손으로 받아야 하고, 어른이 마신 뒤에 상체를 뒤로 돌려 마셔야한다.

중국은 술의 종류가 헤아릴 수 없이 많고, 매우 독하다. 그러므로 술에 관련된 고사와 시도 많다. 이태백을 주선이라 하고, 도연명도 헌주사 25편을 남길 정도의 주당이었다. 죽림칠현의 유영은 대표적인 술고래였다. 하지만 그들에게 있어 술이란 목적이 아니라 수단이라는 관념이 강했다. 때문에 '술에 취했다'는 표현은 곧 '세상에 등을 돌렸다'란 뜻이었다.

교수돈족矯手頓足은 잔치마당에서 사람들이 흥에 겨워 덩실덩실 춤추는 모양이다. 예로부터 술과 노래와 춤은 떼려야 뗄 수 없는 관계였다. 예전에 서양의 신사들이 사교를 위해 기본적으로 춤을 익혔던 것처럼 고대 중국의 지식인들도 어렸을 때부터 기본적으로 춤을 배웠다.

적으로 춤을 배웠다.

춤은 크게 학문의 덕을 기리고 칭송하는 문무文舞와 무공을 과시하고 찬미하는 무무武舞로 나눌 수 있다. 대표적인 무무에는 항우와 유방이 만난 홍문의 연회에서 초나라 장수 항장과 한나라 장수 번쾌가 맞붙었던 검무를 들 수 있다.

춤이란 유교적인 관점에서 예악의 하나로 중요시된 덕목이다. 예악이란 곧 나라를 다스리는 근본이다. 따라서 공자는 태평성대에는 조화로운 춤이 나오지만 혼란기에는 음란한 춤이 성한다고 생각했다. 『예기』에는 "음력 정월에는 학동들에게 춤을 익히게 한다."라는 구절이 있다. 봄에는 양기가 왕성하므로 춤이란 겨우내 잔뜩 움츠러들었던 몸을 펴 음기를 불러오게 하는 일종의 운동이기도 했던 것이다.

순우곤의 경고

제나라의 유세객 순우곤은 언변이 뛰어났다. 언젠가 초나라가 쳐들어오자 제나라 위왕은 순우곤을 조나라로 보내 원병을 청했다. 그리하여 순우곤이 조나라 병사 10만명과 전차 1천승을 이끌고 오자 초나라의 군대는 혼비백산해 철수하고 말았다. 이에 위왕이 몹시 기뻐하며 축하연을 베풀었다. 이때 순우곤은 위왕이 술자리를 즐겨하는 것을 알고 은근한 말투로 간했다.

"날이 저물어 술이 떨어질 때쯤 되면 취기가 가득해 남녀가 서로 무릎을 맞대고 서로의 신발이 뒤섞이며, 술잔과 그릇들이 어지럽게 흩어지게 됩니다.[29] 술이 극에 달하면 어지러워지고 즐거움이 극에 달하면 슬퍼지는데 만사가 그와 같습니다."

이와 같은 간곡한 조언의 뜻을 깨달은 위왕은 이후 철야로 주연을 베푸는 것을 삼갔다. 그리고 자신을 제어하기 위해 순우곤을 제후의 주객, 일종의 술상무로 삼아 왕실의 주연이 있을 때마다 꼭 곁에 두고 마셨다.

제7장

함께 만드는 마음의 천국

집착을 버리면 나물 반찬도 맛있다. 마음이 가난하면 산해진미도 껄끄럽다. 마음이 풍요로운 사람들이 두루 어우러지면 태평성대가 부럽지 않다. 천자문이 그리는 태평성대의 모습과 천자문을 완성한 원작자의 향기를 느껴보자.

맏아들은 대를 이어 조상에게 증상 제사를를 지내니, 이마를 땅에 대어 두 번 절하되, 지극히 두려운 마음으로 하라.

적 후 사 속 제 사 증 상
嫡後嗣續 祭祀蒸嘗

계 상 재 배 송 구 공 황
稽顙再拜 悚懼恐惶

고대 주나라의 제후들은 천자의 간섭 없이 독자적으로 제후의 자리를 자식들에게 넘겨줄 수 있었다. 하지만 자식들 사이에 벌어지는 치열한 권력다툼은 피할 수 없었다. 이것을 예방하기 위해 주공 단이 노심초사한 끝에 만든 것이 적장자에게 권력과 가문을 물려주는 종법宗法제도이다.

"앞으로는 정실부인의 맏아들에게 모든 지위와 재산을 물려주도록 하자. 대신 조상들에게 제사 지내고 가문의 전통을 수호해야 한다."

이 제도는 주공 단 스스로 무왕의 적장자인 성왕을 보좌함으로써 모범을 보였고, 이후 역대 왕실에서 당연한 전통으로 받아들여졌다.

농사를 주업으로 하던 당시 백성들도 조상이 이루어놓은 재산을 지켜내고 가문을 유지하기 위해서는 일정한 장치가 필요했다. 때문에 그들도 제후들이 선도한 종법제도를 별다른 반발 없이 받아들였다. 그리하여 적장자는 적장자로서의 권한을 누림과 동시에 제사를 비롯한 가문의 모든 것을 관장해야 할 무거운 책임을 떠맡게 되었다.

적장자들은 계절마다 제사를 지내야 했는데 봄 제사는 사祀, 여름 제사는 약礿, 가을에 지내는 제사는 상嘗, 겨울에 지내는 제사는 증烝이라고 했다. 왜 이런 이름이 붙였는지 알아보자.

봄에는 작물이 익지 않아 제물 대신 가죽과 비단을 놓고 말로만 제사를 지낸다고 해서 '사詞' 자와 독음이 같은 '사祠' 를 썼다. 여름에는 보리를 바치므로 맥麥자와 비슷한 약礿자를 썼고, 가을에는 기장과 조를 처음 맛본다 하여 맛볼 상嘗을 썼다. 겨울에는 모든 작물을 거두어 제물로 바칠 것이 많아 '많을 중衆' 자와 비슷한 '증烝' 자를 쓴 것이다.

이를 보면 직접적인 표현을 피한 것이 인상적이다. 사람의 본명을 부르면 부정을 탄다는 식의 미신적인 생각이 제사에도 담겨 있음을 알 수 있다.

이어진 '계상재배 송구공황稽顙再拜 悚懼恐惶' 이란 구절은 제사를 드리는 방법을 말한다. 계상은 머리를 땅에 이르게 한다는 뜻으로 계수稽首와 같다. 두 번 절한다는 것은 기원하는 데 그치지 않고 예에 맞추자는 뜻으로 더할 수 없이 우러른다는 뜻이다.

제사를 지낼 때 두렵고 떨려서 몸 둘 바를 모르게 하라는 것은 조상들의 힘에 빗대어 산 자들의 권력과 위계질서를 굳건히 하려는 뜻이었다. 이와 같은 절차는 『의례』에 자세하게 기록되어 있다.

편지는 요점을 간추려서 쓰고, 안부를 묻거나 답장을 할 때는 두루 살펴 빈틈이 없게 하라.

전 첩 간 요 고 답 심 상
牋牒簡要 顧答審詳

편지가 사라진 시대라고 한다. 전화나 인터넷, 휴대전화의 발달로 요즘에는 애틋한 연애편지조차 사라져버린 지 오래이다. 하지만 중국이나 우리나라 옛날 선비들의 편지글은 문학작품의 영역에 포함될 정도로 높은 격조를 띠었고 귀중한 역사자료로 대접받았다.

편지 중에서 웃어른에게 올리는 서찰을 전牋이라 하고 같은 또래끼리 주고받은 편지를 첩牒이라고 했다. 그러므로 전첩牋牒이라 하면 모든 편지글을 말하는 것이다. 그 편지 내용에서 서로 안부를 묻는 것을 고顧, 거기에 회답하는 것을 답答이라 한다.

'전첩간요 고답심상牋牒簡要 顧答審詳'이란 편지를 쓸 때 중요한 내용은 간략하게 하고, 안부를 묻고 답하는 것은 하나도 빠뜨림 없이 해야 한다는 뜻이다.

편지의 내용은 마음속으로 정리한 다음 짧게 표현해야 하며 군더더기가 들어가서는 안 된다. 자칫하면 훗날 정치적인 문제가 발생했을 때 서로 오간 편지는 좋지 않은 증거물로 채택될 수도 있기 때문이다. 그래서 옛날 사람들은 편지를 쓸 때 똑같은 내용의 사본을 따로 보관하곤 했다. 역시 보신책의 하나이지만, 그 덕

택에 오늘날 독자들은 선비들의 심도 높은 서간문집을 읽어볼 수 있는 것이다.

문자가 귀족이나 지식인들의 전유물이었던 그 시대에 보편적인 문자기록매체는 물론 종이였지만 그것은 채륜이 대중화시키기 전까지는 희귀품목 중에 하나였다. 대신 비단이나 대나무 조각을 촘촘히 엮은 죽간竹簡이 널리 이용되었다. 그러므로 전이나 첩이란 글자에 나뭇조각을 뜻하는 편片자가 들어간 것은 당연한 일이다. 죽간에 글씨를 쓰려면 먹물을 입히는 것만으로는 안심할 수 없었다. 언제든지 물에 씻겨 지워질 위험이 있기 때문이다. 그래서 처음에는 글씨를 새겨 넣었고, 이런 수고로움을 덜기 위해 후에 개발된 것이 옻칠을 이용하는 칠서漆書였다.

진시황의 분서갱유로 각종 경전이 대량으로 분실되자 유가는 한동안 침체의 늪을 헤맸다. 그러다 한나라 때 노나라의 공왕이 공자의 옛집을 허무는 도중 수많은 경전들이 쏟아져 나왔다. 진나라의 폭정 때 유가의 후예들이 숨겨뒀던 것이었다. '칠경'이라고 불리는 이 경전으로 말미암아 유가는 다시 융성하게 되었다.

때가 끼면 목욕을 생각하고, 뜨거운 것을 잡으면 시원하기를 바란다.

해 구 상 욕　집 열 원 량
骸垢想浴 執熱願凉

해骸는 사람 몸의 근간을 이루는 뼈이다. 그러므로 온 몸을 상징한다. 몸을 깨끗하게 씻는다는 것은 더불어 마음을 정갈하게 가다듬는다는 뜻이다. 마치 '건강한 신체, 건전한 정신'이라는 건강 캠페인과도 비슷하다. 규칙적인 운동을 하다 보면 몸에 질서가 생기고 사람의 마음도 더불어 균형을 찾게 된다.

몸이 더러워지면 누구나 불쾌감을 느낀다. 그와 같이 깨끗해지고자 하는 본성은 누구에게나 있는 법인데 나쁜 습관이 들면 그 더러움에 중독되어 본래의 착한 성품을 잊어버리게 된다. 때문에 좋은 습관에 자신을 길들임으로써 타고난 착한 마음으로 돌아가고자 하는 것이다.

예로부터 사람들은 집안에 큰일이 있을 때는 목욕을 통해 심신을 정화하는 절차를 잊지 않았다. 천지신명께 제사드릴 때도 부정 타지 않은 정갈한 음식을 마련했고, 경제적 형편이 따르지 않으면 새벽에 뜬 정화수로 대신하기도 했다. 민간에서 신을 모실 때도 그러할진대, 군자로서 그와 같은 도리에 어긋남이 있을 수 없는 일이었다.

집열원량執熱願凉, 곧 '뜨거운 것을 잡으면 시원함을 바란다'는 내용 역시 같은 맥락으로 해석해야겠다. 피할 수 없는 분쟁이 난무하는 세상에서 자신만이라도 청렴한 삶을 누리겠다는 꿈은 누구나 가지고 있다. 하지만 아무리 청렴해지려고 애를 써도 분쟁의 소용돌이에서 쉽게 벗어날 수 없는 것이 바로 사회적 동물인 인간의 숙명이다.

나귀와 노새, 송아지와 소들이 놀라 날뛰고 훌쩍 뛰어넘어 달린다.

여라독특 해약초양
驢騾犢特 駭躍超驤

여라驢騾는 나귀와 노새, 독특犢特은 송아지와 소를 말한다. 옛날부터 가축은 농사를 짓는 백성들에게는 없어서는 안 될 노동력이자 운송수단이었다. 한 가정의 생업이 위협받지 않고 안정을 유지하려면 가축들을 잘 관리해야 했다.

『예기』에 따르면 임금의 재산은 땅과 산과 연못에서 나오는 수확의 양을 따져 헤아렸고, 대부들은 땅과 집사, 백성들에게 거두는 세금을 따져 헤아렸으며, 선비는 수레의 숫자를 따져 헤아렸지만 일반백성들은 가축의 수효를 따져 헤아렸다.

그런 만큼 수많은 가축들이 마음껏 들판에서 뛰노는 모습이야말로 위정자들이 꿈꾸는 태평성대의 아름다운 풍경이었다. 그러나 역사는 무력을 동원해 상대의 소유물을 뺏고 빼앗기는 지옥도를 연출한 경우가 더 많았다.

역대 제왕들은 하늘에 제사를 지낼 때 주로 소나 송아지를 희생물로 삼았다. 농사는 천하의 근본이니, 거기에 가장 필수적인 도구인 가축을 골라 하늘에 바치는 것은 당연한 일이었다. 그와 함께 제물을 삶아 백성들과 함께 나누어 먹고 그들의 노고를 위로하는 일은 매우 중요한 나라의 행사였다. 우리가 즐겨 먹는 설렁탕도 그런 절차에서 생겨난 음식이다.

『염철론』[30]에서는 고대 중국인들이 나귀와 노새를 흉노족이나 기르는 이상한 가축으로 여겼다는 기록이 있다. 짐승도 오랑캐가 키우는 것은 천하게 여겼던 것이다. 그래서 쓸모없는 무리들을 일컬어 '여라驢騾'라고 비웃기까지 했다.

강도와 도적을 죽이고 베며, 배반하고 도망하는 자는 사로잡아 들인다.

주 참 적 도 포 획 반 망
誅斬賊盜 捕獲叛亡

이번 문장은 건전한 사회질서를 무너뜨리는 인간들에 대한 가차 없는 징벌에 대해 말하고 있다. 자고로 사람을 해치거나 죽이고도 거리낌 없는 자를 적賊이라 하고 남의 물건을 훔친 자를 도盜, 임금을 배반하고 자신이 임금 노릇을 하려는 자를 반叛, 나쁜 일을 저지르고 도망쳐 달아나는 자를 망亡이라고 했다.

도적이란 요즘의 살인강도를 말하고, 적당賊黨이란 무리를 지어 다니는 일종의 조직폭력배들을 말한다. 또 나라를 배반하고 타국에 망명하는 자를 반역자라고 한다. 한비자, 이사, 상앙 등 법가의 영향을 받아 엄격한 법률제도가 시행되었던 진秦나라에서는 이와 같은 각종 범죄자들에게 가혹하리만치 엄격한 법을 적용하여 나라의 질서를 바로 잡았다.

"살인하면 사형, 도둑질해도 사형, 남을 속여도 사형이야. 확실히 해."

이로 인해 치안이 확립되자 백성들은 마음 놓고 거리를 활보할 수 있었으며 부담 없이 경제활동에 임하게 되니 나라의 국력이 크게 번성했다. 진나라가 전국시대의 거친 격랑 속에서 우뚝 설

수 있었던 것은 바로 법의 힘이었던 것이다.

천하를 희롱한 도척

춘추시대 노나라에는 유하혜라는 사람이 있었다. 그는 공자도 존경할 정도의 현인으로 제후와 백성들의 신망을 두루 받았다. 아이러니컬하게도 이 유하혜의 동생이 천하의 망종으로 이름난 조폭두목 도척이었다. 그는 당시에 무려 9천 명이나 되는 도적의 무리를 이끌면서 각국을 휩쓸며 약탈과 강간을 일삼았는데, 그 위세가 막강해서 여러 제후들도 전전긍긍할 정도였다.

"도척이 휩쓸고 지나간 자리에는 풀뿌리조차 남지 않는다."

이처럼 대도 도척은 심성이 잔인하기는 했지만 몹시 담대하고 지혜로워서 당시 유행하던 공자의 철학을 흉내 내어 다음과 같은 도둑의 다섯 가지 도를 설파하기도 했다.

첫째, 남의 재물을 헤아려 값비싼 물건을 알아내는 것을 성誠이라 한다.

둘째, 남보다 먼저 남의 집에 들어가는 것을 용勇이라 한다.

셋째, 도망칠 때 맨 뒤에 서는 것을 의義라 한다.

넷째, 도둑질할 때를 아는 것을 지智라 한다.

다섯째, 훔친 장물을 공평하게 나누는 일을 인仁이라 한다.

한번은 공자가 안회와 자공을 대동하고 태산 남쪽에 머물고 있던 도척을 찾아가 만나기를 청했다. 그때 도척은 피가 뚝뚝 흐르는 사람의 생간을 씹으며 공자를 꾸짖었다.

"당신은 농사를 짓지도 않으면서 밥을 먹고, 길쌈을 하지도 않으면서 옷을 입고 다니며 얄팍한 말로 천하의 군주를 미혹시키고 학자들을 어지럽게 만든다. 매일같이 효나 인을 들먹임으로써 장차 제후들에게 인정받아 부귀영화를 누리려는 위선자가 아닌가?"

그 서슬에 공자는 몇 마디 대꾸도 제대로 못하고 도망치듯 그 자리를 떠나고 말았다. 무차별적인 도척의 폭언 앞에서는 천하의 공자도 대책이 없었다는 이야기이다. 실로 '법보다 주먹이 먼저'라는 무법천지의 사회에서는 예나 도도 조롱거리밖에 되지 않는다. 그리하여 사마천은 『사기』에서 이렇게 탄식했다.

"백이와 숙제 같은 사람은 정말 성인이 아닌가. 이처럼 인을 쌓고 깨끗한 행동을 했는데 어째서 굶어죽고 말았단 말인가. 공자 또한 70명의 제자 중에 안회만이 배우기를 좋아한다고 추켜세우지 않았던가. 하늘이 착한 사람에게 보답하여 베푸는 것이 어찌 이럴 수가 있는가.

도척 같은 도적은 매일 죄 없는 사람을 죽이고 사람의 고기를 먹으며 제멋대로 흉포한 생활을 하면서 수천의 무리를 모아 천하를 횡행했지만 천수를 다 누렸다. 그가 무슨 덕을 쌓았기 때문이란 말인가?

근세에 법도에 어긋난 행동을 하고, 하지 말아야 할 것만 골라 하면서도 일생을 편안히 살뿐만 아니라 대대로 부귀를 누리는 자들이 있다. 반면 땅을 가려서 밟고 때가 되어야 말을 하며, 샛길로 가지 않고 공정한 일이 아니면 행하지 않음에도 불구하고 재앙을 만나는 사람이 이루 헤아릴 수 없이 많다. 정말 당황스럽다. 도대체 하늘의 도는 옳은가, 그른가."

여포의 활쏘기, 웅의료의 방울 굴리기, 혜강의 거문고, 완적의 휘파람.
몽염의 붓, 채륜의 종이, 마균의 교묘한 재주, 임공자의 낚싯대.
이것들은 얽힌 것을 풀어 세상을 이롭게 하니, 모두가 아름답고 교묘했다.

포 사 요 환　혜 금 완 소
布射遼丸　嵇琴阮嘯

염 필 윤 지　균 교 임 조
恬筆倫紙　鈞巧任釣

석 분 이 속　병 개 가 묘
釋紛利俗　竝皆佳妙

인간의 역사는 군자뿐만 아니라 다양한 군상들의 어우러짐 속에서 발전과 변화, 퇴보를 거듭한다. 어쩌면 삶이란 자기에게 얼마나 충실했느냐에 따라 값어치가 매겨지는 것인지도 모른다.

이 대목에서는 스스로의 분야에서 각기 뛰어난 능력을 발휘했던 인물들을 언급하고 있다. 그들은 오랜 연구와 훈련을 통해 누구도 흉내 낼 수 없는 기예를 개발함으로써 자신의 명성을 높였을 뿐만 아니라 세상 사람들을 이롭게 했다.

여기에 언급된 인물들은 모두 군자의 품격을 갖춘 것은 아니다. 하지만 평범한 사람이라도 자신의 일에 신명을 다하면 최고의 경지에 오를 수 있음을 보여준다. "세 사람이 가면 반드시 그

중에 배울 만한 것이 있다."라고 한다. 그렇다면 이들이 오늘날 우리에게 가르쳐주는 것은 과연 무엇일까?

궁술의 명인 여포

여포는 중국 후한 말기의 명장으로 나관중이 쓴 『삼국지』에 그 인물 됨됨이가 잘 묘사되어 있다. 그는 의부인 정원을 죽이고 동탁의 휘하에 들어갔다가 사도 왕윤의 연환계에 빠져 동탁을 배신하고 원술과 원소 등을 전전하는 등 우유부단한 성격으로 배신을 밥 먹듯이 하다가 조조와 유비에 의해 죽음을 당했다.

그는 뛰어난 무예를 지녔지만 실리만을 추구하다가 거꾸러진 비운의 사나이였다. 이런 여포도 한때 정의감이 불타올라 뛰어난 활솜씨로 유비의 목숨을 구한 적이 있었다. 원술의 부하인 기령이 10만 대군을 이끌고 작은 소패성에 웅거하고 있던 유비를 공격했을 때의 일이다. 여포는 두 사람을 자신의 진영으로 부른 다음 150보 거리에 방천극을 세워놓고 소리쳤다.

"내가 활을 쏘아 저 창을 맞추면 싸움을 중지하시오."

과연 그의 화살은 정확하게 목표를 명중시키니 기령은 할 말을 잃었고, 유비는 위기를 모면했다. 아무리 난폭한 성정을 지닌 사람이라도 선을 행할 때가 있는 것이다.

공놀이의 명인 웅의료

웅의료는 춘추시대 초나라의 장수로 혼자서 5백 명을 당해낼 정도의 괴력을 지녔다. 그는 무예뿐만 아니라 공놀이에도 일가견이 있어서 일단 묘기를 시작하면 여덟 개의 공을 공중에 띄우고 한 개만 손 위에 올릴 수 있을 정도였다. 오늘날 서커스에서도 보기 힘든 놀라운 기예를 지니고 있었던 것이다.

언젠가 초나라가 송나라와 싸움을 벌일 때 그는 군진 앞으로 나아가 특유의 공놀이를 보여줌으로써 적군의 넋을 빼놓은 다음 후미를 기습해 대승을 거두었다. 이는 제나라의 맹상군이 닭울음소리를 잘 내는 식객의 재주를 이용해 진나라를 탈출했던 일화를 떠올리게 한다. 하찮아 보이는 작은 재주라도 큰일에 소용될 때가 있는 법이다.

죽림칠현의 소일거리

혜강과 완적 외에 산도, 유영, 완함, 상수, 왕융을 일컬어 죽림칠현竹林七賢이라고 한다. 은거기인의 고유명사로 쓰이는 죽림칠현은 지식이 오히려 칼날이 된 세상을 조롱했던 일종의 무저항운동이었다.

모두가 귀족계층이었던 이들은 조씨의 위나라에서 사마씨의 진나라로 이어지는 왕조 교체기에 정권의 피바람을 피하기 위해 미친 듯이 풍류를 즐기며 세상에 쓸모없는 인물로 여겨지기를 바랐다. 시시각각으로 다가오는 회유와 위협을 피하기 위한 고육지책이었다.

노장사상의 무위자연 이념에 따라 시를 짓고 거문고를 타며,

휘파람을 불고 닥치는 대로 술을 마시며 제멋대로 살았던 이들은 훗날 절의를 지켜 출사하지 않는 선비의 모델이 되었고, 자유로운 삶을 살아가고자 하는 사대부들의 이상형이 되기도 했다.

붓을 만든 몽염

몽염은 전국시대 진나라의 장수로 제나라 출신이다. 그는 30만 대군을 동원해 북방의 흉노족을 물리쳤고, 만리장성을 쌓아 10년간 북쪽 변경을 굳게 지킴으로써 진시황의 총애를 받았다.

진시황이 남행 도중 불의에 세상을 떠나자 환관 조고와 승상 이사는 조서를 위조해 둘째태자인 호해를 황제로 만들었다. 그와 함께 황태자 부소를 지지하는 몽염을 흉계에 빠뜨려 죽게 만들었다.

이런 비운의 주인공 몽염은 장수로서가 아니라 붓의 발명가로서 유명하다. 그는 나무 붓대에 사슴털과 양털로 만든 촉을 붙인 창호蒼毫를 만들어냈다. 하지만 붓은 은나라 때부터 사용되었음이 여러 자료나 유적을 통해 증명되었으므로, 몽염은 붓을 기능적으로 개량했다고 보는 편이 옳을 것이다. 어쨌든 이런 사례를 미루어 볼 때 아이디어는 전공과 상관없다는 것을 알 수 있다. 참고로 한나라 때의 기록에 의하면 붓의 파트너인 먹은 옻과 소나무 그을음을 이용해 만들어졌다.

종이를 만든 채륜

문방사우의 으뜸인 종이의 발명자는 후한시대 화제 때의 환관

인 채륜이다. 그가 나무껍질, 삼 줄기, 해진 베, 물고기 그물을 이용해 종이를 만들자 황제는 몹시 기뻐하며 그를 용정후에 봉했다. 이전에는 비단이나 죽간을 이용해 정보를 기록했으나 종이가 발명된 후에는 보다 편리하게 의사소통을 할 수 있게 되었다.

채륜 이전에는 누에고치를 이용한 종이가 있었지만, 채륜은 혁신적인 제조방식으로 종이의 대중화를 이끌어냈다. 이것은 경제성이 담보된 발명이야말로 진정한 발명임을 말해준다.

그 후 채륜의 종이는 당나라와 이슬람과의 전쟁을 통해 서유럽으로 전파되었다. 이는 그때까지 서유럽에서 기록매체로 사용되던 양피지가 사라지는 계기가 되었다. 또 15세기경 발전한 인쇄술과 함께 지식의 대중화를 주도해 종교개혁이 일어나는 데 커다란 영향을 끼쳤다.

이 모든 과정은 마치 '북경에서 나비가 날갯짓을 하면 뉴욕에서 태풍이 일어난다'는 나비효과를 떠올리게 한다. 세상은 하나로 연결되어 있고 작은 결실이 더 큰 에너지로 승화된다는 증거이기도 하다.

나침반을 만든 마균

위나라 출신 마균은 박사로서 여러 가지 공사와 도구를 만드는 공장의 책임자였다. 그는 수레에 탄 나무인형이 반드시 남쪽을 가리키게 하는 지남거를 만들었다. 이른바 나침반인 셈이다.

중국의 3대 발명품 중에 하나인 나침반은 지자기에 의해 자침이 항상 북쪽을 향하는 성질을 이용한 것으로 항해나 여행 등 먼 거리를 이동할 때 자신의 위치와 방향을 정하는 데 있어 없어서는 안 될 귀중한 도구이다. 현대에는 인공위성을 이용한 GPS 등 각종 기기가 발달했지만 아직도 군대나 탐험, 측량 등 각종 분야에서 나침반은 필수도구로 사용되고 있다.

나침반의 원형으로 알려진 지남거는 상고시대 황제와 치우가 싸울 때 수세에 몰린 황제가 치우의 포위망을 벗어나기 위해 풍후에게 명해 만들어졌다는 전설이 전해진다. 이 기록을 사람들이 의심하자 마균은 그것을 증명하기 위해 실제로 지남거를 만들었다고 한다. 그의 지남거는 자석의 원리가 아니라 톱니바퀴의 회전을 이용한 방식이었는데 사마씨의 진晋나라 때 사라지고 말았다. 열정만 있다면 이루지 못할 것이 없다.

낚싯대를 만든 임공자

이 문장에서는 또 전국시대 임공자를 낚싯대의 발명가로 지목하고 있는데, 『장자』에 다음과 같은 임공자의 이야기가 나온다.

"임나라의 공자는 큰 낚시와 굵은 낚싯줄을 만들어 50마리의 거세한 소를 미끼삼아 회계산에 앉아 낚싯대를 동해에 던져놓았는데 1년이 지나도록 한 마리도 잡지 못했다. 그러다 큰 물고기 한 마리가 미끼를 물고 물속 깊이 들어갔다 나왔는데 흰 물결이 산과 같고 바닷물이 출렁거리는 소리는 귀신의 울부짖음 같아서 천리 밖의 사람들도 두려워 떨었다. 임공자가 드디어 이 고기를 낚아 몸통을 쪼갠 다음 포를 만들어 사람들에게 나누어 주니 연하 동쪽에서부터 창오 북쪽 사람들이 모두 배불리 먹었다. 그 뒤에 철없는 무리가 이 이야기를 널리 퍼뜨렸다."

『장자』는 이와 같은 임공자의 이야기를 이렇게 해설한다. "작은 낚싯대로 개울에서 붕어새끼나 낚는 자는 큰 고기를 잡을 생각은 못한다. 임공자의 이야기를 듣지 못한 자는 세상을 경륜經綸할 자격이 없다." 곧 작은 성공에 만족해 안주하게 되는 사람은 더 큰 목표를 바라볼 수 없다는 말이다.

모장과 서시는 맑은 자태를 지녔는데, 찡그리거나 웃는 모습조차 아름다웠다.

모 시 숙 자 공 빈 연 소

毛施淑姿 工嚬姸笑

모장은 춘추시대 오나라의 미인으로 월왕 구천의 애첩이다. 또 서시는 월나라의 미인[31]인데, 구천의 충신인 범려가 그녀를 오왕 부차에게 바쳐 정사를 돌보지 않게 한 다음 오나라를 멸망시킨 일이 있다. 특히 서시는 '침어낙안 폐월수화'로 일컬어지는 중국 4대 미인 중에서도 물고기가 그녀의 아름다움을 보고 깜짝 놀라 지느러미 짓을 잊고 물속으로 가라앉았다는 '침어侵魚'의 주인공이다.

공빈연소工嚬姸笑란 표현은 서시의 아름다움 때문에 생긴 '효빈效顰'이란 고사를 설명하고 있다. 서시가 가슴앓이가 도져 고향에 갔는데 아픈 가슴 때문에 얼굴을 찡그린 모습조차 황홀하기 그지없었다. 그러자 마을에서 추녀로 소문난 여자가 그 흉내를 냈다가 사람들의 웃음거리가 되었다는 이야기다.

『장자』에 나오는 이 효빈의 일화는 유가의 조종祖宗인 공자를 은연중에 조소하고 있다. 춘추시대라는 난세에 태어났으면서 과거 찬란했던 주왕조의 이상정치를 재현시키겠다는 허황된 꿈을 꾸고 있으니, 그것은 마치 자신의 본모습을 잊고 서시 흉내를 내는 추녀와 다를 바가 없다는 뜻이다.

나라를 망치는 경국지색

중국 역사에는 이 대목에 언급된 모장과 서시를 비롯해 달기와 포사, 비연, 양귀비, 초선 등 수많은 미인들이 등장한다. 그녀들의 공통점은 타고난 미색과 재주로 왕을 홀려 정사를 잊게 만듦으로써 나라를 도탄에 빠뜨렸다는 점이다.

경국지색傾國之色은 '나라를 기울어지게 하는 미인'이란 뜻이다. 일국의 왕으로서 결코 그런 미인을 사랑해선 안 되지만 왕도 남자인지라 미인에게 끌리지 않을 수 없고, 또 미녀를 이용해 이익을 취하려는 다양한 집단의 모략은 너무나도 교묘해서 회피하기가 어려웠다.

본래 '경국傾國'이란 단어는 『사기』에서 처음 나왔다. 한왕 유방과 초패왕 항우가 천하를 놓고 다툴 때 유방의 부모와 처자들이 항우에게 사로잡혔다. 이때 후공이라는 선비가 항우를 설득시켜 한나라와의 화의를 성립시키고 인질들을 데려왔다. 그러자 사람들은 '그는 참으로 훌륭한 변사다. 그는 변설로 한 나라를 기울어지게 만든다'라고 하며 칭송했다. 유방은 그의 공로를 높이 치하하며 경국의 반대말인 평국平國이란 글자를 따 평국군이란 벼슬을 내렸다.

그후 경국이 미인을 지칭하게 된 것은 한무제 때 음악을 담당했던 협률도위 이연년의 시에서 비롯되었다. 그의 누이는 절세미인이었으므로 황제에게 누이를 소개하려는 뜻으로 어전에서 이렇게 노래 불렀다고 한다.

> 북쪽에 어여쁜 사람이 있어 세상에 떨어져 홀로 서 있네.
> 한 번 돌아보면 남의 성을 기울이고, 두 번 돌아보면 남의 나라를 기울인다.
> 어찌 경성과 경국을 모르리오. 하지만 어여쁜 사람은 다시 얻기 어렵다네.

한무제는 당시 50을 넘긴 중늙은이였는데 궁중에 애첩이 없어 쓸쓸한 말년을 보내고 있었다. 그러다 이 노래를 듣고 혹해 이언년의 누이를 궁궐로 불러들였다. 과연 그녀는 경국지색이라 불릴 만큼의 미모와 자태를 지니고 있었다. 그리하여 이언년의 누이는 황제의 총애를 독차지했고, 이언년 역시 출세가도를 달리게 되었다.

세월은 화살처럼 매양 재촉하지만, 아침 햇빛은 밝고 빛난다.
선기옥형은 매달린 채로 돌아가고, 어둠과 밝음을 순환하며 비친다.

년 시 매 최 희 휘 랑 요
年矢每催 羲暉朗曜

선 기 현 알 회 백 환 조
璇璣懸斡 晦魄環照

세월은 화살과 같아서 언제나 재촉하듯 빠르게 다가오고 또 금세 지나가지만 아침에 떠오르는 햇빛은 언제나 찬란하게 빛난다. 하루하루를 살아가는 민초들에게 있어 인생은 뜬구름처럼 흘러가지만 그들을 보살펴주는 군주의 덕화는 한결같다는 뜻이다. 여기에서 희휘羲暉는 복희씨의 또 다른 이름으로 태양을 상징한다. 그러므로 태양과 왕은 같은 뜻이다.

고대 중국인들에게 태양은 생명의 시작이고 근원이었다. 그들의 조상신인 복희씨는 해가 뜨는 동쪽의 신이자 태양신이었다. 그가 다스리는 세계는 아름답기 그지없지만 그 안에서 살아가는 인간은 시간의 흐름에 따라 태어나고 사라지는 덧없는 존재이기도 하다.

농경사회였던 중국에서는 이런 하늘의 뜻을 잘 살피지 않으면 곧바로 재앙에 직면하게 된다고 여겼다. 그리하여 천문과 역법을 제대로 시행하지 못해 파종 시기를 놓친다거나 홍수, 가뭄 같은 자연재해를 예방하지 못하면 일차적으로 백성들이 고통을 받지만 제왕들도 쫓겨나 비참한 최후를 맞곤 했다. 그런 까닭에 역대 지도자들은 늘 선기옥형璇璣玉衡을 통해 천기를 살펴 정치에 반영했다. 하늘의 움직임과 지상에 사는 인간은 그처럼 밀접한 관계를 맺고 있었던 것이다.

별을 읽는 혼천의

선기옥형 즉, 혼천의渾天儀는 초승달부터 그믐달까지 달이 차고 이지러지는 것을 되풀이해서 비춰준다. 이 장치를 통해 고대의 천문관들은 북극성을 중심으로 한 북두칠성, 해와 달, 오성(토성, 목성, 금성, 화성, 수성)의 움직임을 관찰했고, 사계절에 따른 별들의 위치변화를 읽었다.

『서경』에 따르면 선기옥형은 요임금 때부터 사용되었는데, 후한 때의 문인이자 과학자인 장형이 이를 좀 더 과학적으로 개조해서 혼천의를 만들었다.

혼천의는 지평선을 나타내는 둥근 고리와 지평선에 직각으로 교차하는 자오선을 나타내는 둥근 고리, 하늘의 적도와 위도 등을 나타내는 눈금이 달린 원형의 고리가 어울려 신비한 모습을 하고 있다.

선기옥형이란 이름은 북두칠성의 둘째와 셋째 자루부분에 해당하는 별 이름으로 지었다. 북두칠성 가운데 첫 번째 별은 천추

天樞, 두 번째 별은 선璇, 세 번째 별은 기璣, 네 번째 별은 권權, 다섯 번째 별은 옥형玉衡, 여섯 번째 별은 개양開陽, 일곱 번째 별은 요광搖光이라고 한다.

복을 닦는 것은 손가락으로 장작을 지피는 것과 같아, 오래도록 편안하고 상서롭기 그지없다.

지신수우 영수길소

指薪修祐 永綏吉卲

사람이 한 세상을 살아간다는 것은 장작을 태우듯 제 몸뚱이를 태워가는 일이다. 그렇게 착한 일을 많이 해서 아름다운 덕을 쌓으면 그 복이 장작불의 불씨처럼 후손에게 이어진다. '청춘을 불사르고'가 아니라 선행의 불꽃을 활활 지피는 것이다.

앞에서도 말했듯이 덕을 쌓는 것은 당장의 보답을 받기 위한 것이 아니라 후손들을 위한 것이고, 내가 잘 사는 것은 모름지기 조상들이 선을 행했기 때문이다. 그러므로 현명한 사람은 누군가와 교분을 나눌 때 그의 부귀나 지위를 보지 않고 가문의 덕행을 보았다.

신薪은 섶나무나 거친 땔나무를 뜻하는데, 와신상담臥薪嘗膽이란 고사에서 알 수 있듯이 자신의 결심을 채찍질하는 도구로 이용되었다.

진일의 통곡

『장자』에 나오는 일화이다. 노자가 죽었을 때 진일이란 사람이 문상을 가서는 세 번 곡을 하고 나오자 노자의 제자가 물었다.

"문상을 어찌 그렇게 하십니까?"

그러자 진일이 대답했다.

"선생이 이 세상에 오신 것은 하늘의 때에 따른 것이요, 이제 세상을 떠나신 것은 하늘의 이치에 순응하신 것입니다. 하늘이 주신 때를 편안히 여겨 그 뜻에 순응하면 슬픔과 즐거움이 마음에 들어오지 못하는 것이니, 옛사람들은 이것을 일러 제지현해帝之懸解라 했습니다. 이른바 '거꾸로 매달린 곳에서 풀려 놓여난다'는 것으로, 생과 사의 우울함과 즐거움에서 벗어난다는 뜻입니다. 장작은 다 타서 없어지지만 불은 전하여 그 다함을 알 수 없는 것이지요."

진일은 노자의 도가 끊어졌으므로 처음 울었고, 노자가 하늘의 뜻에 순응해 생로병사의 경계에서 벗어났으므로 두 번 울었는데, 장차 노자의 도가 불처럼 세상에 남아 있을 것을 알고 세 번째 운 것이다. 좀 철학적인 내용이지만 이런 정도로 이해하면 되겠다.

자로 잰 듯 법도대로 걷고 옷깃을 얌전하고 바르게 여며, 조정의 일을 깊이 생각해 치러낸다.
의관을 잘 갖추어 떳떳한 몸가짐을 갖추고, 찬찬히 배회하며 이곳저곳을 바라보며 생각한다.

구보인령 부앙랑묘
矩步引領 俯仰廊廟

속대긍장 배회첨조
束帶矜莊 徘徊瞻眺

이 대목은 조정에서 관리가 취할 몸가짐을 설명하고 있다. 궁궐에 들어가면 옷차림이나 걸음걸이를 똑바르게 하고 늘 조심하며 빈틈없이 일을 치러내라는 뜻이다.

"저 사람 정말 행동에 조심성이 없군. 대체 어느 집안 사람이야?"

이런 말을 듣게 되면 큰일이다. 가문의 명예를 더럽히면 형제와 친척들에게 외면당하고, 심하면 파문을 당하는 경우도 있기 때문이다. 때문에 구보矩步, 즉 자로 잰 듯 법도에 맞는 걸음걸이와 인령引領, 즉 옷깃을 단정하게 여미는 일은 기본이 되겠다.

다음으로 부앙俯仰은 심사숙고하라는 말이다. 그리고 랑廊은 복도, 혹은 행랑이란 뜻인데 여기서는 대궐의 대전 둘레에 딸린 여러 전각을 말하며 묘廟[32]는 선왕들의 초상을 모셔놓은 사당을 말한다. 그러므로 부앙랑묘는 조정 안에서는 늘 조심을 기하라는 뜻이 된다. 관리들은 조정에 들어가 정사를 보거나 임금을 모실 때 예법에 한 치의 어긋남도 없어야 했다. 관복 입는 법, 인사하는 법, 걸음걸이 하나하나에 이르기까지 정해진 규칙을 명확하게 지키지 않으면 안 되었다.

속대束帶란 관을 쓰고 띠를 매어 몸을 단속하는 일이다. 그러므로 속대긍장束帶矜莊이란, 옷깃을 반듯하게 함으로써 장중한 품위를 지켜야 한다는 뜻이다.

『예기』에 "군자의 인품은 깊이 감추어도 그 향기가 나타나는 것이니, 자랑하지 않아도 그 엄숙함이 드러나고, 힘쓰지 않아도 그 위엄이 나타나며, 말을 하지 않아도 그 말에는 믿음이 있다."라는 말이 있다. 밖으로 보이는 몸가짐에도 그 사람의 내면이 드러난다는 것이다.

내가 홀로 배운 까닭에 보고 들은 것이 부족하여,
어리석고 아둔하니 꾸짖음을 들을 만하나,
이 글이 문장의 토씨라고 일컫는 언재호야의 구실
쯤은 하지 않겠는가.

고 루 과 문　우 몽 등 초
孤陋寡聞 愚蒙等誚

위 어 조 자　언 재 호 야
謂語助者 焉哉乎也

"저 사람은 고루하기 짝이 없어."

이런 힐난은 보통 인습에 젖어 앞뒤가 꽉 막힌 지식인을 과녁으로 삼는다. 본래 '고루孤陋'란 뚜렷한 스승도 없고 함께 공부하는 동문도 없이 혼자 공부하는 독학생을 뜻한다. 그렇듯 혼자서 무엇인가를 깨우치려 하는 사람은 종종 창의적인 능력을 발휘하기도 하지만 대개는 자기 식으로 판단하고 주장한다.

"도대체 말이 통하질 않아."

그런 사람을 상대할 때 이런 푸념이 터져 나오는 것은 어쩔 수 없다. 하지만 여기에서처럼 스스로 '나는 참 고루해'라고 고백한다면 반대로 지독한 겸양의 표현이 된다. 스스로 부족하고 어리석고 아둔하니 꾸짖어달라는 것은 아무리 학문이 높고 수양이 깊은 사람이라도 쉽게 내뱉을 만한 말이 아니기 때문이다.

오랜 숙고 끝에 비로소 천 글자의 미로에서 벗어난 주흥사는 이렇듯 겸손하게 천자문의 대미를 장식하고 있다. 이것은 보통 문인들이 자신의 글을 졸고拙稿라고 하는 것과 같은 맥락이다.

그럼에도 불구하고 큰일을 해냈다는 자부심은 감출 수 없었던지 한문에서 빠져서는 안될 어조사들인 '언재호야焉哉乎也'의 구실쯤은 하지 않겠느냐며 긍지의 일면을 살짝 비친다. 그렇게 주흥사는 자기가 하고 싶은 말을 다 하고 붓을 놓는다.

드디어 주흥사는 양무제가 제시한 조건에 맞춰 4자 2구 125개의 문장을 완성했다. 그런 뒤 기력이 다 쇠한 모양인지 머리가 하얗게 세었다고 한다. 천자문은 황해를 건너와 21세기의 대한민국에서도 찬연히 빛을 발하고 있으니 실제로 백두白頭가 되었다 하더라도 그로선 아쉬울 게 없겠다.

千字文 원문과 풀이

天	地	玄	黃	宇	宙	洪	荒
하늘	땅	검을	누를	집	집	넓을	거칠
천	**지**	**현**	**황**	**우**	**주**	**홍**	**황**

하늘은 검고 땅은 누르며, 우주는 넓고 거칠다.

日	月	盈	昃	辰	宿	列	張
날	달	찰	기울	별	별자리	벌릴	베풀
일	**월**	**영**	**측**	**진**	**숙**	**열**	**장**

해와 달은 차고 기울며, 별자리는 고르게 펼쳐졌다.

寒	來	暑	往	秋	收	冬	藏
찰	올	더울	갈	가을	거둘	겨울	감출
한	**래**	**서**	**왕**	**추**	**수**	**동**	**장**

추위가 오면 더위는 가니, 가을이면 거두고 겨울에는 저장한다.

閏	餘	成	歲	律	呂	調	陽
윤달	남을	이룰	해	법칙	법칙	고를	볕
윤	**여**	**성**	**세**	**률**	**려**	**조**	**양**

남은 윤달로 한 해를 이루었고, 율려로 음양을 고른다.

雲騰致雨 露結爲霜

구름	오를	이룰	비	이슬	맺을	할	서리
운	**등**	**치**	**우**	**로**	**결**	**위**	**상**

구름이 올라가 비가 되고, 이슬이 맺혀 서리가 된다.

金生麗水 玉出崑岡

쇠	날	땅 이름	물	구슬	날	산 이름	산등성이
금	**생**	**려**	**수**	**옥**	**출**	**곤**	**강**

금은 여수에서 나고, 옥은 곤륜산에서 난다.

劍號巨闕 珠稱夜光

칼	이름	클	대궐	구슬	일컬을	밤	빛
검	**호**	**거**	**궐**	**주**	**칭**	**야**	**광**

칼을 말할 때는 거궐이요, 구슬은 야광을 일컫는다.

果珍李柰 菜重芥薑

과실	보배	오얏	능금	나물	무거울	겨자	생강
과	**진**	**이**	**내**	**채**	**중**	**개**	**강**

과일 중에는 오얏과 능금이요, 채소로는 겨자와 생강이다.

海鹹河淡 鱗潛羽翔

바다	짤	물	맑을	비늘	잠길	깃	날
해	**함**	**하**	**담**	**린**	**잠**	**우**	**상**

바닷물은 짜고 민물은 싱거우며, 물고기는 잠기고 새들은 난다.

龍師火帝 鳥官人皇

용	스승	불	임금	새	벼슬	사람	임금
룡	**사**	**화**	**제**	**조**	**관**	**인**	**황**

복희씨는 사람을 가르쳤고 신농씨는 불을 다스렸으며, 소호씨는 새로 관직명을 붙였고 황제는 사람을 교화시켰다.

始制文字 乃服衣裳

비로소	지을	글월	글자	이에	입을	옷	치마
시	**제**	**문**	**자**	**내**	**복**	**의**	**상**

비로소 글자를 만들었고, 처음으로 윗옷과 치마를 입었다.

推位讓國 有虞陶唐

밀	자리	사양할	나라	있을	나라	질그릇	당나라
퇴	**위**	**양**	**국**	**유**	**우**	**도**	**당**

자리를 물려서 나라를 넘겨준 이는 요임금과 순임금이다.

弔民伐罪 周發殷湯

조문할 조 / 백성 민 / 칠 벌 / 허물 죄 / 두루 주 / 필 발 / 나라 은 / 끓을 탕

백성들을 불쌍히 여기고 죄인을 정벌한 이는 주나라의 무왕 발과 은나라의 탕왕이다.

坐朝問道 垂拱平章

앉을 좌 / 아침 조 / 물을 문 / 길 도 / 드리울 수 / 팔짱낄 공 / 평평할 평 / 밝을 장

조정에 앉아 도를 물으니, 옷자락을 늘어뜨리고 팔짱만 끼고 있어도 밝게 다스려진다.

愛育黎首 臣伏戎羌

사랑 애 / 기를 육 / 검을 려 / 머리 수 / 신하 신 / 엎드릴 복 / 오랑캐 융 / 오랑캐 강

백성을 친자식처럼 아껴 기르니 오랑캐들도 신하가 되어 엎드린다.

遐邇壹體 率賓歸王

멀 하 / 가까울 이 / 한 일 / 몸 체 / 거느릴 솔 / 손 빈 / 돌아갈 귀 / 임금 왕

멀고 가까운 곳이 한 몸이 되어 가솔을 이끌고 왕에게 고개 숙인다.

鳴鳳在樹 白駒食場

울	봉황	있을	나무	흰	망아지	밥	마당
명	**봉**	**재**	**수**	**백**	**구**	**식**	**장**

봉황은 나무에서 울고, 흰 망아지는 마당에서 풀을 뜯는다.

化被草木 賴及万方

될	입을	풀	나무	힘입을	미칠	일만	모
화	**피**	**초**	**목**	**뢰**	**급**	**만**	**방**

덕화는 풀과 나무에까지 미치고, 힘입음이 온 누리에 미친다.

蓋此身髮 四大五常

덮을	이	몸	터럭	넉	큰	다섯	떳떳할
개	**차**	**신**	**발**	**사**	**대**	**오**	**상**

무릇 몸과 터럭은 사대와 오상으로 이루어졌다.

恭惟鞠養 豈敢毁傷

공손할	오직	칠	기를	어찌	감히	헐	상할
공	**유**	**국**	**양**	**기**	**감**	**훼**	**상**

살피고 길러주신 것을 공손하게 생각한다면, 어찌 함부로 헐고 다치게 할 수 있겠는가.

女慕貞烈 男效才良

여자	사모할	곧을	매울	남자	본받을	재주	어질
여	**모**	**정**	**렬**	**남**	**효**	**재**	**량**

여자는 정절을 귀히 여기고, 남자는 재사와 현인을 본받아야 한다.

知過必改 得能莫忘

알	허물	반드시	고칠	얻을	능할	말	잊을
지	**과**	**필**	**개**	**득**	**능**	**막**	**망**

허물을 알았으면 반드시 고치고, 할 수 있게 되었으면 잊지 말라.

罔談彼短 靡恃己長

없을	말씀	저	짧을	아닐	믿을	몸	길
망	**담**	**피**	**단**	**미**	**시**	**기**	**장**

남의 모자란 점을 말하지 말고, 나의 좋은 점을 믿지 말라.

信使可覆 器欲難量

믿을	하여금	옳을	덮을	그릇	하고자할	어려울	헤아릴
신	**사**	**가**	**복**	**기**	**욕**	**난**	**량**

언약은 지킬 수 있게 하고, 그릇은 헤아리기 어렵게 하라.

墨悲絲染 詩讚羔羊

먹	슬플	실	물들일	시	기릴	염소	양
묵	**비**	**사**	**염**	**시**	**찬**	**고**	**양**

묵자는 흰 실이 물들여진 것을 슬퍼했고, 시경에서는 고양편을 기렸다.

景行維賢 剋念作聖

볕	다닐	벼리	어질	이길	생각할	지을	성인 성
경	**행**	**유**	**현**	**극**	**념**	**작**	**성**

큰 길을 걸어가는 사람은 현인이고, 마땅히 생각할 수 있으면 성인이 된다.

德建名立 形端表正

덕	세울	이름	설	형상	단정할	겉	바를
덕	**건**	**명**	**립**	**형**	**단**	**표**	**정**

덕이 세워지면 이름이 서게 되고, 몸매가 단정하면 겉모습이 바르게 된다.

空谷傳聲 虛堂習聽

빌	골짜기	전할	소리	빌	집	익힐	들을
공	**곡**	**전**	**성**	**허**	**당**	**습**	**청**

텅 빈 골짜기에서도 소리가 전해지고, 빈집에서도 소리가 겹쳐진다.

禍因惡積 福緣善慶

禍	因	惡	積	福	緣	善	慶
재앙	인할	악할	쌓을	복	인연	착할	경사
화	**인**	**악**	**적**	**복**	**연**	**선**	**경**

재앙은 악행을 쌓은 까닭이요, 행복은 좋은 일을 쌓은 까닭이다.

尺璧非寶 寸陰是競

尺	璧	非	寶	寸	陰	是	競
자	구슬	아닐	보배	마디	그늘	이	다툴
척	**벽**	**비**	**보**	**촌**	**음**	**시**	**경**

한 자 되는 구슬이라 해서 보배가 아니다. 짧은 시간이라도 다투어 아껴라.

資父事君 曰嚴與敬

資	父	事	君	曰	嚴	與	敬
밑천	아비	섬길	임금	가로	엄할	더불	공경
자	**부**	**사**	**군**	**왈**	**엄**	**여**	**경**

어버이 섬김을 바탕으로 임금 섬기는 것을 엄정과 공경이라 하니,

孝當竭力 忠則盡命

孝	當	竭	力	忠	則	盡	命
효도	마땅	다할	힘	충성	곧	다할	목숨
효	**당**	**갈**	**력**	**충**	**즉**	**진**	**명**

효는 마땅히 힘을 다해야 하고, 충은 목숨을 다해야 한다.

臨深履薄 夙興溫凊

임할 깊을 밟을 얇을 일찍 일어날 따뜻할 서늘할
림 심 리 박 숙 흥 온 청

깊은 물가에 다다른 듯 살얼음을 밟듯 하고, 일찍 일어나 따뜻한가 서늘한가를 살펴라.

似蘭斯香 如松之盛

같을 난초 이 향기 같을 소나무 갈 성할
사 란 사 형 여 송 지 성

난초 향기와 비슷하고 소나무가 성한 것과 같다.

川流不息 淵澄取映

내 흐를 아니 쉴 못 맑을 취할 비칠
천 류 불 식 연 징 취 영

내는 흘러 쉬지 않고, 못물이 맑으면 비춰볼 수 있다.

容止若思 言辭安定

얼굴 그칠 같을 생각 말씀 말씀 편안할 정할
용 지 약 사 언 사 안 정

행동거지는 생각하는 듯이 하고, 말투는 안정되게 하라.

篤初誠美 愼終宜令

도타울 처음 정성 아름다울 삼갈 마칠 마땅 하여금
독 초 성 미 신 종 의 령

시작할 때 힘을 다하는 것은 아름답고, 마무리를 신중히 하면 훌륭해진다.

榮業所基 籍甚無竟

영화 영업 바 터 깔 심할 없을 마칠
영 업 소 기 자 심 무 경

공적 쌓는 일의 기초가 된다면 명성은 끝이 없으리라.

學優登仕 攝職從政

배울 넉넉할 오를 벼슬 잡을 벼슬 좇을 정사
학 우 등 사 섭 직 종 정

배운 것이 넉넉하면 벼슬할 수 있고, 관직을 맡아 정사를 펼 수 있다.

存以甘棠 去而益詠

있을 써 달 산사자(산사 나무 열매) 갈 말이을 더할 읊을
존 이 감 당 거 이 익 영

이 감당나무를 남겨두라. 떠난 뒤 더욱 기려 읊으리라.

樂殊貴賤 禮別尊卑

즐거울	다를	귀할	천할	예도	다를	높을	낮을
낙	**수**	**귀**	**천**	**예**	**별**	**존**	**비**

음악은 신분에 따라 다르고, 예는 윗사람과 아랫사람을 가린다.

上和下睦 夫唱婦隨

위	화할	아래	화목할	지아비	부를	지어미	따를
상	**화**	**하**	**목**	**부**	**창**	**부**	**수**

윗사람이 온화하면 아랫사람도 화목하고, 남편이 이끌면 부인은 따른다.

外受傅訓 入奉母儀

바깥	받을	스승	가르칠	들	받들	어미	거동
외	**수**	**부**	**훈**	**입**	**봉**	**모**	**의**

밖에 나가면 스승의 가르침을 받고, 집에서는 어머니의 몸가짐을 받든다.

諸姑伯叔 猶子比兒

모두	시어미	맏	아재비	같을	아들	견줄	아이
제	**고**	**백**	**숙**	**유**	**자**	**비**	**아**

모든 고모와 큰아버지와 삼촌들은, 조카를 자기 자식처럼 대해야 한다.

孔懷兄弟 同氣連枝

구멍	품을	형	아우	같을	기운	이을	가지
공	**회**	**형**	**제**	**동**	**기**	**련**	**지**

형제를 그리워하는 것은 같은 기운을 받아 가지가 이어졌기 때문이다.

交友投分 切磨箴規

사귈	벗	던질	나눌	끊을	갈	경계	법
교	**우**	**투**	**분**	**절**	**마**	**잠**	**규**

벗을 사귈 때는 정을 나눠야 하고, 깎고 갈며 서로를 경계하여 잡아줘야 한다.

仁慈隱惻 造次弗離

어질	사랑할	숨을	슬플	지을	버금	아닐	떠날
인	**자**	**은**	**측**	**조**	**차**	**불**	**리**

어질고 사랑하며 불쌍하게 여기는 마음은, 잠시라도 떠나보내서는 안 된다.

節義廉退 顚沛匪虧

마디	옳을	청렴	물러갈	엎드러질	자빠질	아닐	이지러질
절	**의**	**렴**	**퇴**	**전**	**패**	**비**	**휴**

절개와 의리, 청렴과 은퇴는 엎어지고 넘어지더라도 흠을 내지 않는다.

性靜情逸 心動神疲

성품 고요할 뜻 편안할 마음 움직일 귀신 피로할
성 정 정 일 심 동 신 피

성품이 고요하면 느낌이 편안하고, 마음이 움직이면 정신이 고달파진다.

守眞志滿 逐物意移

지킬 참 뜻 찰 쫓을 만물 뜻 옮길
수 진 지 만 축 물 의 이

신념을 지키면 의지가 충만해지고, 물질을 좇으면 뜻이 바뀐다.

堅持雅操 好爵自縻

굳을 가질 바를 잡을 좋을 벼슬 스스로 얽어맬
견 지 아 조 호 작 자 미

바른 지조를 굳게 가지면, 좋은 벼슬이 스스로 얽혀진다.

都邑華夏 東西二京

도읍 고을 빛날 여름 동녘 서녘 두 서울
도 읍 화 하 동 서 이 경

중국의 서울은 동경과 서경의 둘로 되어 있으니,

背邙面洛 浮渭據涇

등	뫼	낯	낙수	뜰	위수	의지할	경수
배	**망**	**면**	**락**	**부**	**위**	**거**	**경**

낙양은 북망산을 뒤로 하고 낙수를 바라보며, 장안은 위수를 띄우고 경수를 움켜쥐었다.

宮殿盤鬱 樓觀飛驚

집	전각	소반	울창할	다락	볼	날	놀랄
궁	**전**	**반**	**울**	**루**	**관**	**비**	**경**

궁전은 굽이굽이 들어차 있고, 누각과 관대는 새가 날고 말이 놀라 솟구치는 듯하다.

圖寫禽獸 畫綵仙靈

그림	그릴	새	짐승	그림	채색	신선	신령
도	**사**	**금**	**수**	**화**	**채**	**선**	**령**

온갖 동물과 신선과 신령한 것을 그려 색칠했다.

丙舍傍啓 甲帳對楹

남녘	집	곁	열	갑옷	장막	대할	기둥
병	**사**	**방**	**계**	**갑**	**장**	**대**	**영**

신하들의 거처가 나란히 열려 있고, 좋은 휘장이 기둥 사이에 드리웠다.

肆筵設席 鼓瑟吹笙

肆	筵	設	席	鼓	瑟	吹	笙
베풀 **사**	자리 **연**	베풀 **설**	자리 **석**	북 **고**	비파 **슬**	불 **취**	생황 **생**

홑자리와 겹자리를 깔고, 비파를 뜯고 생황을 분다.

陞階納陛 弁轉疑星

陞	階	納	陛	弁	轉	疑	星
오를 **승**	섬돌 **계**	들일 **납**	섬돌 **폐**	고깔 **변**	구를 **전**	의심할 **의**	별 **성**

섬돌에 올라 궁전에 들어가니, 구슬 흔들리는 것이 별인 듯 어리둥절하다.

右通廣內 左達承明

右	通	廣	內	左	達	承	明
오른 **우**	통할 **통**	넓을 **광**	안 **내**	왼 **좌**	통달할 **달**	이을 **승**	밝을 **명**

오른쪽은 광내전으로 통하고 왼쪽은 승명전에 닿는다.

旣集墳典 亦聚群英

旣	集	墳	典	亦	聚	群	英
이미 **기**	모을 **집**	무덤 **분**	법 **전**	또 **역**	모을 **취**	무리 **군**	꽃부리 **영**

이미 분전을 모았고, 또 뛰어난 무리도 모았다.

杜稾鍾隷 漆書壁經

막을	짚	쇠북	글씨	옻	글	벽	글
두	**고**	**종**	**례**	**칠**	**서**	**벽**	**경**

두백도의 초서와 종요의 예서가 있고, 옻칠로 쓴 벽 속의 경전이 있다.

府羅將相 路俠槐卿

마을	벌릴	장수	서로	길	낄	홰나무	벼슬
부	**라**	**장**	**상**	**로**	**협**	**괴**	**경**

관부에는 장수와 정승들이 벌여 있고, 길은 공경들의 집을 끼고 있다.

戶封八縣 家給千兵

지게	봉할	여덟	고을	집	줄	일천	군사
호	**봉**	**팔**	**현**	**가**	**급**	**천**	**병**

여덟 고을을 식읍으로 하고, 그 가문에 많은 군사를 주었다.

高冠陪輦 驅轂振纓

높을	갓	모실	수레	몰	바퀴통	떨칠	갓끈
고	**관**	**배**	**련**	**구**	**곡**	**진**	**영**

고관들이 황제의 수레를 모시니, 바퀴가 굴러갈 때마다 끈과 술이 휘날린다.

世祿侈富 車駕肥輕

인간	녹	사치할	부자	수레	멍에	살찔	가벼울
세	**록**	**치**	**부**	**거**	**가**	**비**	**경**

대대로 녹을 받아 부유해지니 말은 살찌고 수레는 가볍다.

策功茂實 勒碑刻銘

꾀	공	무성할	열매	새길	비석	새길	새길
책	**공**	**무**	**실**	**륵**	**비**	**각**	**명**

꾀로 이룬 공이 무성하고 알차니, 비에 새겨 명문으로 파놓는다.

磻溪伊尹 佐時阿衡

돌	시내	저	맏	도울	때	언덕	저울대
반	**계**	**이**	**윤**	**좌**	**시**	**아**	**형**

태공망과 이윤은 때를 도와 천하를 바로잡았고,

奄宅曲阜 微旦孰營

문득	집	굽을	언덕	작을	아침	누구	경영할
엄	**택**	**곡**	**부**	**미**	**단**	**숙**	**영**

주공은 곡부를 안정시키니, 주공 단이 아니면 누가 다스릴 수 있었으랴.

桓公匡合 濟弱扶傾

군셀	귀인	바를	모을	건널	약할	붙들	기울어질
환	**공**	**광**	**합**	**제**	**약**	**부**	**경**

환공은 천하를 합쳐 바로잡았고, 약한 자를 건지고 기우는 자를 붙들어주었다.

綺回漢惠 說感武丁

비단	돌아올	한수	은혜	기쁠	느낄	호반	고무래
기	**회**	**한**	**혜**	**열**	**감**	**무**	**정**

기리계는 한나라 혜제를 돌아오게 했고, 부열은 무정을 감동시켰다.

俊乂密勿 多士寔寧

준걸	어질	빽빽할	말	많을	선비	이	편안할
준	**예**	**밀**	**물**	**다**	**사**	**식**	**녕**

재주와 덕이 뛰어난 사람들이 힘써 일하니, 선비가 많으면 편안하다.

晋楚更覇 趙魏困橫

나라	나라	번가를	으뜸	나라	나라	곤할	가로
진	**초**	**경**	**패**	**조**	**위**	**곤**	**횡**

진나라와 초나라가 번갈아 패권을 잡았고, 조나라와 위나라는 연횡책으로 어려움을 겪었다.

假途滅虢 踐土會盟

假	途	滅	虢	踐	土	會	盟
빌릴	길	멸할	나라	밟을	흙	모일	맹세
가	**도**	**멸**	**괵**	**천**	**토**	**회**	**맹**

길을 빌려 괵나라를 멸망시켰고, 천토에서 제후를 모아 맹세하게 했다.

何遵約法 韓弊煩刑

何	遵	約	法	韓	弊	煩	刑
어찌	좇을	요약할	법	나라	폐단	번거로울	형벌
하	**준**	**약**	**법**	**한**	**폐**	**번**	**영**

소하는 간략한 법을 좇았고, 한비는 번거로운 형벌로 피폐하게 했다.

起翦頗牧 用軍最精

起	翦	頗	牧	用	軍	最	精
일어날	자를	자못	칠	쓸	군사	가장	정할
기	**전**	**파**	**목**	**용**	**군**	**최**	**정**

백기, 왕전, 염파, 이목은 군사를 가장 정예롭게 부렸다.

宣威沙漠 馳譽丹靑

宣	威	沙	漠	馳	譽	丹	靑
베풀	위엄	모래	아득할	달릴	기릴	붉을	푸를
선	**위**	**사**	**막**	**치**	**예**	**단**	**청**

위엄이 사막에까지 떨치니, 그 명성이 그림으로 그려져 길이 전해졌다.

九州禹跡 百郡秦并

아홉	고을	임금	자취	일백	고을	나라	아우를
구	**주**	**우**	**적**	**백**	**군**	**진**	**병**

구주는 우임금의 치적이요, 모든 군은 진나라 때 아울렀다.

嶽宗恒岱 禪主云亭

산마루	마루	항상	뫼	터 닦을	주인	이를	정자
악	**종**	**항**	**대**	**선**	**주**	**운**	**정**

오악은 항산과 태산이 가장 높고 땅에 지내는 제사는 운운산과 정정산에서 한다.

雁門紫塞 鷄田赤城

기러기	문	붉을	변방	닭	밭	붉을	재
안	**문**	**자**	**새**	**계**	**전**	**적**	**성**

안문과 자새, 계전과 적성,

昆池碣石 鉅野洞庭

맏	못	돌	돌	클	들	골	뜰
곤	**지**	**갈**	**석**	**거**	**야**	**동**	**정**

곤지와 갈석, 거야와 동정은,

曠遠綿邈 巖岫杳冥

曠	遠	綿	邈	巖	岫	杳	冥
빌	멀	이을	멀	바위	산봉우리	아득할	어두울
광	**원**	**면**	**막**	**암**	**수**	**묘**	**명**

아득히 멀고 드넓으며, 바위와 산봉우리는 아득히 깊고 어둡다.

治本於農 務茲稼穡

治	本	於	農	務	茲	稼	穡
다스릴	근본	어조사	농사	힘쓸	이	심을	거둘
치	**본**	**어**	**농**	**무**	**자**	**가**	**색**

농사를 다스림의 바탕으로 삼아 이를 심고 거두는 일에 힘쓰게 한다.

俶載南畝 我藝黍稷

俶	載	南	畝	我	藝	黍	稷
비로소	실을	남녘	이랑	나	심을	기장	피
숙	**재**	**남**	**무**	**아**	**예**	**서**	**직**

남쪽 밭에 나가 비로소 농사지으니, 나는 기장과 피를 심는다.

稅熟貢新 勸賞黜陟

稅	熟	貢	新	勸	賞	黜	陟
거둘	익을	바칠	새	권할	상줄	물리칠	오를
세	**숙**	**공**	**신**	**권**	**상**	**출**	**척**

익은 곡식에 세금을 매기고 햇곡식을 공물로 바치며, 타이르고 상 주며 내치고 올려준다.

孟軻敦素 史魚秉直

孟	軻	敦	素	史	魚	秉	直
맏	수레	도타울	흴	역사	물고기	잡을	곧을
맹	**가**	**돈**	**소**	**사**	**어**	**병**	**직**

맹자는 바탕을 도탑게 했고, 사어는 올곧음을 굳게 지녔다.

庶幾中庸 勞謙謹勅

庶	幾	中	庸	勞	謙	謹	勅
무리	거의	가운데	떳떳할	힘쓸	겸손할	삼갈	경계할
서	**기**	**중**	**용**	**로**	**겸**	**근**	**칙**

중용에 가까우려면 부지런히 일하고, 고분고분하고 삼가고 겸손해야 한다.

聆音察理 鑑貌辨色

聆	音	察	理	鑑	貌	辨	色
들을	소리	살필	이치	거울	모양	분별할	빛
령	**음**	**찰**	**리**	**감**	**모**	**변**	**색**

소리를 듣고 갈피를 살피며, 생김새를 보고 낌새를 가려 안다.

貽厥嘉猷 勉其祗植

貽	厥	嘉	猷	勉	其	祗	植
줄	그	아름다울	꾀	힘쓸	그	공경	심을
이	**궐**	**가**	**유**	**면**	**기**	**지**	**식**

그분에게 아름다운 꾀를 주고, 그것을 떠받들어 심기에 힘쓰라.

省躬譏誡 寵增抗極

살필	몸	나무랄	경계할	고일	더할	겨룰	다할
성	**궁**	**기**	**계**	**총**	**증**	**항**	**극**

책망이나 경고 받을 만한 것이 있는지 반성하고, 영화가 더해져 최고조에 이르렀는지 살펴라.

殆辱近恥 林皐幸卽

위태할	욕될	가까울	부끄러울	수풀	언덕	다행	나아갈
태	**욕**	**근**	**치**	**림**	**고**	**행**	**즉**

위태로움과 욕됨은 치욕을 부르니, 숲이 우거진 언덕으로 물러나면 좋을 것이다.

兩疏見機 解組誰逼

두	성	볼	틀	풀	끈	누구	핍박할
량	**소**	**견**	**기**	**해**	**조**	**수**	**핍**

소광과 소수는 때를 알고 도장끈을 풀었으니 누군들 핍박하리오.

索居閒處 沈默寂寥

한가로울	살	한가할	곳	잠길	잠잠할	고요할	고요할
삭	**거**	**한**	**처**	**침**	**묵**	**적**	**요**

홀로 떨어져 살며 한가하게 머무니, 잠긴 듯 고요하고 쓸쓸하다.

求古尋論 散慮逍遙

구할	옛	찾을	의논할	흩어질	생각	노닐	노닐
구	**고**	**심**	**론**	**산**	**려**	**소**	**요**

옛것과 생각을 나누었던 자취를 찾고, 근심을 버리고 한가로이 노닌다.

欣奏累遣 慼謝歡招

기쁠	아뢸	여럿	보낼	슬플	물러갈	기쁠	부를
흔	**주**	**루**	**견**	**척**	**사**	**환**	**초**

기쁜 일은 아뢰고 근심은 내보내며, 슬픔은 물러나고 기쁨이 손짓하네.

渠荷的歷 園莽抽條

개천	연꽃	과녁	지날	동산	풀	뽑을	가지
거	**하**	**적**	**력**	**원**	**망**	**추**	**조**

도랑의 연꽃은 또렷이 빛나고 동산에 잡풀은 가지가 무성하다.

枇杷晚翠 梧桐早凋

비파나무	비파나무	늦을	푸를	오동나무	오동나무	이를	시들
비	**파**	**만**	**취**	**오**	**동**	**조**	**조**

비파나무는 늦게까지 푸르고, 오동나무는 일찍 시드네.

陳根委翳 落葉飄颻

陳	根	委	翳	落	葉	飄	颻
묵을 진	뿌리 근	맡길 위	가릴 예	떨어질 락	잎사귀 엽	나부낄 표	나부낄 요

오래된 뿌리들은 말라 시들고 떨어진 잎들은 바람에 나부끼네.

遊鯤獨運 凌摩絳霄

遊	鯤	獨	運	凌	摩	絳	霄
놀 유	큰고기 곤	홀로 독	옮길 운	능멸할 릉	만질 마	붉을 강	하늘 소

곤은 홀로 노닐다가 하늘을 넘어 미끄러지듯 날아간다.

耽讀翫市 寓目囊箱

耽	讀	翫	市	寓	目	囊	箱
즐길 탐	읽을 독	가지고놀 완	저자 시	붙일 우	눈 목	주머니 낭	상자 상

저자거리 책방에서 글 읽기에 골몰하니, 눈길을 붙이면 주머니나 상자에 담는 것만 같다.

易輶攸畏 屬耳垣牆

易	輶	攸	畏	屬	耳	垣	牆
쉬울 이	가벼울 유	바 유	두려울 외	붙일 속	귀 이	담 원	담 장

가볍고 쉬워 보이는 것도 두려워해야 할 바이니, 담장에도 귀가 붙어 있기 때문이다.

具膳飡飯 適口充腸

갖출	반찬	밥	밥	마침	입	채울	창자
구	선	손	반	적	구	충	장

소박한 밥상에 반찬을 갖추어 먹음으로, 입에 맞게 창자를 채우면 되는 것

飽飫烹宰 飢厭糟糠

배부를	배부를	삶을	재상	주릴	싫을	술지게미	겨
포	어	팽	재	기	염	조	강

배부르면 고기음식도 먹기 싫고, 배고프면 술지게미나 겨도 달갑다.

親戚故舊 老少異糧

친할	겨레	연고	옛	늙을	젊을	다를	양식
친	척	고	구	로	소	이	량

친척과 옛 친구들에게는, 늙고 젊음에 따라 먹을 것을 달리 해야 한다.

妾御績紡 侍巾帷房

첩	모실	길쌈	길쌈	모실	수건	장막	방
첩	어	적	방	시	건	유	방

아내와 첩은 길쌈을 하고, 장막 친 안방에서 수건을 들고 시중든다.

紈扇圓潔 銀燭煒煌

흰비단	부채	둥글	깨끗할	은	촛불	빛날	빛날
환	**선**	**원**	**결**	**은**	**촉**	**위**	**황**

흰 비단 부채는 둥글고 깨끗하며, 은촛대의 촛불은 빛나고 빛나도다.

晝眠夕寐 藍筍象床

낮	잘	저녁	잘	쪽	죽순	코끼리	평상
주	**면**	**석**	**매**	**람**	**순**	**상**	**상**

낮에는 졸고 밤에는 자니, 대나무 침상과 상아로 치레한 긴 걸상이다.

絃歌酒讌 接杯擧觴

줄	노래	술	잔치	접할	잔	들	잔
현	**가**	**주**	**연**	**접**	**배**	**거**	**상**

거문고 타고 노래하며 술 마시는 잔치마당에서는, 얌전히 잔을 쥐고 두 손으로 올려 권하라.

矯手頓足 悅豫且康

바로잡을	손	두드릴	발	기쁠	미리	또	편안할
교	**수**	**돈**	**족**	**열**	**예**	**차**	**강**

손을 굽혔다 펴고 발을 구르니, 기쁘고 즐거우며 걱정이 없구나.

嫡後嗣續 祭祀蒸嘗

정실	뒤	이을	이을	제사	제사	찔	맛볼
적	**후**	**사**	**속**	**제**	**사**	**증**	**상**

맏아들은 대를 이어 조상에게 증상 제사를 지내니,

稽顙再拜 悚懼恐惶

조아릴	이마	다시	절	두려울	두려울	두려울	두려울
계	**상**	**재**	**배**	**송**	**구**	**공**	**황**

이마를 땅에 대어 두 번 절하되, 지극히 두려운 마음으로 하라.

牋牒簡要 顧答審詳

편지	편지	대쪽	중요할	돌아볼	대답	살필	자세할
전	**첩**	**간**	**요**	**고**	**답**	**심**	**상**

편지는 요점을 간추려서 쓰고, 안부를 묻거나 답장을 할 때는 두루 살펴 빈틈이 없게 하라.

骸垢想浴 執熱願凉

뼈	때	생각할	목욕할	잡을	더울	원할	서늘할
해	**구**	**상**	**욕**	**집**	**열**	**원**	**량**

때가 끼면 목욕을 생각하고, 뜨거운 것을 잡으면 시원하기를 바란다.

驢騾犢特 駭躍超驤

나귀	노새	송아지	소	놀랄	뛸	넘을	달릴
여	**라**	**독**	**특**	**해**	**약**	**초**	**양**

나귀와 노새, 송아지와 소들이 놀라 날뛰고 훌쩍 뛰어넘어 달린다.

誅斬賊盜 捕獲叛亡

벨	벨	도적	도적	잡을	얻을	배반할	도망
주	**참**	**적**	**도**	**포**	**획**	**반**	**망**

강도와 도적을 죽이고 베며, 배반하고 도망하는 자는 사로잡아 들인다.

布射僚丸 嵇琴阮嘯

베	쏠	벗	알	성	거문고	성	휘파람
포	**사**	**료**	**환**	**혜**	**금**	**완**	**소**

여포의 활쏘기, 웅의료의 방울 굴리기, 혜강의 거문고, 완적의 휘파람,

恬筆倫紙 鈞巧任釣

편안할	붓	인륜	종이	서른 근	공교할	맡길	낚시
념	**필**	**륜**	**지**	**균**	**교**	**임**	**조**

몽염의 붓, 채륜의 종이, 마균의 교묘한 재주와 임공자의 낚싯대.

釋紛利俗 竝皆佳妙

풀	어지러울	이로울	풍속	아우를	모두	아름다울	묘할
석	**분**	**리**	**속**	**병**	**개**	**가**	**묘**

이것들은 얽힌 것을 풀어 세상을 이롭게 하니, 모두가 아름답고 교묘했다.

毛施淑姿 工嚬姸笑

털	베풀	맑을	모양	장인	찡그릴	고울	웃을
모	**시**	**숙**	**자**	**공**	**빈**	**연**	**소**

모장과 서시는 맑은 자태를 지녔는데, 찡그리거나 웃는 모습조차 아름다웠다.

年矢每催 羲暉朗曜

해	화살	매양	재촉할	복희	햇빛	밝을	빛날
년	**시**	**매**	**최**	**희**	**휘**	**랑**	**요**

세월은 화살처럼 매양 재촉하지만, 아침 햇빛은 밝고 빛난다.

璇璣懸斡 晦魄環照

구슬	구슬	매달	돌	그믐	어두울	고리	비칠
선	**기**	**현**	**알**	**회**	**백**	**환**	**조**

선기옥형은 매달린 채로 돌아가고, 어둠과 밝음을 순환하며 비친다.

指薪修祐 永綏吉卲

손가락 지 / 섶나무 신 / 닦을 수 / 복 우 / 길 영 / 편안할 수 / 길할 길 / 높을 소

복을 닦는 것은 손가락으로 장작을 지피는 것과 같아, 오래도록 편안하고 상서롭기 그지없다.

矩步引領 俯仰廊廟

법 구 / 걸음 보 / 이끌 인 / 거느릴 령 / 구부릴 부 / 우러를 앙 / 행랑 랑 / 사당 묘

자로 잰 듯 법도대로 걷고, 옷깃을 얌전하고 마르게 여미며, 조정의 일을 깊이 생각해 치러낸다.

束帶矜莊 徘徊瞻眺

묶을 속 / 띠 대 / 자랑할 긍 / 씩씩할 장 / 배회할 배 / 배회할 회 / 볼 첨 / 바라볼 조

의관을 잘 갖추어 떳떳한 몸가짐을 하고, 찬찬히 배회하며 이곳저곳을 바라보며 생각한다.

孤陋寡聞 愚蒙等誚

외로울 고 / 더러울 루 / 적을 과 / 들을 문 / 어리석을 우 / 어릴 몽 / 같을 등 / 꾸짖을 초

내가 홀로 배운 까닭에 보고 들은 것이 부족하여, 어리석고 아둔하니 꾸짖음을 들을 만하나,

謂語助者 焉哉乎也

謂	語	助	者	焉	哉	乎	也
이를 위	말씀 어	도울 조	사람 자	어조사 언	어조사 재	어조사 호	어조사 야

이 글이 문장의 토씨라고 일컫는 언재호야의 구실쯤은 하지 않겠는가.

■ 주

1 음양오행설(陰陽五行說)은 음양설과 오행설의 결합체이다. 음양설은 기의 순환에 의해 인간과 우주의 모든 현상을 설명하는 사상으로, 천체의 운행과 네 계절의 변화에서 생겨났다. 오행설은 고대인들의 생활에 직접적인 영향을 끼쳤던 금목수화토(金木水火土)라는 다섯 가지 소재를 통해 만물의 생성과 소멸을 설명하는 사상이다. 본래 전혀 다른 사상이었던 이 둘은 기원전 4세기 초인 전국시대 때 결합되어 여러 가지 현상들을 설명하는 기본틀로 굳어졌다. 음양가였던 제나라의 추연에 의해 정리된 이 사상에 따라 무소불위의 황제였던 진시황은 황하의 이름을 흑수(黑水)로 바꾸기까지 했다.

2 한래서왕寒來暑往의 올 래來 자는 본래 보리 맥麥 자이다. 중국의 서쪽 지방에 위치한 주나라 사람들은 본래 기장과 조를 먹었는데, 후직后稷이 중원에서 보리를 들여오고 난 뒤 보리가 주식이 되었다. 그래서 보리를 하늘이 내려준 상서로운 곡식이라 하여 서맥瑞麥이라 불렀는데, 보리가 외부에서 들어왔으므로 '왔다'는 뜻도 생겨났다.

3 율려란 명칭은 황제黃帝가 신하 영륜에게 소리의 기준을 만들도록 명한 데서 비롯되었다. 영륜은 해계라는 골짜기의 대나무로 세 치 아홉 푼짜리 피리를 만들었고, 그것으로 완유산에 사는 봉황의 울음소리를 열두 가지로 나누었다. 그 중 수컷인 봉鳳의 울음소리 여섯 가지를 율律, 암컷인 황凰의 울음소리 여섯 가지를 여呂라고 했다.

4 엘도라도는 남아메리카의 아마존 강변에 있다고 여겨진 황금이 나는 땅이다. 중국을 여행한 마르코 폴로나 콜럼버스, 월터 롤리 같은 탐험가들도 이 엘도라도를 찾기 위해 탐험을 했지만 정작 황금을 발견한 사람은 아무도 없었다.

5 선기옥형璇璣玉衡은 천문관측기구로 천자문의 후반부에 등장한다. 일명 혼천

의라 하는데, 고대 중국에서 천체의 운행과 위치를 관측하던 장치로 지평선을 나타내는 둥근 고리와 지평선에 직각으로 교차하는 자오선을 나타내는 둥근 고리, 하늘의 적도와 위도 따위를 나타내는 눈금이 달린 원형의 고리로 이루어져 있다.

6 오륜은 '군신유의 · 부자유친 · 부부유별 · 장유유서 · 붕우유신'을 말하고 오형이란 '태형 · 장형 · 도형 · 유형 · 사형' 등 다섯 가지 형벌을 말한다.

7 조민벌죄弔民伐罪에서 조문할 조弔자는 사람이 활을 들고 서 있는 모양이다. 지금도 티벳 등지에서는 조장이 행해지고 있는데, 이는 사람이 죽으면 들에 내다 버려 새들이 살을 쪼아 먹게 하고 남은 뼈를 추려 장례지내는 방법이다. 그런데 자식들이 이를 눈 뜨고 볼 수 없게 되면 활을 쏘아 새들을 내쫓았다고 한다. 그래서 조는 '안타깝게 여기다', '불쌍하게 여기다' 등의 뜻을 지니게 되었다.

8 기린은 성스러운 동물로서 태평성대가 올 때 봉황과 함께 나타나는 영물이다. 기린에게서 모든 털가죽이 있는 짐승이 태어났다고 한다. 기린의 모습은 사슴의 몸통, 소의 꼬리, 말의 다리, 머리에 한 개의 뿔을 가지고 있으며 머리는 늑대처럼 보이기도 하고 양처럼 보이기도 한다. 수컷을 기, 암컷을 린이라 부르는데 암컷에게는 뿔이 없다. 수명은 2천 년이다.

9 『효경』은 공자의 제자인 증자가 쓴 책이다. 그는 공자의 학문을 배워 공자의 손자인 자사에게 전했고, 자사는 맹자를 가르쳐 유학의 도를 계승, 발전시켰다. 증자는 효성이 뛰어난 인물로 유명했는데, 『효경』은 그가 공자와 나눈 이야기 가운데 효에 관한 부분만을 추려서 엮은 것으로 유학자들의 필독서였다.

10 설도는 당나라 장수 설인귀의 후손으로 집안이 망해 기녀가 되었는데 시를 잘 지었다. 후세에 기녀를 교서校書라 칭하게 된 것은 그녀 때문이라고 한다.

11 이청조는 산동성 제남 출신으로 금석문연구가 조명성의 아내였다. 남편을 도와 『금석록』을 완성했고, 남편이 죽은 뒤 절강성의 각지를 유랑했다. 그녀의 시는 인생의 고독과 불안을 청량한 어조로 펼쳐 송사宋詞의 최고수준으로 손꼽힌다.

12 육예(六藝)란 주나라 때 행해지던 교육과목으로 예(禮) · 악(樂) · 사(射) · 어(御) · 서(書) · 수(數)를 말한다. 예악은 예의와 음악, 사어는 궁술과 말타기, 서수는 서도와 수학을 말한다. 이로써 공문에서는 제자들을 문무겸전의 인재로 키워냈음을 알 수 있다. 사마천은 육예를 육경(六經) 즉 『시경』 · 『서경』 · 『예기』 · 『악기』 · 『역경』 · 『춘추』로 보고, 그 본문과 주석서를 합하면 너무나 방대해 여러 대를 두고 공부해도 통달할 수 없으니 공은 많이 들지만 얻는 바가 적다고 탄식했다.

13 공문십철(孔門十哲)은 공자의 뛰어난 10명의 제자로 사과십철(四科十哲)이라고도 부른다. 4과는 덕행, 언어, 정사, 문학을 말한다. 덕행에는 안연과 민자건, 염백우, 중궁, 언어에는 재아와 자공, 정사에는 자로와 자유, 문학에는 자유와 자하를 꼽는다.

14 『사마법司馬法』은 무경칠서武經七書의 세 번째에 해당하는 책이다. 이 병서는 과거에서 무과 응시생들의 교과서로 통했다. 무경칠서는 『손자』 · 『오자』 · 『사마법』 · 『위료자』 · 『이위공문대』 · 『삼략』 · 『육도』를 말한다.

15 주희의 '권학문勸學文' 전문은 다음과 같다. '말하지 말라. 오늘 배우지 않아도 내일이 있다고 /말하지 말라. 금년에 배우지 않아도 내년이 있다고 /세월이 가나 나이는 나와 같이 늙지 않나니 /아! 늙었도다. 이 누구의 허물인가? //소년은 늙기 쉽고 배움은 이루기 어려우니 /일초의 시간인들 가볍게 여기지 말라. /연못가의 봄꿈이 미처 깨기도 전에, /뜰 앞에 오동잎은 이미 가을 소리를 전하는구나.

16 칠거지악七去之惡은 칠출삼불거七出三不去라고도 한다. 옛날에는 남편이 일방적으로 아내와 이혼하는 일을 기처棄妻라 했는데, 그 구실이 되는 7가지를 칠출 혹은 칠거七去라고 했다. 하지만 그런 구실이 있어도 이혼할 수 없는 3가지를 삼불출삼불거三不出三不去라 했다. 『대대례』에 따르면 칠출은 첫째 부모에게 복종하지 않는 것, 둘째 아들을 낳지 못한 것, 셋째 음탕한 것, 넷째 질투하는 것, 다섯째 나쁜 병이 있는 것, 여섯째 말이 많은 것, 일곱째 도둑질하는 것이다. 삼불거는 첫째 내쫓아도 돌아가 의지할 곳이 없을 때, 둘째 함께 부모의 삼년상

을 치렀을 때, 셋째 예전에 가난했다가 부자가 되었을 때이다.

17 간밤에 불던 바람에 눈서리 치단 말가 낙락장송이 다 기울어 가노매라 하물며 못다 핀 꽃이야 일러 무삼 하리오

18 『시자尸子』는 전국시대 진나라 사람인 시교의 저작이다. 일설에 그는 진나라 재상인 상앙의 스승이라고 한다. 법가의 스승이지만 인의를 바탕으로 한 정치를 부르짖었다.

19 공자가 생존했을 때의 노나라는 삼환씨三桓氏에 의해 권력이 분산되어 있었으므로 다른 나라에 비해 세력이 뒤져 있었다. 삼환이란 노나라 16대 제후인 환공의 후손들로 세력이 컸던 계손씨, 숙손씨, 맹손씨의 세 가문을 말한다. 그중에 제일 강력했던 계손씨의 실권자가 계강자였다.

20 구족九族이란 일반적으로 본인을 중심으로 9대에 걸친 직계 친족을 말한다. 즉 고조부모, 증조부모, 조부모, 부모, 본인, 아들, 손자, 증손, 현손의 9대이다. 여기에 때론 모계를 포함하기도 하고, 스승까지 합쳐 10족이라는 말도 있다. 역모와 같은 큰 죄를 저지르면 당사자를 비롯해 9족을 멸하기도 했고, 부자손父子孫의 삼족을 멸하기도 했다.

21 전국시대戰國時代의 사군四君이란 제나라의 맹상군 전문, 조나라의 평원군 조승, 초나라의 춘신군 황헐, 위나라의 신릉군 무기를 말한다. 그들은 각 나라의 공자公子로서 국왕의 두터운 믿음을 바탕으로 거대한 부를 향유했다. 또 그 재력을 통해 선비들을 초청하여 수천 명의 식객들을 거느리면서 자신의 세력을 천하에 과시했다. 식객들은 그들에게 의식주를 보장받는 대신 각자의 능력을 발휘해 주인을 섬겼다. 그들로부터 군자君子란 말이 유래되었다는 설이 있다.

22 동방삭은 중국 전한 때의 인물로 막힘이 없는 유창한 변설과 재치로 한무제의 사랑을 받았지만 황제의 사치를 간언하는 등 근엄한 일면도 없지 않았던 재사였다. 그는 부국강병책을 상주했지만 받아들여지지 않자 『객난客難』이란 책을 썼는데, 아마 자신을 인생의 손님쯤으로 바라보았던 것 같다. 그에 대한 재치 있는

일화가 많이 전해지는데 세간에는 서왕모의 복숭아를 훔쳐 먹어 장수했다는 삼천갑자 동방삭으로 더 많이 알려져 있다.

23 폐하란 호칭 외에 우리가 드라마에서 흔히 접할 수 있는 전하殿下는 전각 아래에서 우러른다는 뜻으로 왕이나 왕비, 왕대비에 대한 호칭이다. 저하邸下는 저택 아래란 뜻으로 왕세자를 부르는 호칭이고, 합하閤下는 조선시대 정일품 벼슬아치들에게 쓰던 존칭이다. 각하閣下는 누각 아래 엎드려 아뢴다는 뜻으로 고관들에 대한 경칭이었는데 우리나라에서는 한때 대통령의 호칭으로 쓰였다.

24 고대 중국의 관직 체계는 천자를 천하의 완성이라는 천天, 지地, 인人 3의 숫자로 규정하고, 그 아래는 3배수 피라미드 꼴로 확산되어 내려가는 구조를 취했다. 그러므로 천자 한 사람 아래 3공이 있었고, 그 아래 9경이 있었으며, 27명의 대부와 81명의 원사가 이어졌다.

25 춘추시대에 다른 제후국의 군주들은 공公을 썼지만 초나라만은 왕王을 썼다. 당시 중원의 제후국들은 세력이 강해도 왕을 칭할 수 없었다. 존왕양이를 구실로 타 제후국들의 정벌대상이 될 수 있기 때문이었다. 하지만 남쪽 변방에 있던 초나라는 아무런 두려움 없이 왕을 칭할 수 있었다.

26 유하혜柳下惠는 춘추시대 말기 노나라 사람으로 공자와 동시대를 풍미한 현인이다. 역설적이게도 그는 도적의 대명사로 일컬어지는 도척盜蹠의 친형이다. 그는 아무리 미천한 벼슬이라도 최선을 다해 일했고, 어려운 처지에 빠져도 근심하지 않았으며, 백성들과 허물없이 어울렸다. 따라서 아무리 도량이 좁고 박정한 위인이라도 그와 함께하면 자신의 잘못을 깨달았다고 한다.

27 『역경』의 건괘乾卦에는 잠룡潛龍, 현룡見龍, 비룡飛龍, 항룡亢龍 이렇게 네 가지 용이 나온다. 잠룡은 물속에서 때를 기다리는 용이고, 현룡은 세상에 나타나 자신의 실력을 시험하는 용이다. 비룡을 때를 얻어 임금이 된 용이고, 항룡은 너무 높이 올라가 내려올 수 없는 용이다. 비룡은 요순과 같은 명군을 말하고, 항룡은 나아갈 줄만 알고 물러설 줄 모르는 용이니 폭군으로서 결국에는 후회하게 된다. 그러나 후회해도 이미 때는 늦었으므로 성인은 결코 항룡의 상태까지 가지

않는다고 한다.

28 옛날에는 마당을 환하게 비추기 위해 땅에 세워놓은 횃불을 료燎라 했고, 손에 쥐는 횃불을 촉燭이라 했다. 그러다 밀랍으로 촉을 만들어 쓰면서 오늘날의 초로 진화한 것이다.

29 배반낭자杯盤狼藉라는 고사성어를 낳은 일화이다. 배반낭자는 송나라 대의 시인 구양수의 『취옹정기醉翁亭記』에도 나온다. 술을 과도하게 마심으로써 심신을 해치고 사회 분위기까지 어지럽히는 풍조를 경계하는 고사이다.

30 『염철론鹽鐵論』은 기원전 81년, 한무제가 죽은 뒤 소금과 철, 술에 대한무제의 정책을 계속 존속시킬 것인지에 대한 논의를 기록한 일종의 회의록이다. 여기에서 오경교수인 현량 · 문학 등 약 60명은 유가사상을 근거로 제도의 폐지를 주장했고, 고급관리인 승상 차천추를 비롯한 관리들은 법가사상을 내세워 제도의 존속을 주장했다. 이 책에는 염철 전매에 대한 내용뿐만 아니라 당시의 정치, 사회, 경제, 사상 등에 관한 폭넓은 토론이 담겨 있다.

31 미인美人의 아름다울 미美 자는 양 양羊자 밑에 큰 대大자가 붙어 있는 모양이다. 큰 대자는 사람이 두 손과 두 발을 활짝 벌리고 서 있는 모습으로 아주 양이 많다는 뜻이다. 양은 예나 지금이나 유목민들에게 있어서는 매우 유용한 가축이다. 고기와 젖은 식용으로, 털과 가죽은 추위를 막는 의복으로 쓰인다. 그러므로 특히 커다란 양은 사람들에게 지극히 소중한 짐승이었으므로 아름다움을 상징하게 된 것이다.

32 묘廟는 묘당廟堂 혹은 묘우廟宇라고 한다. 원래는 중국에서 황제의 조상들을 제사지내고 배향하는 종묘와 태묘에서 비롯된다. 제정 일치시대에는 왕궁의 정전 또는 왕이 정사를 돌보는 정전의 뜻으로 사용되었다. 하지만 7~8세기 이후에는 공자묘와 헌원묘(노자묘) 등이 건조되었고, 송나라 이후에는 민간신앙에 의한 여러 신을 모시는 사祠도 묘라고 했다.

■ 참고문헌

1. 『청소년을 위한 이야기 천자문』 강영수 지음, 큰방, 2005
2. 『유몽영』 박양숙 역해, 자유문고, 1994
3. 『김성동 천자문』 김성동 지음, 청년사, 2003
4. 『서경』 이재훈 역해, 고려원, 1996
5. 『열녀전』 박양숙 편역, 자유문고, 1994
6. 『묵자』 박문현 · 이준영 해역, 자유문고, 1994
7. 『대학 · 중용』 주희 지음, 김미영 옮김, 홍익출판사, 1999
8. 『손자병법』 손무 지음, 유동환 옮김, 홍익출판사, 1999
9. 『모략』 차이우치우 외 34인 지음, 들녘, 1996
10. 『욕망하는 천자문』 김근 지음, 삼인, 2005
11. 『천자문뎐』 한정주 지음, 포럼, 2005
12. 『중국의 신화』 김영구 편역, 고려원, 1996
13. 『산해경』 최형주 해역, 자유문고, 1996
14. 『근사록』 주희 · 여조겸 엮음, 정영호 해역, 자유문고, 1997
15. 『안씨가훈』 안지추 지음, 유동환 옮김, 홍익출판사, 1999
16. 『몽구』 이한 지음, 유동환 옮김, 홍익출판사, 1999
17. 『논어』 김학주 옮김, 서울대출판부, 2003
18. 『맹자』 홍성욱 역해, 고려원, 1994
19. 『장자』 최효선 역해, 고려원, 1994
20. 『열자』 김경탁 역, 한국자유교육협회, 1971
21. 『채근담』 홍자성 지음, 안광제 역주, 대일서관, 1983
22. 『중국역대시가선집』 신영복 · 기세춘 엮고 옮김, 돌베개, 1994
23. 『여기 공자가 간다』 진현종 지음, 갑인공방, 2005
24. 『사기』 최진규 역해, 고려원, 1994
25. 『전국책』 임동석 역해, 고려원, 1994
26. 『오랑캐로 사는 즐거움』 이상수 지음, 길, 2001
27. 『천자문』 정후수 지음, 장락, 2001
28. 『역사천자문』 박혜범 지음, 박이정, 2005
29. 『시자』 신용철 해역, 자유문고, 1997
30. 『간신론』 김영수 편역, 아이필드, 2002